国語学史の近代と現代

研究史の空白を埋める試み

国語学史の近代と現代

研究史の空白を埋める試み

斉木美知世
鷲尾龍一

開拓社

まえがき

"Now, Watson, we'll just take our luck together, as we have occasionally in the past."
―Sherlock Holmes

　本書の共著者は、10年ほど前から国語学史と言語学史の融合を試みる研究プロジェクトに取り組んできた。前著『日本文法の系譜学　〜国語学史と言語学史の接点〜』(2012) は、この共同研究から派生した様々なトピックを読み物風にまとめることで、「グローバルな言語学史」というものを構想しつつ行なう国語学史研究の世界を紹介し、併せて、国語学史の背景としての言語学史を概観しながら、言語学入門の新たな形を示唆したものでもあった。
　本書『国語学史の近代と現代　〜研究史の空白を埋める試み〜』は、こうした共同研究の過程で執筆したいくつかの論文をまとめ、新たに書き下ろした第1章を附して一書としたものである。扱ったテーマは多岐に亘るが、いずれも日本語研究の歴史に関わる論考であり、従来の研究史が未解決のまま残していた問題を解決することで、研究の新たな展開に不可欠な基礎を提供した第2章と第3章、文法用語の初出認定に関わる「定説」の修正を提案した第4章、従来の研究史に矛盾した記述が見られるという事実を指摘し、その背景を考察した第5章、これまでの研究史には含まれていない、新たな記述的系譜を再構成した第6章、ある古典的著作の評価をめぐって、従来とは異なる視点からその現代的意義を論じた第7章、というのが各論考の大雑

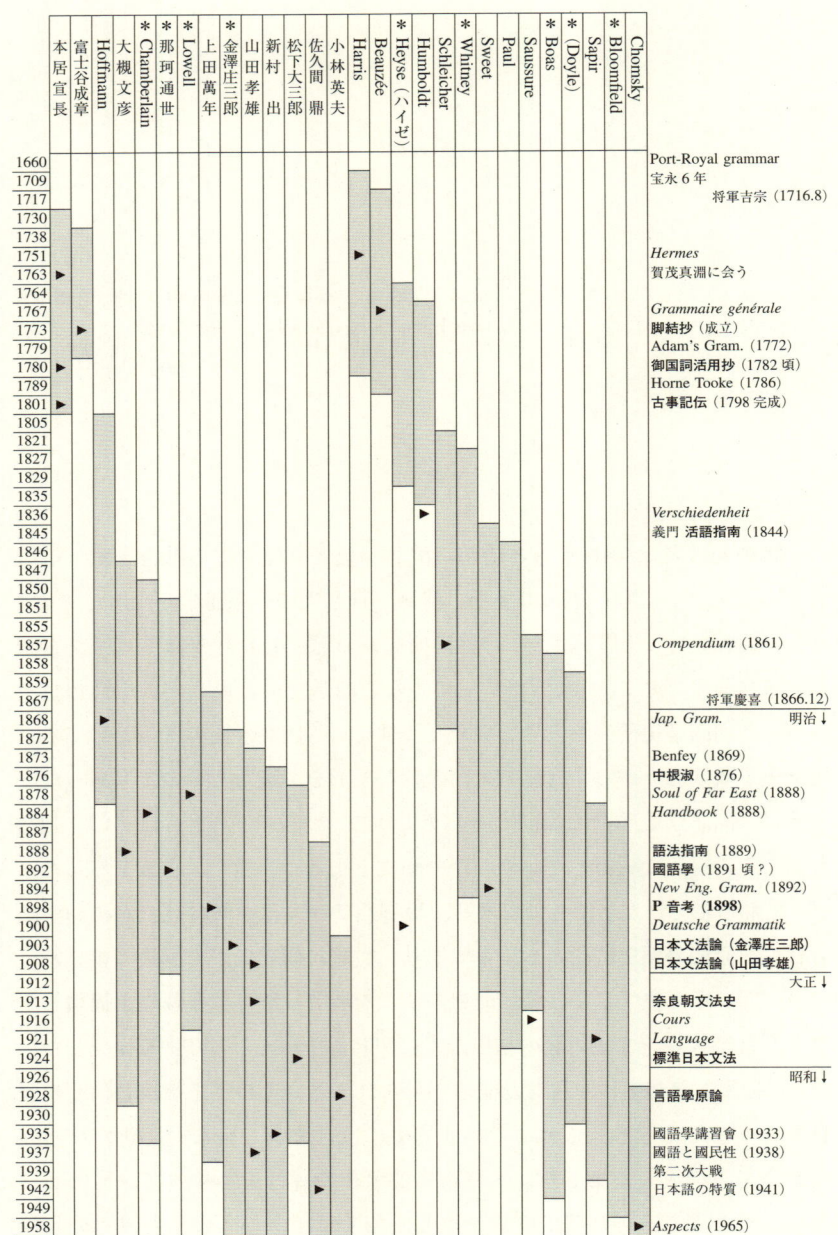

把な性格づけになる。第1章では、本書の副題で用いた「研究史の空白」ということの意味を、いくつかの具体的な事例に基づいて解説すると共に、研究史に取り組んできた共著者の視点や問題意識、本書所収論文の背景などについて概観している。本書の巻末（pp. 275-281）には、各章の初出情報と簡単な内容紹介（既発表論文の「要旨」として書かれたものを含む）を附したので、それらを参照することで各論考の大体の趣旨を把握していただけると思う。

　第1章と第5章には、那珂通世『國語學』に関係する資料を附録として掲げ、第3章の【資料編】（pp. 82-106）には、山田孝雄『日本文法論』との関連で「ハイゼの獨逸文典」の原文を載録してあるが、とりわけこの【資料編】は、山田文法研究に資するところが極めて大きいのではないかと思っている。詳しくは第2章および第3章を参照願いたいが、山田は『日本文法論』において、「ハイゼの獨逸文典」と呼ばれる文法書から、計175行にも及ぶドイツ語の文章を引用している。しかし、これらが具体的にどの文典のどの箇所から引用されたものであるのかは、これまで誰も特定することができなかった。筆者らは様々な調査を経て、この文典が J. C. A. Heyse の "Schulgrammatik" と呼ばれる系列の第26版であることを明らかにし、1900年に *Deutsche Grammatik* の書名で出版された書物こそ、山田が参照した「獨逸文典」であるとの結論に至った。そしてその後の調査により、山田が実際に同書を所有していたことを突き止め、それが現在でも富山市立図書館山田孝雄文庫に蔵されていることを確認したので、富山に出向いて「現物」を調査し、上の結論を裏づけることができた。今回、【資料編】として載録したのは、山田孝雄が「ハイゼの獨逸文典」から引用しているすべての文章の原文である。原文を参照できるようになったことで、『日本文法論』に見られる誤植や引用ミスをすべて訂正することが可能になり、これまで意味が通じなかったドイツ語の文章も正確に理解できるようになった。また、【資料編】の作成にあたっては、山田が実際に所有していた富山市立図書館の蔵書を用いたため、山田による書き込みも見ることができる。原文の欄外には、『日本文法論』の対応箇所を明記し、原文と引用文の違いなどについても簡単に

コメントしてあるので、山田文法研究に携わる方々には有効に活用していただけるのではないかと思っている。

『日本文法論』には、ハイゼの文脈以外でも様々なドイツ語の文章が挙げられているが、中には誤植のために意味が通じない例文などもある。山田が意図した例文を正確に復元しておくことが、『日本文法論』の総合的な研究には不可欠なのであるが、こうした作業はこれまで充分に行われてきたとは言えない。本書第 7 章（pp. 267–269）で引用したドイツ語の例文には、たまたまこのような誤植が含まれていたので、山田が意図したと思われる例文を推定し、訂正した上で議論を進めている。第 7 章は、特にこの点をテーマとしているわけではないが、山田文法に関心のある読者には何らかの参考になるかも知れない。

前掲（p. vi）の表は、前著『日本文法の系譜学』の「まえがき」に載せた表を若干改変し、本書に関わる人物 8 名を追加したものである（追加分は人名に星印を附して区別した）。前著でも述べたように、この表はそれぞれの人物の生没年を一覧にしたものである。生年と没年の間に網掛を施してあるので、それらが重なっている人々は同時代を生きたことになる。網掛の中の▶印は、欄外の事項がその人物に関わるものであることを示している（▶印が網掛の外にある場合、それは死後出版などの事例にあたる）。▶の位置は、それぞれの人物の生涯における大体の時期を示すもので、必ずしも左端の西暦とは一致していない。本書を読み進む中で、人物や出来事の時代関係を整理したくなった場合には、この簡単な表に立ち戻って、大雑把な流れを確認していただければと思う。

最後に、この「まえがき」と巻末の「あとがき」も含め、本書各章の冒頭には、ドイルのシャーロック・ホームズ物から引いたエピグラフを掲げてある。日本語学会の機関誌に掲載された前著『日本文法の系譜学』の書評において、評者のハイコ・ナロック教授は、「まるで推理小説のように読むことができる」と書いてくださっている。実は、本書に収めた既発表論文のいくつかを読んでくださった方々からも同様の感想を頂戴していたので、前著の

書評に同じ表現を見出して筆者らはとても驚いた。ミステリー好きにとっては、これ以上望めないほど嬉しい誉め言葉であるが、裏を返せば、こうした感想を寄せてくださる方々も相当のミステリー好きなのではないかと想像される。それぞれのエピグラフは、本文の内容や筆者らの気持ちをうまく表わしていると思っているが、いわゆるホームズ語録として有名なものはなるべく避けるようにしたので、マニアの方々にも楽しんでいただけるのではないかと思う。

　なぜホームズなのか、という疑問を抱く読者もおられると思うが、筆者らの好みであり、多くの方々の好みでもあろうという点以外に、時代が本書に相応しいという理由もある。上に掲げた人物一覧表には、実は Doyle（Sir Arthur Conan）をこっそり忍ばせてしまったが、ドイルは本書の主要な登場人物たちの同時代人であり、例えば後に「ウィステリア荘」と改題される作品が最初に発表されたのは、山田孝雄が『日本文法論』を刊行した明治41年、西暦1908年である。

　前著『日本文法の系譜学』と同様に、本書所収の諸論文も膨大な文献調査に基づいて書かれており、ハイゼの原文や明治時代の「返り読み式」翻訳を含む各種資料からの直接引用は、前著を凌ぐ分量になっている。そのため、本書は読者に負担を強いる書物になっているが、負担に見合う情報は提供できたと確信している。ただ、疲れる本ではあるので、各章のエピグラフが息抜きの材料にでもなればと願っている。

　　2013年11月14日

斉木美知世
鷲尾龍一

目　次

まえがき ·· v
Epigraphs 出典 ·· xiv

第 1 章　研究史の諸問題 ·· 1
　1.1.　研究史の「空白」をめぐって ·································· 1
　1.2.　研究史における累積効果 〜 P 音説を例に〜 ············ 3
　1.3.　忘れられた著作 ·· 12
　1.4.　古典的著作の読み方 (1) ·· 15
　1.5.　個別言語の「特質」とその対照言語学的基盤について ···· 18
　1.6.　古典的著作の読み方 (2) ·· 23
　1.7.　研究史分野の活性化に向けて
　　　　〜松下文法の評価と P 音学説をめぐる論点〜 ········· 27
　注 ·· 32
　【附録】那珂通世『國語學』(pp. 14-16) に見られる P 音説 ······ 37

第 2 章　『日本文法論』とハイゼの獨逸文典 ···················· 39
　2.1.　はじめに ·· 39
　2.2.　J. C. A. Heyse とハイゼの獨逸文典 ························ 41
　2.3.　『日本文法論』におけるハイゼからの引用 ················ 42
　2.4.　原典の特定 ··· 46
　2.5.　引用文と原文の関係 ··· 50
　2.6.　残された謎 ··· 58
　注 ·· 63

第3章 『日本文法論』とハイゼの獨逸文典 II ················ 65
  3.1. はじめに ··· 65
  3.2. 山田孝雄文庫蔵 Deutsche Grammatik ························ 68
  3.3. 『日本文法論』と Deutsche Grammatik の比較に向けて ····· 74
  注 ··· 80
  【資料編】『日本文法論』とハイゼ原文の対応表 ················ 82
         ハイゼ原文および注釈 ··························· 84

第4章 Lijdend/Passive の訳述起原
    ～「受身」「働掛」および「助動詞」の初出文献をめぐって～ ·· 107
  4.1. はじめに ·· 107
  4.2. Hulpwerkwoord/Auxiliary Verb と「助動詞」の訳述起原 ············ 109
  4.3. 『ピ子ヲフ氏原版英文典直譯』························· 117
  4.4. Lijdend/Passive の邦訳と「受身」の問題 ················ 121
  4.5. おわりに ·· 127
  注 ·· 128

第5章 那珂通世『國語學』の来歴 ·························· 131
  5.1. はじめに ·· 131
  5.2. 『國語學』刊行年の問題 ······································· 132
  5.3. 『國語學』の概要 ··· 135
  5.4. 刊本の成立事情 ··· 138
  5.5. 雑誌『普通教育』··· 143
  5.6. 『國語學』と『普通教育』····································· 144
  5.7. 『普通教育』第五拾壹册および国研本『國語學』············ 148
  5.8. 『國語學』連載記事と刊本の関係 ···························· 153
  5.9. 『國語學』刊行年の範囲 ······································ 155
  5.10. 那珂通世と大槻文彦の関係 ·································· 158
  注 ·· 164
  【附録】『普通教育』「第一集」目次（第壹册～第拾三册）········· 167

第 6 章　大槻文彦と Chamberlain の系譜
　　　　　～受動使役をめぐる記述の歴史～ ･･････････････････････ 173
　6.1.　助動詞の相互承接 ････････････････････････････････････ 173
　6.2.　全体的順序と局所的順序 ･･････････････････････････････ 177
　6.3.　局所的順序と言語間の差異 ････････････････････････････ 180
　6.4.　受動使役をめぐる記述の歴史 ･･････････････････････････ 186
　6.5.　大槻文彦の系譜 ････････････････････････････････････ 187
　6.6.　チェンバレンの系譜 ･･････････････････････････････････ 192
　6.7.　口語と文語 ･･ 197
　6.8.　山田廣之『國語法新論』など ･･････････････････････････ 201
　6.9.　Block (1946) とその後の状況 ･････････････････････････ 203
　6.10.　おわりに ･･ 205
　注 ･･･ 206

第 7 章　言語の "Genius" と「國語の本性」
　　　　　～個別言語の特性をめぐるいくつかの学史的問題～ ･･････ 211
　7.1.　研究の背景 ･･ 211
　7.2.　サピアにおける Genius の出処 ････････････････････････ 214
　7.3.　英語圏およびフランス語圏における "言語の Genius" ･････ 216
　7.4.　19 世紀と 20 世紀の状況 ･････････････････････････････ 218
　7.5.　サピアの Genius: "Drift" との関係 ････････････････････ 221
　7.6.　山田孝雄『國語と國民性』をめぐって ･･････････････････ 225
　7.7.　国語学史と言語学史の問題：チェンバレンの位置づけなど ･･ 240
　7.8.　思考の鋳型と言語の Genius ･･････････････････････････ 258
　7.9.　おわりに ～話は「言語」に戻る～ ･･････････････････････ 266
　注 ･･ 269

初出情報と内容紹介 ･･････････････････････････････････････ 275

引用文献 ･･ 283

あとがき ･･ 297

索　　引 ･･ 301

Epigraphs 出典

まえがき

"Now, Watson, we'll just take our luck together, as we have occasionally in the past."

The Disappearance of Lady Frances Carfax, by Arthur Conan Doyle.
The Strand Magazine, 1911/
American Magazine, 1911 ("The Disappearance of Lady Carfax").

第1章　研究史の諸問題

"There are gaps in that direction which we have still to fill."

The Adventure of Wisteria Lodge, by Arthur Conan Doyle.
Collier's, 1908 ("The Singular Experience of Mr. J. Scott Eccles")/
The Strand Magazine, 1908.

第2章　『日本文法論』とハイゼの獨逸文典

"What steps will you take?"

"It will very much depend upon the results of my first inquiries. I may have to go down to Horsham, after all."

The Five Orange Pips, by Arthur Conan Doyle.
The Strand Magazine, 1891.

第3章　『日本文法論』とハイゼの獨逸文典 II

"I really have not time to go out to Lewisham, and yet evidence taken on the spot has a special value."

The Adventure of the Retired Colourman, by Arthur Conan Doyle.
Liberty, 1926/*The Strand Magazine*, 1926.

第 4 章　Lijdend/Passive の訳述起原

"We are getting some cards in our hand, Watson."

The Adventure of Shoscombe Old Place, by Arthur Conan Doyle.
Liberty, 1927/*The Strand Magazine*, 1927.

第 5 章　那珂通世『國語學』の来歴

"These relics have a history, then?"
"So much so that they are history."

The Adventure of the Musgrave Ritual, by Arthur Conan Doyle.
The Strand Magazine, 1893/*Harper's Weekly*, 1893.

第 6 章　大槻文彦と Chamberlain の系譜

"Queer grammar!"

The Adventure of the Three Gables, by Arthur Conan Doyle.
Liberty, 1926/*The Strand Magazine*, 1926.

第 7 章　言語の "Genius" と「國語の本性」

"A Frenchman or Russian could not have written that. It is the German who is so uncourteous to his verbs."

A Scandal in Bohemia, by Arthur Conan Doyle.
The Strand Magazine, 1891.

あとがき

"And now, my dear Watson, I think we may dismiss the matter from our mind and go back with a clear conscience to the study of those Chaldean roots which are surely to be traced in the Cornish branch of the great Celtic speech."

The Adventure of the Devil's Foot, by Arthur Conan Doyle.
The Strand Magazine, 1910.

国語学史の近代と現代

研究史の空白を埋める試み

第 1 章

研究史の諸問題

> "There are gaps in that direction which we have still to fill."
> —Sherlock Holmes

1.1. 研究史の「空白」をめぐって

　古典的な著作は、概説書や研究史において繰り返し解説される。専門家による解説には優れたものが多いので、読者は自ら原典にあたるまでもなく、著作のポイントを理解し、その学史的な意義や限界を知ることができる。しかし、概説書や研究史がいかに優れていようとも、それらは著者や編者の視点に基づく再構成であり、独自の判断でなされた取捨選択の結果であるから、そこには必然的に「空白」が生じる。視点や発想が異なれば取り上げられたはずの著作や人物が捨てられていたり、解説者が重要とは思わなかった事実に新たな意義を見出す余地があったり、常識的に繰り返されてきた事実認定を疑う根拠があったりと、その種類は様々であるが、いずれも従来とは異なる記述によって埋めるべき「空白」である。

　このような意味での「空白」には、専門家であれば誰もがそれと認めている空白もあれば、そこに空白があるとは認識されていない空白もある。前者の例としては、例えば山田孝雄が影響を受けたとされる「ハイゼの獨逸文典」の原典をめぐる問題を挙げることができる。山田文法を総合的に評価する上

で、ハイゼとの関係を考えることの重要性は誰もが認めているが、山田がドイツ語で引用している大量の文章が、実際にどの書物の、どの版の、どのページから引用されているのかは、これまで正確に特定されてこなかった。これは専門家の間ではよく知られた事実であるから、ここに学史上の（あるいは山田文法研究における）空白が存在するという共通認識はすでに出来上がっている。したがって、この空白を埋めることができれば、それは自動的に研究分野への貢献となる。山田孝雄が参照したはずの原典を特定し、実際にこの空白を埋めたのが、本書**第2章「『日本文法論』とハイゼの獨逸文典」**である。この論考で我々が到達した結論は、その後の調査で正しかったことが証明されているが、その間の事情は本書**第3章「『日本文法論』とハイゼの獨逸文典 II」**で報告した。

　空白の存在自体が認識されていない事例は、いくつかのタイプに分かれる。もっともわかりやすいのは、広く認められている事実認定を疑う根拠がある場合である。例えば「受身」という文法用語は、一般に大槻文彦が考案したものと考えられている。「受身」の初出例を「語法指南」(1889)に求めるのが従来の記述であり、この事実関係を問題にした論考を筆者らが目にしたことがないのは、これがほぼ定説となっているためであると思われる。つまり、ここに埋めるべき空白があるという認識が研究分野には存在しなかったわけであるが、本書**第4章「Lijdend/Passive の訳述起原」**において、筆者らは上の「定説」が事実に反していることを指摘し、代案を提示している。空白の存在を指摘しながら、同時にそれを埋めようと試みた論考である。

　概説書、教科書、各種辞典・事典に見られる研究史は、上でも述べたように特定の専門家が独自の視点で再構成したものであるから、読者はその専門家による取捨選択の結果だけを目にすることになる。記述から漏れた著作や人物は、読者からすれば存在しないに等しい。こうした情報の欠落は、異なる専門家の手になる複数の研究史を読むことによって補われるので、読者の努力によってはバランスのとれた研究史を描くことも可能である。しかし、ある種の記述が固定化し、それが多くの研究史で繰り返される——あるいは

語り継がれる——という事態が生じることもある。広く読まれている概説書や、多くの人々が参照する辞典・事典などにおいて類似の記述が繰り返された場合、それは一定の常識的理解を醸成し、固定化する効果をもたらす。筆者らはこれを、研究史における「累積効果」と呼ぶが、日本語のハ行子音 /h/ が古くは /p/ であったという、よく知られた学説の歴史は、この点に関わる一つの事例を提供してくれる。

1.2. 研究史における累積効果 〜 P 音説を例に〜

内田智子の「上田万年『P 音考』の学史上の評価について」(2005) という優れた論文で指摘されているように、P 音説は多くの人々にとって上田萬年の「P 音考」(1898) と深く結びついている。筆者らが調査してきた文献では、例えば新村出の『言語學概論』(1933) が両者の関係を次のように記述している（太字は本稿による）。[1]

> 三十餘年前に**上田氏によつて P 音考といふ形式に於て提唱された波行原音考**は、當時岡澤氏等二三家の反對論もあつたが、漸次立證補考されて今日に至つては、疑ふ者はないやうになつた。　　（新村 (1933: 43/1943: 483)）

同様の記述は、現在でも広く読まれている優れた概説書や、誰もが参照する有名な辞典・事典の項目などにおいても繰り返されている。次はその一例である。

> …「P 音考」は波行音が古く P 音であったことを論証したものとして有名である。　　　　　　　　　　　　　　　　　　（此島正年 (1976: 104)）

こうした趣旨の記述が繰り返され、累積することによって、「P 音考」が P 音説において果たした中心的な役割は、日本語学を学ぶ者にとっては常識に属する知識となっている。内田 (2005: 98) も次のような解説を引用している（下線は内田による）。

> 純粋に国語の音韻についての研究は、西洋言語学の知識を国語に応用した上田万年「P音考」に始まるごとく、音韻を文字から切り離さなくてはならなかった。　　　　　　　　　（馬渕和男・出雲朝子『国語学史』pp. 51-52）

　これに対して内田（2005）は、「『P音考』より前に、ハ行子音が〔P〕であったと主張する学者が存在すること、彼らは西洋言語学を学んでいないこと、『P音考』が論拠としているものの多くは、西洋言語学輸入以前に指摘されている」ことを「確認」し、それにも拘わらず「『P音考』が評価されるようになったいきさつと原因を検証」（p. 98）している。ただし、従来の国語学史をやや詳しく見れば、「『P音考』より前に、ハ行子音が〔P〕であったと主張する学者が存在すること」もまた常識に属する知識であり、とりわけホフマン、エドキンス、サトウ、チェンバレンらの外国人による研究が「P音考」以前に書かれていたことは、これまでにもしばしば指摘されている。馬渕・出雲の『国語学史』（1999）にしても、内田（2005）が下線を施して引用した箇所の「P音考」には、実際には注が付いている。そしてその注には、「なおこれより先に、ヘボン・チャンブレン・バチュラーら外国人の研究があった」（p. 51）との記述がある。

　東洋文庫『国語のため』（安田敏朗校注、平凡社、2011）の解説において、安田は「P音考」について述べた濱田敦（1952）「明治以降に於ける国語音韻史研究」の次の一節を引用している（安田（2011: 472-473）、〔　〕内は安田による補足、［　］内は本引用者による補足、漢数字はアラビア数字に変更）。

> その内容は実は決して〔上田〕博士の創見ではなく、少なくとも同じ結論は既に半世紀も早く1857年にホフマンにより提出され、ついでエドキンス、サトウ、チエムバレンなどの東洋学者達が同様の説を種々の論拠から述べてゐる［のである。］

　安田はこの引用の後で、「上田の立論に即して先行研究からの影響を指摘した研究」として内田（2005）を紹介しているが、[2] この「上田の立論」を、内田（2005）は論拠①「清音と濁音との音韻関係」、②「日本語には昔〔h〕が

第 1 章 研究史の諸問題　　5

存在しなかった」、③「アイヌ語に入った日本語」、④「熟語的促音の直後と方言には昔の音が残る」、という四点に整理し、これらの多くが「『P 音考』より前に既に指摘されている」ことを綿密に考証している (p. 97)。

　論拠①については、大槻文彦の『廣日本文典』(1897) が「P 音考」より早い文献として挙げられ、次の一節が引用されている (内田 (2005: 96)、文中の「引用者」は内田を指す)。

　　此ノ音（引用者注：半濁音のパピプペポを指す）ヲ清音トスレバ、コレニ対スル濁音ハ、唇音ノ「ば」(b) ナルガ如シ、喉音ノ「は」トハ、其種類、異ナリ。　　　　　　　　　　　　　　　　　　　　　　　　（第 44 節）

「P 音考」に先行する研究にホフマン、エドキンス、サトウ、チェンバレンらの論考があり、上田萬年がそれらを踏まえていたことは、これまでの概説書にも記述がある。例えば東條操『国語学新講』(1965)、古田東朔・築島裕『国語学史』(1972) は、それぞれ次のように解説している。

　　これ（「P 音考」）は上田萬年が発表された論文で、「国語のため」第二に収めてある。ハ行古音が P だろうという説はすでに 1880 年（明治 13 年）にエドキンス (Edkins) が唱え、1888 年（明治 21 年）にチャムブレンもその説に賛している。　　　　　　　　　　　　　　　（東條 (1965: 64)）
　　音韻史は、既に 19 世紀の半頃から、ホフマン、チェンバレンなどの所論があるが、何れも系統論と深い関係があったと見られる。上田万年博士の「P 音考」（明治 33 年〈1900 年〉）は、これらの外国人の学者たちの説を承けたものであるが、後に大きな影響を及ぼした。　　（古田・築島 (1972: 348)）

しかし、内田 (2005) が指摘するように、P 音説の文脈で『廣日本文典』が引かれることはめったになく、内田がさらに指摘する三宅米吉や大島正健などの先行研究についても同じことが言えるため、[3]「従来の学説史の記述や一般的理解は本質を見据えているとは言いがたく、幾分かの訂正を要するように思われる」(p. 86) と内田が述べる意味は理解できる。ただし、「従来の学説史」——P 音説は以前からあったが、後に大きな影響を与えたのは何と言っ

ても「P音考」であるとの評価から、学説史の中心に上田萬年を据える書き方——は、事実を誤認しているわけではないので、「訂正を要する」というよりは、これが可能な書き方の一つでしかない、という認識を読者が共有できる環境が必要なのであり、そのためには、異なる視点に基づく複数の学説史が用意されているのが望ましい。内田の言う「従来の学説史」に問題があるとすれば、それは個々の記述の妥当性ではなく、類似の視点に基づく記述が累積した結果、「P音考」以前の研究に対する評価が相対的に低くなり、我々の「一般的理解」においては、遂に忘れ去られてしまった、という点であると思われる。

　研究史に取り組んでいると、学問分野における慣習や約束事のようなものが、時代によって大きく変化していることに気づく。近代日本における国語学・言語学の分野について言えば、先行研究の引用方法はまったく個人に委ねられていた感があり、その論旨から当然引用されてしかるべき文献に一言の言及もないような事例は枚挙にいとまがない。特に概説書の類ではこれが一般に許されていたようであり、近代の文献を読んでいると、論述のどの箇所が先人の知見によるのか、どの箇所が著者の創見であるのかが峻別されていないことが多く、当時の学問的状況やその背景に通じていないと、観察や分析が誰のものであるのかがまったくわからないことも珍しくない。それはあたかも、特定の問題について誰が何を言ったのかを誰もが知っていることが前提とされているかのようであり、先行研究をいちいち明記しないのは、それが当時の学者たちの「常識」であったからにすぎず、単に現在の我々が知らないだけであるとさえ考えたくなることがある。

　「P音考」について、「その内容は実は決して〔上田〕博士の創見ではなく…」と濱田敦が述べていることはすでに紹介したが、上田萬年自身は、P音説が自らの「創見」であると主張しているわけではない。論文冒頭の「本居翁」を除き、上田が先人の研究に一切言及していないのは事実であるが、そもそも「P音考」は新説の提示を目的とした論文ではなかった。『日本文法の系譜学』（§1.4）でも述べたように、最新の西洋言語学を学んだ「科學派」

を自任する上田は、「和學者・皇學者・古典學者・皇典學者」など「種々奇異なる名稱の下に、本邦の言語を取調べたる」(上田（1890/1903: 181-182))、そして今も取調べている人々を、ある種異様な熱意をもって批判している。上の引用は上田がドイツに留学する前の文章であるが、「和學者」に対する上田の批判的態度は「P音考」に至っても変っていない。論文冒頭の次の一節がこれを示している。[4]

> 此のP音の事に就きては、本居翁などが半濁音の名称の下に、これを以て不正鄙俚の音なりとし、我国には上古決してなかりし音なりなど説き出されしより、普通和学者などいふ先生たちは、一図に其の説を信じて、何事も他の云ふ事を信ぜざるが如し。其の誠や愛すべきも、其の愚や笑ふべきのいたりなる。　　　　　　　　　　　（上田（1898/1903: 32-33/2011: 234))

これに続けて上田は、「茲に予が述ぶる所は、敢てかかる先生たちを相手としてにはあらず、従ひて唯此の上の要旨をのみ述ぶる事と知られたし」と述べ、「清音と濁音との音韻的関係」を考えれば、濁音Bに対する清音はPでなければならない、という議論を始める。しかし、上田の論述はすぐにまた、こうした理窟がわからない学者たちへの批判となる。

> 故に悉曇韻学の上、支那韻鏡学の上にては、P行は純粋清音の位置に置かれ、B行が其の濁音の位置に立ちしこと、決して疑ふべからざる事実なり。しかるに中古以降、音韻の学衰ふると共に、音を音として研究せず、文字の上よりのみ音を論ずる**似而非学者出で来りて**、終に半濁音などゝいふ名称までを作り、**大に世人を惑はすにいたりたり**。
> 　　　　　　　　　　　　　　　　　（上田（1898/1903: 33-34/2011: 235))

論文冒頭の「和学者などいふ先生たち」が、上の「似而非学者」の系譜に連なるとまでは述べていないが、彼らがいまだに似而非学者の説に惑わされている人たちとして描かれているのは確かである。そういう人々に向けて上田は、「仮りに一歩を譲りて、論者のいふが如く、上古よりP音は存在せず、其の原音はH音なりしとせんか、論者は如何にして左記の諸項を説明せん

とするか」と述べ、次の四点を提示する。

(一) 古説に波行を唇音とせるは如何なる訳か。
(二) 何故に今日の如き喉的 H 音が濁る必要ありたるか。
(三) よし濁る必要ありたりとするも、喉的 H 音が濁るに当りて、何故に唇的濁音とはなりたるか。
(四) 濁音 B は清音 P のさきだつ事なしに存在せしか。[5]

(上田 (1898/1903: 34/2011: 235))

要するに、「上古」日本語には P 音が存在しなかったと主張する（あるいはそう信じている）人々に対して、P 音説否定論者に何が足りないのかをまとめて提示するのが「P 音考」の目的であったと考えられる。上田は P 音説を支持する議論の要点を整理し、これでも信じられないのかと挑戦的な論陣を張ったのであるが、議論を構成する個々の要素は上田の創見ではないにせよ、上のような形で改めて問題を提起したこと自体に「P 音考」の意義があったと言える。議論を支える個々のポイントについて先行研究を明記しなかったのは、「(議論の)要旨をのみ述ぶる事と知られたし」という論文の趣旨に照らしても、また、上でも触れた当時の学問的慣習に照らしても、特に不自然であるとは言えない。例えば金澤庄三郎による P 音説の概説でも、ホフマンの名前が見える以外、先行研究は一切挙げられていない。

1910 年に『日韓兩國語同系論』を著した金澤庄三郎は、これより早く『日本文法論』(1903) という著書を出版しているが、同書「聲音論」の第四節に「P 音考」という一節があり、P 音説の「例證」として次の 9 点を挙げている。これらのうち、第 6 点と第 7 点は朝鮮語との比較に基づくものであるが、これらが金澤自身の議論であるのか、すでに知られていたことであるのかさえ、金澤の論述からはわからないような書き方になっている。

[ハ行の古音をめぐる]問題は嘗て學者の間に論議せられたれど、いまだ一定せざるに似たり、予はハ行の古音を、唇音 p なりとする論者の一人なれども、此にこれを詳論するは、甚だ枝葉に渉る恐あれば、唯二三の例證を

挙げて止まむ。
(一) 清音と濁音との關係、上記の如くなればハ行音 h の濁りて、バ行音 b となるべき所由なし。
(二) 古來我國の音韻學者が、波行音を唇音としたる事。
(三) 各地の方言中に、ハ行を唇音 f に近く發音するものある事、和訓栞曰く、出雲人は は・ひ・ふ・へ・ほ の音甚重く、ふわ・ふゐ・ふう・ふゑ・ふを と聞ゆ、平家を ふゑいけ、半分を ふわんぶん といふ類也。

ホフマン氏、其日本文典中に、また此事を論じて、十七世紀の末葉より十八世紀の初半までに、我國に渡來せる蘭人の著作を見るに、波行音は皆唇音 f を以て表はしたりといへり、例へば播磨を farima とし、平戸を firado とするが如し。
(四) 波行音を表す爲めに、借り用ひたる漢字の原音は、いづれも唇音なる事、例へば八非遍保等皆然り。
(五) かは（川）、かほ（顔）、しほ（鹽）、いは（岩）等の如く波行音の轉じて、和行唇音 w となれるものある事。
(六) 波行音にて始まれる漢字音は、韓國に於てなほ盡く唇音 p なる事。例へば

漢字	韓音	字音	
博	pak	はく	haku
肥	pi	ひ	hi
彬	pin	ひん	hin
寶	po	はう	hau
本	pon	ほん	hon

(七) 日韓兩國語同根の語を對比するに、我波行音は彼に於て盡く p 音となれること、例へば

韓語		日本語	
ip	口	ihu	云
kap	價	kahu	買
pat	田	hata	畑
pi-tark	鳩	ha-to(ri)	鳩

(八) ハヒフヘホの中のフ音のみは、今日といへども、純粹に唇音として發音せらるゝ事。

（九）所謂連濁の場合に、波行はp音となる事、例へば立(リッ)と派(ハ)と合して立派(リッパ)となり、思(オモヒ)と計(ハカル)と連りて思計(オモンバカル)(慮)となる類。

　此等の事實を合わせ考ふるに、波行の古音唇音なりし事疑を容るべからず、唯唇音の如何なる種類なりしか、そは尚研究を要すべき問題なれど、思ふに最古の音はpにして、次にf wの時代あり、最後今日のh音に變じたりと觀る方最も適當なるが如し。

（以上、金澤庄三郎（1903）『日本文法論』pp. 38-41）

「P音考」と名づけられた一節であるにも拘わらず、上田萬年の名前さえ挙げられていないが、著者も読者も、当時としてはこのような書き方に特に違和感を覚えなかったものと思われる。

　したがって、「P音考」の内容が上田の創見ではないと知った現代の読者が、上田の公正性に疑問を抱くようなことがあるなら、それは的外れであると言わなければならない。「P音考」に見られる個々の具体的な論点が、上田の創見であるかのような印象を与える学史的な記述があるとすれば、それは上田の問題ではなく、後に書かれた研究史や評伝の問題である。内田（2005: 86-85(13-14)）が引用しているいくつかの記述を見ると、確かにそうした印象を与えるものがある。以下はその一例である（下線は内田による）。

　　留学中ドイツの印欧語比較言語学および言語史学を学び、帰朝ののち音声学およびパウルの言語史原理を講じ、国語の系統および国語史研究に先鞭をつけ、国語のハ行子音はp→f→hと変化したことを考証して、国語音韻史研究の道を開き、先人未踏の国語学史を講じて研究の発展と承継に系譜を立て、先人の業績の意義と価値を明らかにするなど、西欧の言語学・音声史学を導入し、わが国の言語学・音声学の開拓者たるとともに国語学の各分野に科学的研究の端緒を開いた。

内田（2005: 85）はこれを『国語学辞典』（国語学会編、1955）からの引用としている。筧五百里による執筆項目「上田万年」に見られる文章であるが、厳密に言えば、上の引用は原文と同一ではない。下線部の原文（p. 49）は次のようであり、解説文の中で別項の「P音考」を参照させている。

国語のハ行子音は p → f → h と変化したことを考証して（→ P 音考）、国語音韻史研究の道を開き、

そして「P 音考」の項を見ると、そこには濱田敦による簡要な解説があり、「P 音考」の論点がまとめられている。すでに引用した論文の著者であるから、濱田は当然ながらこの辞典項目でも次のように述べている (p. 760)。

ただし、このハ行子音 P 音説は必ずしも上田の創見とは言いがたく、すでにエドキンス、サトウ、チャンブレン（各別項）などの外国人が、それ以前に述べているが、本考が出て、はじめて一般の関心をひくに至った。

つまり、筧五百里と濱田敦の文章を併せて読めば、『国語学辞典』(1955) の記述はそれなりにバランスが取れていると言える。ところが、この辞典の改訂版である『国語学大辞典』(1980) を見ると、筧の「上田万年」がそのまま再録されているのに対して、濱田の「P 音考」は項目から外れている。これに伴い、「上田万年」の記事からは「P 音考」へのレファレンスも削除されたが、こうした変更の結果、『国語学辞典』(1955) が保っていた学史的記述のバランスが、『国語学大辞典』(1980) では崩れてしまったように見える。[6] そして『国語学大辞典』を参照する世代にとっては、「国語のハ行子音は p → f → h と変化したことを考証して、国語音韻史研究の道を開き…」という記述から、上田の「創見」を想像するのは自然であり、漠然とした印象ではあっても心に残る可能性は高い。このような印象は、「上田万年は『P 音考』により上代のハ行音の音価を推定し…」(『国語学研究事典』p. 57、内田 (2005: 85) が引用)、あるいは「『P 音考』は波行音が古く P 音であったことを論証した…」(此島 (1976: 104)、再掲)、さらには渡邊實 (1997) の次のような解説など、他の文献に見られる同様の記述によって強化され、日本語学を学ぶ多くの人々の常識的な理解として定着したとしてもおかしくはない。

［…上代のハ行音は…両唇破裂音［p］であったらしい…］このことが最初に論じられたのは明治三一年 (1898) のことで（上田万年「語学創見」『帝国文学』四巻一号、後に「p 音考」）、日本にとりいれられた言語学（当時はそれを「博言学」

と呼んだ）の最初の成果と見なされている。　　　　　　　（『日本語史要説』p. 34）

よく参照される一般の国語学史では、内田（2005）が指摘する三宅米吉や大槻文彦の研究がＰ音説との関わりで取り上げられることは基本的になかったと言えるので、こうした「Ｐ音考」以前の著作は、研究史における「空白」となってしまったかのようである。

内田論文は、このような意味での空白を埋める試みと理解することができるが、同論文には、実は筆者らが調査してきた別の空白も関わっている。本書**第５章「那珂通世『國語學』の来歴」**を執筆する動機にもなった点であるので、以下、第５章の背景としてこの点に触れておきたい。

1.3. 忘れられた著作

『日本文法の系譜学』（第４章、§4.9）でも触れたところであるが、筆者らは東洋史学の那珂通世と大槻文彦の関係に関心を抱いてきた。大槻の「語法指南」あるいは『廣日本文典』と那珂の『國語學』という著作との影響関係が、学史的に重要な意味をもつ可能性があったからである。

筆者らにとっての問題は、西洋的なヴォイス（態）の概念を的確に拡張し、「脱西洋的ヴォイス」（斉木・鷲尾（2012a: §4.8））と呼びうる概念を導入した初期の日本人学者として、大槻文彦を挙げるべきか、あるいは那珂通世も挙げるべきか、という学史上の問題であったが、那珂の『國語學』は、実はＰ音説との関連でも注目されてよい著作である。以下でも述べるように、那珂の『國語學』は大槻の『廣日本文典』よりも早い著作であるが、その第三章「假名ノ古今音」には、「假名ノ發音ニ、古ト今ト同ジカラザル者アリ」（p. 14）という一文で始まる記述があり、そこでは次のように、明確なＰ音説が提示されている。

　　　變化ノ最モ著シキ者ハ、はひふへほノ五音ナリ。此ノ五音ハ、古ハ唇音ニシテ、p ヲ發聲トシ、即今ノぱぴぷぺぽナリシガ、次第ニ變ジテ fa fi fu fe

第 1 章　研究史の諸問題

　　fo トナリ、其ノ後 f 又變ジテ h トナリ、脣音ヨリ喉音ニ移レリ、五音中唯
　　ふノミハ、今猶 f ナル發聲ヲ保存セリ。　　　　　　　（那珂『國語學』p. 14）

この議論の経験的基盤をなすのは、大槻の場合と同様に漢字音の考察である。

　　　　古音ノ今ニ異ナリシコトハ、古書ニ字假名トシテ用ヒタル漢字ノ古音ヲ
　　考索スレバ、知ラルヽナリ。　　　　　　　　　　　　（那珂『國語學』p. 15）

そして上の論拠①に関わる点について、那珂は次のように述べている。

　　　　元來 b ハ、p ノ濁音ニシテ、輕脣音ノ f、喉音ノ h トハ關係ナシ。然ルニ、
　　清音ノ p ノミハ、f 又ハ h ニ變ジテ、其ノ濁音ハ、b ノ舊音ヲ保チタレバ、
　　今ノ波行ハ、b ニ對スル清音ニ非ズシテ、b に對スル清音ニハ、却テ小圏點
　　ヲ以テ標スルノ必要起レリ。此ノ音ハ k t ト同ジク純粹ノ清音ナレバ、俗
　　ニ次清音又半濁音ト稱スルハ當ラズ。　　　　　　　　（那珂『國語學』p. 16）

したがって、大槻の『廣日本文典』が「P 音考」に先行する重要文献であるなら、それより古い那珂の『國語學』も同様の注目を集めてしかるべきであるが、周到な文献調査に基づく内田論文にさえ、同書への言及は見られない。おそらくその理由は、那珂の『國語學』という書物自体が国語学史における空白でありつづけている、ということではないかと思われる。

　書名に『国語学史』を冠する従来の研究書や概説書のうち、山田孝雄（1935b、1943）、小島好治（1939）、重松信弘（1939）、吉澤義則（1939）、時枝誠記（1940）、三木幸信・福永静哉（1966）、あるいはすでに言及した古田・築島（1972）、此島（1976）、馬渕・出雲（1999）などは記述が近代に及んでいるが、これらは那珂の『國語學』に一切触れていない。国語学会（編）『国語学辞典』（1955）、佐藤喜代治（編）『国語学研究事典』（1977）、北原保雄・他（編）『日本文法事典』（1981）、杉本つとむ・岩淵匡（編）『新版　日本語学辞典』（1994）、飛田良文・他（編）『日本語学研究事典』（2007）など、各種辞典・事典の類も同様である。那珂通世の P 音説にかろうじて言及がある国語学史は、以下に引用した福井久藏の『國語學史』（1942）ぐら

いのものであるが、すでに古典に属する福井の『國語學史』自体が、一般には読まれなくなって久しい、ということであるのかも知れない。

> 那珂通世は千葉師範學校長時代に假名遣は發音的によつた程の進歩的な仕方を取つた人で、その普通國語學には音韻に關することも委しく、母音の中**あ・い・う**は原始のもの、**え・お**はその後に發生したものといひ、**波行音は古くは P 音**であつたと述べて、**てには**を幇助言と名づけ、これを重言格（^書/_晝）につくもの、思料格につくもの、終止格につくものなど新しい分類などがある。
> 　　　　　　　　　　　　　　　　　　　　　　（福井久藏（1942: 230））

以上のように那珂の『國語學』は、福井久藏（1942）以前も以後も、国語学史では基本的に取り上げられてこなかった。そのため、現在では半ば忘れられた著作となっているのであるが、上で述べたような理由から、筆者らはこの著作に注目し、検討を加えてきた。

那珂通世と大槻文彦の学問的な影響関係を考察するにあたり、那珂の『國語學』と大槻の著作との時間的な前後関係が重要なのは言うまでもないが、『國語學』の正確な刊行年は、実は未だに特定されていない。この著作への言及がある比較的少数の先行研究を見ると、互いに矛盾する四種類の刊行年が挙げられており、それらのうちどれが正しいのか（あるいはどれも正しくないのか）を判断する決め手がない、という事態に直面するのである。

そこで筆者らは、那珂の『國語學』と大槻の著作を比較する作業などと平行して、『國語學』の刊行年を特定するための調査も行なってきたのであるが、調査によってその複雑な来歴が明らかになるにつれ、なぜこれまで刊行年が特定できなかったのか、その理由が徐々にわかってきた。本書**第 5 章「那珂通世『國語學』の来歴」**は、この調査の過程および現時点で明らかになった事実をまとめたものである。

1.4. 古典的著作の読み方 (1)

　概説書や各種辞典などに見られる研究史は、特定の専門家の視点を反映している一方で、ある種の記述が固定化し、それが多くの研究史で繰り返されることもあると述べた (1.2 節参照)。これは研究史だけでなく、研究史に登場する古典的著作の読み方についても言えることである。古典的著作に対する評価は、当然ながら専門家の間でも異なることがあり、その評価の違いに解説者の視点や言語観、あるいは学者としての力量を垣間見ることができる。筆者らにとっては、これが研究史を読み比べる醍醐味の一つとなっているが、古典的著作を読んで筆者らが興味を引かれた概念や分析が、従来の研究史ではまったく問題にされていなかったり、深く掘り下げられていなかったりすることがある。このような場合、自ら問題を設定し、一から考え始めることが必要となるが、前著『日本文法の系譜学』には、実はこのようにして考え始めたテーマが少なからず含まれている。一例を挙げるなら、同書第5章で「大槻文彦の矛盾」(§5.5) として論じた、言語優越論をめぐる問題がそれである。

　大槻文法に対する筆者らの評価は、従来の一般的な研究史に見られる評価よりも、やや高いのではないかと思われる。評価の高さで言えば、古田東朔 (1969-1971) のそれに近いような印象であるが、筆者らが評価する理由の一つは、大槻文法が日英語対照研究の先駆けとして極めて重要な位置を占めるという点、そしてその背後にある言語観および近代的な記述の精神である。後者については、「大槻文彦と価値からの独立」(前掲書、§5.2) において次の一節を引用し、

> 各國天然の言語に、差違あるべきは、理の然るべき所にして、其間に、惑ひを入るべきにあらず、唯、其國語の天性に隨ひて、語法を制定すべきなり　　　　　　　　　　　　　　　　　　　（『廣日本文典別記』189 節）

大槻が人間言語の多様性を所与のものとして捉えていたこと、そしてその多

様性は客観的に記述すべきものであり、そこに優劣などの価値判断を持ち込むべきではないと考えていたことを、次のような引用と共に確認した。

> 國語家は、ともすれば、我が國は言靈のさきはふ國なり、餘國の言語は皆鴃舌なり、などいふ、己が国の美をことあげせむの心、悪しとにはあらねど、他國の言語を究めもせず、比べもせずして、井蛙固陋の見もて、ひたふるに自尊のみするは、心なし。　　　　（『廣日本文典別記』序論）

これは、「日本語が美しいのに対して、他国の言語はみな『鴃舌』であるなどと決めつけるのは、外国語のことを知りもしない者の『井蛙の見』であると批判した一節」であり、上の引用箇所と共に、「言語の科学的研究に不可欠な『価値判断からの独立』を宣言」したものと理解することができる（斉木・鷲尾 (2012a: 155)）。

ところが、上の一節をさらに読み進めると、《文化が進んだ国とそうでない国とでは、その「語法」に「精粗」があるのは仕方がない》という趣旨の発言があり、大槻は次のようなことを言い始める。

> 今、若し、世に、萬國言語の共進會などいふこともあらむには、梵語、羅甸語、佛蘭西語、まづは優等賞を得むか、獨逸語も、金牌には漏れざらむ。
> 　　　　　　　　　　　　　　　　　　　　　　　　　　　　（同上）

『日本文法の系譜学』でも述べたように、この引用にある「共進会」とは、「明治時代に産業振興の目的で行なわれていた品評会のようなもの」であり、「産物や製品を一堂に集めて展覧し、その優劣を審査するという性格のもの」であった。したがって、仮に「萬國言語の共進會」なるものがあったとすれば、「それは世界の言語を一堂に集めて、その優劣を審査する品評会」ということになる（斉木・鷲尾 (2012a: 163-164)）。そして大槻は実際にその結果を予想して、様々なことを述べているのであるが、その論述を見ると、客観的な記述の精神も価値判断からの独立も、相当に怪しくなってくる。筆者らは、大槻の論述に見られるこの明らかな矛盾に疑問を抱いたため、疑問に答

えるヒントを先行研究に求めたのであるが、筆者らの文献調査が及んだ限りで言えば、これまで上のような疑問が呈されたことはなかったらしい。読み手が異なれば、何を疑問に思うかも異なるのは当然であるから、これまで繰り返し解説されてきた古典的著作といえども——むしろ古典的著作であればあるほど——新たな視点や発想で読み直される必要があるという、これもまた当たり前の事実を筆者たちなりに実感する機会となったのが、大槻文彦をめぐる上のような考察であった。

ところで、上の引用箇所において大槻は、「其國語の天性に隨ひて、語法を制定すべきなり」と述べ、個別言語の特性を「國語の天性」と呼んでいる。『日本文法の系譜学』を貫く一つの重要な視点は、西洋の言語研究に古くから存在した「普遍文法論」の系譜であり、日本では類似の系譜が形成されなかったという事実の指摘、そしてその理由の考察に、同書では相当の紙幅を費やしている。

18世紀以来の普遍文法論では、人間の言語に共通する「普遍文法」(Universal Grammar) を想定する一方で、個別言語の性格を根本で規定する「言語の"Genius"」と呼ばれるものも想定していた（斉木・鷲尾 (2012a: §5.10)）。つまり西洋では、言語の普遍性と個別性を両輪とする研究プログラムが成立していたと言えるのであるが、この観点から日本における文法研究の伝統を見直してみると、それは基本的に日本語の"Genius"を捉えて記述する試みであったと言える（福井直樹 (2013: 20) は『日本文法の系譜学』における以上の論点を取り上げ、これが「日本の思想史・学問史が示すもっと一般的な傾向の反映なのではないか」と指摘している[7]）。

大槻の「國語の天性」は、この"Genius"に近い概念と見なすことができるが、山田孝雄も「國語の本性」という類似の表現を用いている。大槻と山田に共通するのは、筆者らが「個別言語主義」と呼んだ立場であり、これは松下大三郎の言語観と決定的に異なるのであるが、大槻が「國語の天性」の記述に徹していたのに対し、山田は「國語の本性」に対する、ある種の説明を試みている。これもまた、従来の国語学史が取り上げてこなかった点であ

るが、筆者らはエドワード・サピアの言語論における"Genius"の概念を考察する過程において、それと対比させる形で山田孝雄の「國語の本性」にも考察を加え、山田の議論における還元的説明法の問題点を指摘した。こうした議論をまとめたのが、本書**第7章「言語の"Genius"と『國語の本性』〜個別言語の特性をめぐるいくつかの学史的問題〜」**である。ここで言う「還元的説明法」とは、言語の特性、あるいは言語的な事実を、何らかの文化的特性あるいは「国民性」などの概念と結びつけ、後者を前者に対する説明の基盤とするような方式の説明であるが、文化や国民性と言語の関係は、これまで様々な形で——肯定的あるいは否定的に、明示的あるいは暗示的に——論じられてきた。傾聴に値する議論もあれば、荒唐無稽としか言いようのない論述もあり、その中間に浮遊する様々な論評もある。本書第7章では、言語は文化を反映し な い という Sapir (1921) の立場を紹介しつつ、近代の言語文化論における「国民性」——あるいは Chamberlain (1888) や Lowell (1888) の言う「極東の精神」——などの概念についても論じている。

1.5. 個別言語の「特質」とその対照言語学的基盤について

　近代以降の日本語論には、しばしば日本語の「特質」あるいは「特徴」といった表現が見られる。多くの場合、英語を中心とする西洋諸語との対比において、彼の地の諸言語には見られない事実や性質を日本語に見出し、それを我が言語の特質あるいは特徴と呼ぶのであるが、こうした特質の抽出には、言語事実の厳密な調査に基づく高度な対照言語学的分析が要求される。[8] 諸言語における事実関係の調査が不充分であったり、調査自体は充分になされていてもその対照言語学的解釈に重大な問題があったりする場合には、日本語の「特質」という議論の前提そのものを考え直す必要に迫られることもある。

　大野晋「萬葉時代の音韻」には、西洋諸語との対比における日本語の特質に言及した次のような記述がある。ここに引用するのは、日本語の動詞活用

第1章 研究史の諸問題　　　　　　　　　　　　　　　　　　　19

の起源に関する大野の論述のうち、終止形の起源に関わる箇所の全文である。

　日本語の動詞の終止形は、當然、文を終止する場合に用ゐるといふことがあるが、なほヨーロッパ語と比較する場合注意されるのはそれが**進行形に代用されるといふことである**。それは何故か。この問題を考へて行く上に大切なのは、ラ變の終止形が他と異るといふ點である。
　つまり奈良朝の形を見るとラ變のアリが [i] で終つてゐるのに他の動詞すべてが [u] で終つて終止の母音を異にしてゐる。ところがこれと類似の現象が、日本語の姉妹語である琉球語に見出される。即ち、那覇方言に於て「あり」は aŋ であるが、「咲く」は satʃuŋ である。これは「咲きをり」satʃi-wuŋ → satʃuŋ に發する形であると服部四郎博士の御説である。那覇語では「あり」を除いた動詞の終止形はすべて「連用形＋居り」といふ形によつて成立してゐる。そこで奈良朝の日本語の例を見ると「急居」を「ツキウ」（日本書紀訓註崇神紀）と言つてをり、また「立つとも座ウとも君がまにまに」といふ歌（萬葉集一九一二）があり、今日の土佐方言に「雨ガ降リウ」といつて「雨ガ降リヨル」と同義に用ゐる用法がある。つまり**「ゐる」といふ意味のウといふ語が存したことはたしかである**。琉球語の「咲きをり satʃi-wuŋ の wuŋ（居り）にあたるのは古代の日本語ではこの「ウ」ではなかつたらうか。つまり、saku といふ形は saki-u（咲きをりと同じ意味）といふ結合に於て前項末尾の母音 i が脱落して成立したのではなからうか。**さうした「居」の意味を、普通の終止形は既に含んでゐるために、進行形を終止形が表はし得たのではあるまいか**。ラ變のアリにはこの「居ウ」がつかなかつた。それは、両語の意味上當然結合し難いからであつたのであらう。なほ上一段活用でも遲くまで i の終止形が残つたと見えて、萬葉集に「春野のうはぎ摘みて煮ニらしも」「吾背子が見らむ佐保路の青柳を」など終止形接續の助動詞「らし」「らむ」が、古い終止形 i からついてゐる例がある。つまり、四段、ナ變、サ變、カ變、上二、下二の終止形は、古い終止形 i が、前の母音と結合して、實質的意義を失つた頃、新たにそこに「居」の意味のu が附着して成立したものであらうと思はれる。それでは、それ以前の i で終る形は何かといへば、その i もやはり「有り」の意味の語であつたであらう。といふことをいふには、筆者は、朝鮮語の「有り」といふ動詞が it といふ形であることを考へるのである。史前日本語の或る時期に於て、日本語の「有り」といふ動詞が、朝鮮語 it と同形であつたことを推測してもよ

いのではあるまいか。
　日本語の終止形は、「有り」または「居り」を伴ふのが常のやうであつて、現代口語でもいはゆる終止は終止形そのままで表現されること少く、「…テイル」「…シオル」「…シヨル」などといふのが普通である。これは日本語の歴史を通じて變らないことを考へるとき、以上の推測が全く架空でないことを知ることが出來ると思はれる。「アリ」といふ形は、「生゛ル」「現゛ラハル」などの語根と同源の語で、i の形の後に發達したのではないだらうか。
　　　　　　　　　　　（大野晋（1955: 320-321）、強調は引用者による）

　大野はここで、日本語を「ヨーロッパ語と比較する」ことにより、動詞の終止形が「進行形に代用される」という特徴を抽出し、日本語ではなぜそうなるのか、と問い掛けている。終止形の起源に関する大野の分析は周到であり興味深い。日本語の終止形は、その起源においてすでに「ゐる」という意味の「ウ」を含んでいたために「進行形を終止形が表はし得たのではあるまいか」と大野が述べている点も、その議論の筋道は明快である。しかし、大野の立論には次のような根本的な疑問も感じる。
　大野の言う「ヨーロッパ語」における「進行形」とは、英語の "be＋現在分詞" のような統語的構文であると理解される。英語では、*He works.* と *He is working.* が対立し、後者が「進行」の意味を表わすのに対し、日本語では終止形が「進行形に代用される」という事実認定に基づいて、この事実をも説明できる分析を大野は示しているのであるが、英語の "be＋現在分詞" に相当する統語構文は、実はフランス語にもドイツ語にもなく、これらの言語では、動詞の単純形で「進行」の意味を表わすことができる (*Il travaille.* (He works; He is working.), *Er schläft.* (He sleeps; He is sleeping.))。初歩的な文法書で必ず説明されている事実であるが、大野の議論にとっては、この初歩的な事実が重要な意味をもつ。大野の言う「進行形」を用いずに、動詞だけによって「進行」の意味を表わすことが「ヨーロッパ語」でも可能であるなら、この事実は、日本語について大野が想定している事実とどのような関係にあるのか。基本的に同じ現象と見なす理由があるなら、大野

の分析を西洋諸語に適用できないのは明らかであるから、西洋諸語と日本語の共通点を捉える何か別の方法を考える必要がある。仮に日本語に関する大野の分析を仮定するなら、フランス語やドイツ語、あるいはオランダ語（*Ik lees een boek*. (I read a book; I am reading a book.)）などに見られる現象は、日本語について大野が述べている現象とは似て非なるものと考えるか、あるいは別々の理由で結果的に似たような現象が生じると考えるか、いずれにしても、考察すべき問題が次々と生じてくる。結局のところ、日本語の動詞の終止形について、「ヨーロッパ語と比較する場合注意されるのはそれが進行形に代用されるといふことである」と大野が述べた、立論の出発点自体に不明な点があり、ここにどのような「日本語の特質」を見出すべきであるのかさえ、実はよくわからないのである。

　上の引用において、大野は朝鮮語にも言及している。大野の言う朝鮮語の it とは、ハングルで"있"（iss）と表記される動詞であるが、これは日本語の「〜ている」と似た"〜고 있"（〜 ko iss）という構文を作る。例えば次の (1) と (2) は、形式も意味もほぼ平行する表現である。[9]

(1) a.　いま何しているの？
　　 b.　ご飯食べている。
(2) a.　지금 뭐하고 있어?
　　　　 cikum mue ha-ko iss-e?
　　　　 いま　何　して　いる
　　 b.　밥 먹고 있어.
　　　　 pap mek-ko iss-e.
　　　　 ご飯 食べて　いる

しかし、動作の「進行」を表わす形式については、日本語と朝鮮語にかなり組織的な違いがあることが知られている。日本語について大野は、「**動詞の終止形は…進行形に代用される**」と述べているが、日本語においてこれがどれほど一般的な現象であるのか、筆者らにはよくわからない。例えば、動詞

の終止形を用いた次のような表現によって、上の (1) と同じ「進行」の意味を表わすことはできない。

(3) a. いま何するの？　［≠ (1a)］
    b. ご飯食べる。　　［≠ (1a)］

ところが、朝鮮語ではこれが一般に可能であり、(2) の「〜テイル」（〜 ko iss）構文を単純な動詞形で置き換えても、次のように「進行」の意味を表わすことができる。

(4) a. 지금 뭐해?　　［= (2a)］
       cikum mue hay?
       いま　何　する
    b. 밥 먹어.　　　［= (2b)］
       pap mek-e.
       ご飯 食べる

これは上で触れた「ヨーロッパ語」と同じパターンであり、例えばフランス語では、(4) を次のように直訳することが可能である。

(5) a. Que faites-vous? (What do you do?)
                                    ［= 'What are you doing?'］
    b. Je mange. (I eat.)   ［= 'I am eating.'］

このように見てくると、朝鮮語やフランス語を含む諸言語を一つのグループとしてまとめるのは自然であるように思われるが、このグループと日本語を対比させた場合、動詞の単純形が「進行」の意味を**表わさない**という性質が、日本語ではむしろ際立って見える。

　以上のような事例が示すように、「日本語の特質」という概念を説明すべき対象として提示するには、一定の水準における対照言語学的考察が必要となる。近代以降の日本語論で指摘される様々な「特質」や「特徴」は、厳密

な対照研究を経ず用いられているように見える場合が少なくないが、他方では、現代言語学の中心テーマとなっているような事実を逸早く指摘している興味深い研究もある。それらは、記述や説明の厳密さに難があるとの観点から批判的に見ることもできるが、その着想や説明の精神に現代的意義を見出すこともでき、当時から格段に進歩した言語研究の水準において、改めて考えてみる価値があるように思われる。チェンバレンの日本文典などには、こうした観点からも興味深い論考が残されているが、これも従来の国語学史ではあまり話題にされてこなかったので、本書第7章「言語の "Genius" と『國語の本性』」で取り上げている。

1.6. 古典的著作の読み方（2）

　記述が近代に及ぶ国語学史では、チェンバレンの紹介に一定のスペースを割くのが普通である。チェンバレンが登場する文脈は、①日本における博言学・国語学の草創期に果たした役割、②琉球語（日本語系統論）、③日本文典、④ハ行子音のP音説、⑤アイヌ語、⑥「羅馬字会」、⑦『古事記』の英訳、⑧『日本事物誌』、などであり、これらのうち、ほぼすべての国語学史が触れているのは①〜③である。

　③の日本文典については、一般に③-1『簡約日本語文典』(*A Simplified Grammar of the Japanese Language*, 1886)、③-2『日本小文典』(1887)、そして③-3『日本口語文典』(*A Handbook of Colloquial Japanese*, 1888) が紹介されるが、日本語文法についてチェンバレンが実際に何を述べているのかを紹介した国語学史は意外に少ない。例えば時枝（1940）や古田・築島（1972）は、チェンバレンの業績を紹介する中で③には触れていない。金田一京助の「チェインバレンと日本言語学」(1946) には③-3 に触れた箇所があるが、そこでは次のように述べるのみであり、やはり具体的な内容は紹介されていない。

> …多年の蘊蓄を傾倒されたものであって、単なる記述文法ではなく、歴史的知見を交えた日本最初の歴史文法だった点、劃期的な名著である。
>
> （『金田一京助全集』第一巻、p. 305）

文献として③の1～3すべてを挙げている馬渕・出雲（1999）も具体的な内容は紹介せず、「日本語の文法、ことに近世文・口語文にまで注意を向けていたことは、非常に先見の明のあったことをものがたる」(p. 165) と述べるにとどめている。

此島（1976）は③-2『日本小文典』の品詞組織を簡単に紹介し、西洋文法を日本語に押しつけた面があるとの評価を示している。佐伯・中田・林（編）(1961) には③-2のやや詳しい紹介があり、品詞組織、用言の活用、文章法に関するチェンバレンの立場が簡潔にまとめられている。文章法（Syntax）を扱った点を評価しつつも、品詞分類については此島と同様の評価であり、「本書の品詞の建て方は、全く西洋文典によったもので、無用の分類のあることは、一見して明らかである」(p. 346) と述べている。同様に、小島好治（1939）『國語學史』も③-2の品詞分類を紹介した上で、「甚だ幼稚穉なる分類であり且つ説くところ國語の性質にもとるもの尠くなかつたが所謂英文典的國文法學者に及ぼす影響は長く忘れることが出來ぬ…」(p. 740) などと論評している。こうした否定的評価は、次に引用した山田孝雄（1935b）『國語學史要』に遡るものと思われる。[10]

> …文部省は明治十九年に英國人チェンバレンを聘して東京大學に於いて國語を講義せしめ又日本小文典を編纂せしめて…出版したり。されど、**特別に反響を起すことも無く、後の國語學に影響を與ふることも無くして終れり。これはその説が國語の本質に觸るゝこと無きものなるが故に當然の事なりとす。**
>
> （山田孝雄（1943）『國語學史』pp. 770-771）

もちろん、チェンバレンの③に対する肯定的な評価も数多く見られる。とりわけ③-3の *Handbook* は一般に高く評価されているが、多くの場合その理由は、同書が当時の口語を記述しているために貴重な資料となる、というも

のである。次に引用した飛田良文・他（編）（2007）の解説も、この点が評価の中心となっている。[11]

> 本書［=③-3］は外国人が日本語を学習するための入門書であるが、その観察の正確なこと、後世に与えた影響の大きかったことから、注目すべき文典である。文典（Theoretical Part or Grammar）と読本（Practical Part or Reader）の二部から成る。文典の部は［…］一二章から成る。その記述は東京語を中心としたもので、ヒ→シ、シュ→シの現象をはじめとして、日本人の観察・記述とは異なった観点からの記述もあり、当時の話しことばを知る資料として第一級のものである。読本の部には会話・論説や『牡丹燈籠』などのローマ字書きの日本語があり、口語資料として利用できる。
>
> （『日本語学研究事典』p. 1079）

仁田義雄による次の解説は、チェンバレンの具体的な指摘を紹介した上で肯定的に評価しており、他の概説より内容に踏み込んだものとなっている。

> …本書［=③-3］は理論篇と読本形式の実習篇から成る。実習篇は明治期の口語資料としても興味深いものである。名詞、代名詞、数詞、動詞、形容詞、後置詞、副詞、接続詞、間投詞といった品詞範疇を設けて記述していくが、これは便宜上で、代名詞や数詞は名詞に過ぎず、形容詞も一種の中性動詞、後置的助辞は名詞や動詞の断片、したがって、厳密には日本語では名詞類と動詞類だけである、という姿勢を示している。又、品詞論や統語論の様々な所で注意深い観察を覗かせている。「は」「が」についても鋭い観察を示し、〈誰かの予期せぬ死に対しては、たとえば「林さんが死にました」といった言い方をし、それに対して、林さんについて回復の見込みのない事がかなり以前から分かっている場合は、「林さんは死にました」と言う〉といった趣旨の事を述べている。
>
> （仁田義雄（1981）「西洋人の書いた日本文法」pp. 78-79）

仁田も *Handbook* の口語資料としての価値には言及しているが、品詞論や統語論についても見るべき観察があると述べ、全体的には好意的な紹介となっている。

以上、従来の研究史における『日本小文典』や Handbook の取り上げ方を見てきたが、このように概観してみて気づくのは、チェンバレンの文典の紹介が、基本的に狭義の**文法論**についてなされてきた、という事実である。Handbook については、当時の口語資料としての価値を評価するのが定番であり、この点のみに触れている紹介記事も少なくないが、内容に踏み込んだ解説を見ても、紹介されるのは日本語の品詞、活用、敬語、統辞法などに関するチェンバレンの立場や分析である。

これに対して、筆者らは別の観点からチェンバレンの著作に注目してきた。例えば次の一節は、従来の国語学史ではまず引用されない箇所であるが、ここには、現代言語学における主要な論点とも関わる重要な知見を見出すことができる。

(6) **Inanimate objects are rarely, if ever, personified**. Not only does Japanese idiom eschew all such fanciful expressions as "the hand of time," "old Father Christmas," "the spoilt child of Fortune," "Nature's abhorrence of a vacuum," etc., etc.; but **it goes so far as almost to prohibit the use of the name of any inanimate thing as the subject of an active verb**. For instance, a Japanese will not say "**The rain delayed me**," thus appearing to attribute an action to those inanimate things the drops of of rain; but **he will turn the phrase intransitively**, thus:

 Ame no tame ni ōi ni osoku narimashĭta,
 Rain's take in, greatly late (I) have-become
i.e. "I am very late on account of the rain."

(Chamberlain (1888[1]: 250), emphasis added)

冒頭の一文でチェンバレンは、日本語では「無生物が擬人化されることはまずない」と述べている。この一般化自体の妥当性はなお慎重に検討すべきであるが、ここから展開するチェンバレンの議論はかなり重大な意味をも

つ。[12] 擬人化しないということは、要するに行為動詞の主語に無生物を用いない、ということに繋がり、このことから、日本語では「**雨が私を遅らせた**」("The rain delayed me.") などの他動詞表現は用いず、代わりに「雨で遅くなった」のような自動詞表現を用いる、という観察が導かれる。こうした観察には、現代言語学における主要な論点とも関わる重要な知見が含まれているが、従来の国語学史における Chamberlain (1888) の取り上げ方はすでに紹介したようなものであり、同書が口語を扱った点を評価しつつ、その品詞分類が西洋式であるという事実などを紹介したものが圧倒的に多く、同書に見られる上のような洞察に触れたものは皆無と言ってよい。事情は言語学の文献でもさほど変わらない。無生物主語と擬人化については、僅かに池上嘉彦 (1981) が『日本事物誌』からの一節を引用している程度であり、いわゆる「スル型言語」と「ナル型言語」の類型論をめぐるその後の議論においては、チェンバレンに遡るはずの学問的系譜が意識されることはなく、例えば佐久間鼎 (1941) あたりを源流とする形で研究が進められてきたように見える。本書**第 7 章「言語の "Genius" と『國語の本性』」**では、こうした学史的事情を考察すると共に、Chamberlain (1888) と同じ年に刊行された Percival Lowell (1888) *The soul of the Far East* なども取り上げ、19 世紀に行なわれていた日本語論の性格などについても論じている。これもまた、本章で述べてきた意味における「研究史の空白を埋める試み」である。

1.7. 研究史分野の活性化に向けて
〜松下文法の評価と P 音学説をめぐる論点〜

　研究史という比較的地味な分野にあっても、そこには常に新たな視点や発想を導入する余地がある——これは当たり前の事実であるが、筆者らは 10 年に及ぶ共同研究から、この事実を具体的に示すことで研究史分野の活性化に多少なりとも寄与できるのではないかと考えるに至った。

　本章「研究史の諸問題」では、こうした観点からいくつかのテーマを取り

上げて来たが、研究史の分野における活性化の一つの形は、新たな指摘をめぐる新たな論議の形成である。筆者らの前著や本書との関連でも、そうした論議が形成される可能性があるので、最後に、前著で取り上げた松下文法の評価をめぐる問題と、本章で取り上げた内田智子（2005）の主張を具体例として、この点に少し触れておきたい。

　松下大三郎の文法論は、当時の学界には受け入れられず、基本的に無視されていたと言われるが、その理由についてはこれまで、松下文法における「術語の難解さ」（金田一春彦（1955: 778））などが挙げられてきた。これも理由の一つであったに違いないが、『日本文法の系譜学』で新たに指摘したのは、近代日本の言語学界には「反普遍文法」と呼びうる立場があり、それが当時の主流を構成していたという事実である。筆者らは、新村出、亀田次郎、安藤正次、八杉貞利といった学者による当時の発言を発掘し、引用することで、この「反普遍文法」の流れが上田萬年の門下を中心に構成されていたことを明らかにしたのであるが、この議論において特に重要な役割を果たしたのが、前著でも引用した八杉貞利の発言である。八杉はその著書『國語學』（1901）において 18 世紀の普遍文法に触れ、これを「たゞ學者の哲學的憶測で、空中楼閣を描かうとしたものにすぎませぬ」（p. 79）と解説し、さらに次のように続けている。

> **近來我國でも、ある學者によつて、かやうな主義の文典が著はされつゝあるやうですが、私共の主義では賛成致しませぬ。**　　　（八杉（1901: 79））

1900 年前後（明治 30 年代前半）の段階で、普遍文法主義の文典を書きつつあった日本の学者と言えば、松下大三郎以外には考えられない。したがって、上の「ある學者」とは松下を指すと理解して間違いないのであるが、この一節からは、松下の文法論が、内容以前にその「普遍文法観」を理由として、18 世紀の「一般文法」と共に一蹴されていた様子が窺える。

　筆者らが前著第 2 章で提出した上のような新たな解釈は、これまでの国語学史では引用されたこともない様々な叙述からの、厳密な documentation

によって裏づけられたものであるが、最近刊行された『日本文法の系譜学』の書評において、著者のハイコ・ナロック教授は次のように述べ、筆者らの解釈に疑問を呈している。

> …現代の観点から振り返って質の高い松下文法がどうして同時代に全く評価されなかったかという問題が取り上げられるが、著者らが指摘する松下が独自に掲げた「一般理論文法学」の概念そのものが果たして主要な原因の一つだったのだろうか。なぜある学者あるいは理論がその時代その時代に評価されるかあるいはされないかを理解するためには、まずその時代の学問を取り囲む学界や社会全体の思想的流れを概ね把握することが最も重要なのではないかと思われる。松下文法論が成熟した時期には、国語学に限らず学界の流れが大きく国粋主義に傾いてきていたが、その中で松下のように国粋主義と無縁の学者が主流から外れるのは当然なのではないだろうか。　　　　　　　　　　　　　　　　　　　（ナロック（2013: 90-91））

ナロック教授は、言語学史的な考察に関して、「社会全体の思想的流れ」などを考慮する「マクロの視点」による問題意識と、「具体的な言語分析」などに関わる「ミクロ」のレベルにおける問題とを区別した上で、『日本文法の系譜学』を特徴づける考察のレベルは、マクロとミクロの中間にあると指摘する。例えば「普遍文法」対「個別文法」、あるいは言語の「天性」や Genius などの概念が、ナロック教授の言う「中間レベル」の抽象概念であり、筆者らの考察がこのレベルに傾斜しているという指摘は間違いではない。とりわけ「マクロの視点」を導入していないという指摘は正しい。前著で提起し、曲がりなりにも説明を与えた学史上の諸問題は、そのような視点の導入を必要としないと筆者らは考えていたからであり、この考えは現在でも変わっていない。

　松下文法が当時の学界に受け入れられなかった背景には、上田萬年の門下を中心に形成された「反普遍文法」の流れがあったという筆者らの分析に対し、ナロック教授は、当時は「国語学に限らず学界の流れが大きく国粋主義に傾いてきていた」と指摘し、「その中で松下のように国粋主義と無縁の学

者が主流から外れるのは当然なのではないだろうか」と述べている。ここには学史上の興味深い対立があり、松下文法が評価されなかったという事実に対する説明として、どちらがより説得力のある証拠を提供できるのか――あるいはいずれとも異なる別の説明が妥当であるのか――という、新たな経験的問題が生じている。この論議の進展が研究史分野の活性化に繋がることは明らかであるから、ナロック教授による批判と代案は、当然ながら歓迎すべきものである。

今後の進展に期待して一つ論点を追加するなら、当時の「主流から外れ」たのは、松下大三郎という学者ではなく、あくまでも松下の文法論であった、という事実がある。前著で次のように述べたとおりである。

> 『國歌大觀』の編者としての松下大三郎に対して、学界は賛辞を惜しみませんでした。『日本俗語文典』も、新しい口語文法の試みとして注目されていたようです。しかし、松下文法の中核をなす『標準日本文法』(1924) については、その普遍文法論はおろか、日本語文法の構成から具体的な分析に至るまで、当時の学界でまともに取り上げられた様子は見られません。
>
> (『日本文法の系譜学』pp. 61-62)

若き松下が構想し、仲間と共に多大な努力の末に作り上げた古典和歌の総索引『國歌大觀』は、国語国文学界に途方もない恩恵をもたらしたのであるが、その松下の功績は、上田萬年をはじめ多くの著名な学者が称えている。それにも拘わらず、松下の文法論が無視されたのはなぜか、というのが筆者らの提起した問題であり、「学界の流れが大きく国粋主義に傾いていた」というマクロの視点を導入したところで、この問題に対する検証可能な解答は得られないと筆者らは考えている。研究史といえども、求められるのは証拠に基づく説明力なのである。

研究史分野の活性化に繋がる新たな視点は、本章で取り上げた内田智子の論文にも見られる。1.2 節で述べたように、従来の国語学史には「純粋に国語の音韻についての研究は、西洋言語学の知識を国語に応用した上田万年

『P 音考』に始まるごとく…」(馬渕・出雲 (1999)、既出) のような記述が見られるが、これに対して内田 (2005) は、「『P 音考』より前に、ハ行子音が〔P〕であったと主張する学者が存在すること、彼らは西洋言語学を学んでいないこと、『P 音考』が論拠としているものの多くは、西洋言語学輸入以前に指摘されている」と述べ (p. 98)、国語音韻論の展開における西洋言語学の役割を問題にしている。上の引用箇所や次のような一節からも窺えるように、少なくとも P 音説に関する限り、西洋言語学の役割がやや強調されすぎてきた、というのが内田の立場かと思われる。

> …上田万年という名前と「P 音考」の権威が独り歩きし、「音韻史研究は「P 音考」に始まる」「西洋言語学を学ばなければ「P 音考」は書けなかった」というような、全くの誤りとまでは言えないまでも、内容の吟味に欠ける記述が現れてきたことは問題である。 (内田 (2005: 86))

国語学に対する西洋言語学の影響は、国語学史における根本的なテーマの一つであるから、従来とは異なる解釈の提示は、興味深い論議に発展する可能性が高い。筆者らはこの論議の進展を期待するので、これについても論点を一つ追加してみたい。

上に引用したように、「P 音考」(1898) で提示された個別の論点は、その多くが「西洋言語学輸入以前に指摘されている」と内田は述べている。しかし、「西洋言語学輸入以前」とは、どの時代を指すのであろうか。内田 (2005) は、「P 音考」以前に「ハ行子音が〔P〕であったと主張する学者」について、「彼らは西洋言語学を学んでいない」とも述べているが、論文の流れから判断すると、この「彼ら」には三宅米吉 (1884)、大槻文彦 (1897)、大島正健 (1896) が含まれるものと思われる。しかし、少なくとも大槻文彦について言えば、彼が「西洋言語学を学んでいない」ということはあり得ない。前著『日本文法の系譜学』で詳しく論じたように、西洋言語学が日本に最初に紹介されたのは、*Chambers's Information for the People* という百科事典の翻訳を通じてであったと考えられるが、その項目 LANGUAGE を

『言語篇』(1886) として翻訳したのが、他ならぬ大槻文彦であった。『言語篇』には、「唇音」の閉鎖音としての p と b の対立を含め、19 世紀の水準における音声学がまとめられており、内田が「P 音考」との関係で触れているグリムの法則も、『言語篇』では「グリム氏の法則」として、一節を設けて紹介されている。[13]

『言語篇』が出版された 1886 年と言えば、「P 音考」の 12 年前、上田が博言学講座を担当する 8 年前であり、帝国大学でチェンバレンが博言学・国語学を教え始めたのが、まさに 1886 年である。『言語篇』は国語学者にも広く読まれていたようであるから、西洋言語学は、上田萬年の影響を受ける以前から国語学界に浸透していた可能性がある。三宅 (1884) は『言語篇』より古い論考であるが、この時期の日本における西洋言語学、とりわけ音声学の影響については、いわゆる西洋文典からの影響なども考慮しつつ、改めて精査してみる価値があるように思われる。

注

1. 新村には同じ『言語學概論』という書名の別の著作がある（新村 (1935)）。ここに引用したのは、岩波講座『日本文學』20 の一冊で比較的薄い冊子であるが、これは「日本言語學私觀」と改題の上、新村 (1943)『言語學序説』に附録として再録されている。『言語學序説』の実質的な執筆者は新村の高弟二人であると言われているが（斉木・鷲尾 (2012a: 60) を参照）、附録の部分（本文で引用した『言語學概論』）は新村自身の文章であると考えられる。

2. 筆者らはこの安田の解説 (2011) によって内田論文 (2005) の存在を知り、以下でも触れる那珂通世『國語學』との関連で用意していた論考によって内田の議論を補完あるいは拡張できるのではないかと考えていたが、様々な検討の結果、最終的に本章に取り込んだような形にまとめた。その後、釘貫亨 (2011)「専門知『国語学』の創業」を読む機会があり、そこに内田論文への言及を見出したので引用しておきたい。

　　官学アカデミズムの成立に注目する立場からは、文科大学国語研究室の設立や上田万年「P 音考」を以て国語学創業の画期とすることがある。しかし「P 音考」

は、その結論の事実自体が大島正健や大槻文彦によって従前から指摘されており、考証も文献学的なものではない。内田智子は、「P 音考」が比較言語学から類推した思弁的性格を持っており、それが却ってこの論文の個性になったことを明らかにした［注省略］。今日の「P 音考」への高い評価は、橋本と有坂をつなぐ音韻史の光芒が逆照射したということではないか。　　　　　　　（釘貫 (2011: 189)）

　釘貫論文は、名古屋大学グローバル COE による研究成果の一部であり、釘貫亨・宮地朝子（編）『ことばに向かう日本の学知』に収録されている。この論集に収められている諸論文はいずれも内容が濃い。宮地朝子の論考「山田孝雄『喚体句』着想の淵源」は、本章第 2 章および第 3 章で提示した山田文法研究とも関係する。

3.　あくまでも、広く参照されている国語学史や辞典・事典の記述においては、ということである。「P 音考」以前の研究として内田 (2005) が特に重視しているのは、三宅 (1884)、大槻 (1897)、大島 (1896) であるが、専門的な論考にはこうした学者への言及も見られる。例えば橋本進吉 (1928: 196) は次のように述べ、チェンバレンや上田萬年と共に大島正健の名前も挙げている。

　　國語の波行子音、卽ちハヒフヘホの最初の子音は、現在に於ては h 音又は之に近い音であるが、古くは F 音であり、更に古くは p 音であつたらうといふ事は、Hoffmann, Edkins, Satow, Chamberlain, 上田萬年博士、大島正健博士、岡倉由三郎氏、金澤庄三郎博士、伊波普猷氏、安藤正次氏など、内外の學者の討究によつて、ほゞ明かになつた。

大島正健の研究には、次のように新村出 (1928/1942: 297) も言及している。

　　これ［大島 (1896)］にも F 音の分布と沿革とに關する重要な論考がみえてゐるが、音聲學的説明と印歐語類例の引用と日本最古音を F と考へた所論とは從ひがたい。

この一節に続けて新村は、大槻文彦の『廣日本文典』も引いている。三宅米吉には触れていないが、新村は別の論文で三宅の名前を挙げ、次のように述べている（新村出 (1929/1942: 309)）。

　　國語波行子音の變遷については、明治中期以降の國語學者のたびたび論じ來たつた所であるが、かなり古く三宅米吉博士も日本語とアイヌ語との比較研究に關する一論文中に於て P 音問題に關して説き及ぼされたことがあつた。[…] 三宅博士のこのがはへの論考は、諸先覺のうち一段と古いものであることを、私たちは見落すわけにはゆかない。

これは「國語に於ける FH 兩音の過渡期」の冒頭部分である。この論文の初出は、三宅米吉の古稀を祝う論文集（『三宅博士古稀祝賀記念論文集』）であるから、上の一節には三宅の業績を称える意味合いも多少は含まれているかも知れないが、省略した箇所には「橋本進吉氏は、波行子音 PF 變遷に關する考察を試みたが」とあり、上で引

用した橋本（1928）が三宅に言及していないことを、暗に指摘するような書き方になっている。

　このように新村は、専門的な論文では三宅米吉、大槻文彦、大島正健の名前をすべて挙げているが、本文で引用したように、『言語学概論』（1933）では「三十餘年前に上田氏によつて P 音考といふ形式に於て提唱された波行原音考」という形で研究史を要約した。概論や概説の類では研究史を圧縮して提示せざるを得ないので、その圧縮の仕方に研究者の個性が現れる。新村の時代、例えば吉澤義則は P 音説の研究史を次のように要約している（『國語史概説』（1931: 35-36））。

> …江戸時代の國語學者は皆、古代の國語に p 音があつたといふやうなことは、夢にも思はなかつたのである。けれども研究の進むにつれて、喉頭摩擦音である現代のハ行音（h）は決して昔から存在したものでなく、昔は唇的破裂音の p 音であつたのが、次第に變化して今日のハ行音を生じたものである、と考へるやうになつた。これはホフマンの日本文典がハ行音はもと唇的摩擦音の f であつたと論じたのをはじめとして、種々に論ぜられたが、結局ハ行の古音は p であつたらうといふ説に歸したので、上田萬年博士の「國語のため第二」、金澤庄三郎博士の「日本文法論」、安藤正次氏の「古代國語の研究」等の中に説く所、何れも p 音説である。

ホフマンから上田萬年の間に様々な研究の蓄積があったことを明記しつつ、その詳細は省いたような記述である。上田の「P 音考」も比較的地味な扱いを受けている。

4.　以下、「P 音考」の本文は東洋文庫版『国語のため』（2011）から引用するが、読者の便宜を図り、引用ページは冨山房版『國語のため　第二』（1903）と東洋文庫版の両方を明記する。

5.　東洋文庫版『国語のため』（p. 235）では、この箇所の「濁音」が「濁者」と印刷されているので訂正した。

6.　誤解のないように述べておくが、『国語学大辞典』は信頼できる優れた辞典であり、筆者らもしばしば参照して恩恵を受けている。以下に引用する『国語学研究事典』も同様である。すでに引用した此島正年の『国語学概説』も筆者らが好んで参照する国語学史の一冊であり、その学術的価値を筆者らは疑ったことがない。本文でこれらの著作に言及しているのは、あくまでも「P 音考」をめぐる記述との関連である。

7.　福井（2013）は具体例として、日本と西洋における数学の伝統を挙げている。関孝和に代表される和算の伝統は、西洋数学に匹敵する成果を上げていたとも評されるが、これについて福井は次のように述べ、両者には本質的な違いがあったと指摘する。

> ［…］ただ、ここでの議論にとって重要なことは、和算はあくまで「計算の技術」として発展し、「証明」の概念などは発達しなかったということである。また、

第 1 章 研究史の諸問題

> 典型的には、「n」のような一般のものを示す概念も記号も発達しなかった。こういった点を見ると、何千年も前からユークリッド幾何学のような（証明に基づく）体系が発達していたり、あるいは和算と同時代の事情でいうと、Descartes の文字代数の後に微積分学の発見があり、それが Newton 力学と結びついて解析学の展開の原動力になっていった西洋の状況とは全く異なっている。要するに、高度に技術的な具体的計算法としての和算がいくら発達しても、日本では、西洋的な意味での「科学」や「数学」には繋がっていかなかったのである（彌永・佐々木編 1986: 80-86 等を参照）。
> （福井直樹 (2013: 20)）

こうした違いの原因について福井は、「『抽象性への興味の欠如』、あるいはもっと言うと『抽象性に対する嫌悪』のような文化的要因が、何らかの理由で日本の精神世界を覆っていた」(p. 20) という可能性を指摘する一方で、「説明すべきは、もしかしたら Cartesian Revolution の特殊性であって、日本の思想史の『特殊性』ではないのかも知れない」（同上）とも述べ、ここで立論を逆転させる可能性にも触れている。

福井 (2013) の周到な議論からは多くの論点が派生するように思われるが、例えば「普遍文法論」と呼びうる認識の共有が、事実として「西洋」に局限された現象であったのかどうかは、「グローバルな言語学史」における重要な争点となる。この点に関わる筆者らの調査は未だ不充分であるが、いま仮に、「普遍文法論」の展開が日本には見られなかったという事実を、「抽象性への興味の欠如」のような概念と結びつけて説明しようと試みる場合、問題がさらに拡張（あるいは拡散）していく可能性もある。斉木・鷲尾 (2013: 24) でも引用したように、例えば加藤周一 (2006) の次のような観察が正しいとすると、これもまた、表面的には類似の現象のように見える。

> 日本人は私的空間、身の回りの日常生活に密着していて、そこから離れない。抽象的・普遍的な方向へ行かない、それは日本文学の特徴の一つです。
> （加藤周一 (2006/2012: 40)）

しかし、日本において普遍文法研究のプログラムが成立しなかったという事実を、「抽象的・普遍的な方向へ行かない」という「日本文学の特徴」と結びつける経験的な議論を組み立てられるのかどうか、いまのところ筆者らにはわからない。さらに、本書第 7 章で取り上げる様々な「国語と国民性」議論においても、実は「抽象的な思考」や「想像力」などのキーワードが頻出するため、例えばローウェル、チェンバレン、山田孝雄などに見られる議論を経由すれば、「日本語の特質」と呼ばれる様々な言語事実の細部までが、上のような議論の射程に入り込んでくる可能性がある。それでよい、という立場もあろうが、筆者らとしては、福井が逆転させた立論の可能性も視野に入れながら、経験的な議論が可能な領域を見極めつつ、研究史の再構成を深めていく必要を感じている。

なお、上の福井論文は「日本エドワード・サピア協会」第 27 回研究発表会（2012 年 10 月 27 日、上智大学）における講演に基づくものであり、斉木・鷲尾 (2013) はこの講演内容に言及した発表であったが、本稿ではその後刊行された福井論文 (2013) の一節を引用した。

8. 「対照言語学」という概念は、時代や研究者によって様々に理解されてきた。石綿敏雄・高田誠『対照言語学』(1990) などに見られる「言語研究の一分野」(p. 9) としての定義は、世界中で行なわれている「対照研究」の性格を考えるなら、やや現実離れしたものとなっている（井上優 (2001)、柴谷方良 (2002)、木村英樹・鷲尾龍一 (2008) などを参照）。日本における対照言語学的研究は、例えば生越直樹（編）『対照言語学』(2002)、佐藤滋・堀江薫・中村渉（編）『対照言語学の新展開』(2004)、生越直樹ほか（編）『ヴォイスの対照研究』(2008)、あるいは中右実（編）『日英語比較選書』全 10 巻 (1997-1998)、影山太郎・沈力（編）『日中理論言語学の新展望』全 3 巻 (2012) などに収められた諸論文に実例を見ることができる。

9. 以下、(1)～(4) は朴用萬 (2013: §4.2.1) の用例を簡略化したもの。(4) のような表現が可能であるとの記述は、例えばソ・ジョンス (1996) など、これまでの朝鮮語文法にも見られる。

10. 古くは谷千生 (1887) などの批判もあった。

11. 引用文の省略箇所 ([...]) には、*Handbook* の目次が列挙されている。

12. 本書第 7 章で触れる西村義樹 (1998) などの研究に繋がる問題である。

13. 『日本文法の系譜学』(p. 31) に掲載した『言語篇』の目次を参照。

第 1 章　研究史の諸問題　　　　　　　　　　　　　　　　　　37

【附録】　那珂通世『國語學』(pp. 14-16) に見られる P 音説

　假名ノ發音ニ、古ト今ト同ジカラザル者アリ。ゐゑをノ古音ハ、わノ如ク、w ヲ以テ發聲ト爲シテ、wi we wo ナリシガ、今ハ其ノ發聲ヲ失ヒテ、いえおト同ジクナレリ、ざじずぜぞノ古音ハ、s ノ濁音ナル z ヲ以テ發聲ト爲シテ、za zi zu ze zo ナリシガ、今ハ dza dzi dzu dze dzo ト變ジテ、其ノ發聲ハ、恰モ ts ノ濁音ナリ。古音ノちつハ、ti tu ニシテ、其ノ濁音ハ、di du ナリシガ、今ハ清音 tsi tsu トナリタレバ、其ノ濁音ハ、じずト同ジク、ts ノ濁音トナレリ。九州地方ニハ、じずノ古音ヲ失ハズシテ、能クぢづト區別スル者アレドモ全國ノ人、大抵ハ區別スル能ハズ。變化ノ最モ著シキ者ハ、はひふへほノ五音ナリ。此ノ五音ハ、古ハ脣音ニシテ、p ヲ發聲トシ、即今ノぱぴぷぺぽナリシガ、次第ニ變ジテ fa fi fu fe fo トナリ、其ノ後 f 又變ジテ h トナリ、脣音ヨリ喉音ニ移レリ、五音中唯ふノミハ、今猶 f ナル發聲ヲ保存セリ。

　古音ノ今ニ異ナリシコトハ、古書ニ字假名トシテ用ヒタル漢字ノ古音ヲ考索スレバ、知ラル、ナリ。今波行ノ音ニ就テ、其ノ考證ノ要畧ヲ述ベン。其ノ他ノ諸音ノ事モ、カヽル考證ノ結果ナリト知ルベシ。漢字ノ古音ニハ、三十六種ノ發聲アリ。之ヲ三十六母ト謂フ。母ト名ヅクレドモ、母韻ニ非ズ、發聲（即子音）ノ符ナリ。混フベカラズ。三十六母ノ中、喉音ニハ、見 (k) 溪 (k') 群 (g) 疑 (ng、以上四音ヲ漢人ハ牙音ト名ヅク) 影 (h ノ極メテ弱キ者) 曉 (h) 匣 (h ノ濁音) 喩 (y、以上四音ノミヲ漢人ハ喉音ト云フ) ノ八音アリ、脣音ニハ、幫 (p) 滂 (p') 並 (b) 明 (m、以上重脣) 非 (f) 敷 (f') 奉 (v) 微 (m ノ輕キ者、以上輕脣) ノ八音アリ。然ルニ、記紀萬葉等ノ古書ニ、波行ノ音ニ用ヒタル者ハ、何レモ脣音ノ字ニシテ、喉音ナル曉母匣母ノ字ヲ用ヒタルハ更ニ無ク、然ノミナラズ、曉母ノ訶 (ha) 希 (hi) 化 (hwa) 許虛 (hyo)、匣母ノ河何荷賀 (ha) 下夏 (hia) 胡祜 (ho) ノ如キハ、何レモ加行ノ假名ニ用ヒタリ。サルハ、h ハ k ト同ジク喉音ニシテ、我ガ

國ニハ、其ノ時マデ此ノ音ヲ發シタル習慣ナカリシガ故ニ、有意若クハ無意ニテ有ラユル h ノ音ヲ皆 k ト發音シタルナリ。又彼レノ脣音ニハ輕重ノ兩樣アル中ニ、波行ニ用ヒタルハ、常ニ重脣音ニシテ、はニハ、幫母ノ波巴簸 (pa) 八 (pat) 半播 (pan)、滂母ノ破 (p'a) 判 (p'an) 等ヲ用ヒ、ひニハ、幫母ノ比妣悲祕彼被卑 (pi) 必 (pit) 等ヲ用ヒ、へほモ、皆此ノ類ナリ。非母ノ非飛 (fi) 反返 (fen)、敷母ノ芳 (f'ang) 幡 (f'an) 斐費 (f'i) ノ如キモ稀ニハ用ヒタルコトアレドモ、重脣音ニ比スレバ、十分ノ一ニモ足ラズ、諸書ニ通ジテ最モ多ク通用セルハ、幫母ノ波比邊保ナリ。唯ふノ音ニハ、常ニ非母ノ不府俯賦 (fu)、敷母の敷 (f'u) 副 (f'uk) 等ヲ用ヒタリ。其ハ重脣音ニ短キ u ヲ母韻トシタル者ナク、即漢字ニ pu ノ字ナキガ故ニ、已ムコトヲ得ズ、輕脣音ヲ以テ代用シタルニテ、波行中ふノ音ノミ輕脣ニハ非ザルベシ。ふニ當テタル漢字ノ中ニ、布ノ字ノミハ、幫母ノ音ニシテ、波比邊保ト同類ナレドモ、實ハ其ノ音 po ニシテ、pu ニ非ズ、之ヲふニ用フルハ、強テ借リタルナリ。元來 b ハ、p ノ濁音ニシテ、輕脣音ノ f、喉音ノ h トハ關係ナシ。然ルニ、清音ノ p ノミハ、f 又ハ h ニ變ジテ、其ノ濁音ハ、b ノ舊音ヲ保チタレバ、今ノ波行ハ、b ニ對スル清音ニ非ズシテ、b ニ對スル清音ニハ、却テ小圈點ヲ以テ標スルノ必要起レリ。此ノ音ハ k t ト同ジク純粹ノ清音ナレバ、俗ニ次清音又半濁音ト稱スルハ當ラズ。サレドモ、旣ニ四十七音ノ外ニ在リテ、濁音ト列ヲ共ニスレバ、別清音トモスベキカ。

第2章

『日本文法論』とハイゼの獨逸文典

"What steps will you take?"
—Dr. Watson

"It will very much depend upon the results of my first inquiries. I may have to go down to Horsham, after all."
—Sherlock Holmes

2.1. はじめに

　山田孝雄は『日本文法論』において、西洋文典の模倣や折衷による日本文典を批判的に検討し、「國語の本性に適合」した独自の文法論を構築すると同時に、自らは西洋文典の綿密な研究を踏まえ、「直に之を適用」する「愚」は避けつつも、その奥底に潜む「根本の眞理」には耳を傾け、学ぶべきところは学ぶとの態度を明らかにしている（「序論」）。

　『日本文法論』第1部「語論」の中核をなす品詞分類は、まさに「國語の本性」に即した範疇組織の考察であり、しばしば指摘されるように、これは結果的に富士谷成章に通じる組織となっている。しかし、「國語の單語分類」を研究するにあたって、山田孝雄が本質的重要性を見出していたのは、「西洋文典流の分類は我が國語に適するか」（第二章（二））という問題であり、彼の「語論」は、西洋語との対比に基づく高度な比較文法論的考察となっている。[1]

　したがって、山田孝雄の立論および議論の展開を辿り、それを現代的視点から評価しようと試みるためには、『日本文法論』における西洋文典の引用

自体を検証するという作業が、実はきわめて重要な意味を持つことになる。

『日本文法論』の言う「西洋文典」が、実質的に「スキートの新英文典」と「ハイゼの獨逸文典」を指すことは、山田孝雄自身が述べているところであり、「スキート」については、これが Henry Sweet, *A New English Grammar: Logical and Historical* (Oxford: Clarendon Press) であることは容易に確認できる。しかし、ハイゼの「獨逸文典」が正確に何を指し、計175行[2]にも及ぶハイゼからの引用が、どの文法書のどの箇所から引用されているのかは、『日本文法論』のどこにも明記されておらず、実はこれまでの研究でも正確には特定されていない。ハイゼの氏名についてさえ、文献には若干の混乱が見られる。

本稿はこうした現状に鑑み、『日本文法論』が引くハイゼの原典の詳細を明確にしておこうとするものである。この作業には、単に知りたいという個人的な動機もなくはないが、より実質的な意義もあると考えている。ハイゼの文典と『日本文法論』の具体的な関係については、これまで陳述論の文脈で論じられることが多く、厳密な総合的考察は、今後の大きな課題として残されているように思われるからである。

例えば大久保忠利（1968/1982）は、次の（1）に採録したハイゼの一節を引用し、大久保自身による「仮訳」も挙げているが、その独文は『日本文法論』からの間接引用であり、『日本文法論』の引用に見られる誤植をそのまま採録している。

(1) 『日本文法論』(p. 1175) ／大久保 (1968/1982: 50)

Indem aber der Verstand die Zufälligen Bestimmungen von den **Gegenständigen** abgesondert auffasst und nun durch die Aussage beides ausdrücklich miteinander verknüpft, entstehen die Sätze. ［強調は本稿による（以下同様）］

以下で述べるハイゼの原典を見ると、(1) で太字にした語は Gegenständen

の誤植であることが確認できる。さらに細かいことを言えば、その少し前に出てくる Zufälligen も zufälligen の誤植である。大久保（1968/1982）の和訳がこれらによって損なわれたという事実はないにしても、一般論としては、『日本文法論』におけるハイゼからの引用を原典と照らし合わせ、原典における前後の文脈を検証するなどの作業は、いずれにしても行なっておく必要があるものと思われる。本稿は、そのために不可欠な前段階と位置づけられるべきものである。[3]

2.2. J. C. A. Heyse とハイゼの獨逸文典

山田孝雄が「ハイゼ氏」と呼ぶのは、ドイツの教育家 Johann Christian August Heyse（1764-1829）である。ノーベル文学賞で知られるパウル・ハイゼ（Paul Johann Ludwig von Heyse）は孫にあたる。

ハイゼの「文典」は三つの系統に分類される。いずれも初版以来、改訂が続けられる中で書名も変更されており、版によって書名も改訂者も異なるという複雑な来歴がある。初版の出版年と書名はそれぞれ次のようである。[4]

(2) 1814. Theoretisch-praktische deutsche Grammatik, oder Lehrbuch zum reinen und richtigen Sprechen, Lesen und Schreiben der deutschen Sprache. Hannover: Hahn.

(3) 1816. Kleine theoretisch-praktische deutsche Sprachlehre, ein Auszug aus dem großen Lehrbuche der deutschen Sprache. Hannover: Hahn.

(4) 1821. Kurzer Leitfaden zum gründlichen Unterricht in der deutschen Sprache für höhere und niedere Schulen, nach den größeren Lehrbüchern der deutschen Sprache von J. C. A. Heyse. Hannover: Hahn.

(3) は (2) の縮約版であり、(4) はさらに短い入門書（"Leitfaden"）であ

る。以下でも述べるように、『日本文法論』で引かれているのは (3) の系統のテキストであるが、この書名は 1819 年の第 2 版で Kleine theoretisch-praktische deutsche Grammatik に変更され、1826 年の第 6 版では Kleine theoretisch-praktische deutsche Schulgrammatik となり、ハイゼの "Schul-grammatik"（「学校文法」）といえば一般にこの系統を指す。1830 年の第 9 版からは、主に息子の Karl Wilhelm Ludwig Heyse が改訂を引き継いでいる。第 24 版（1886）からは Otto Lyon による改訂版の刊行が始まり、書名も Deutsche Grammatik に変更される。これも版を重ねるが、第 28 版（1914）からは Willy Scheel の監修となっている。以下、(2)、(3)、(4) の系統に言及する際、実際の書名とは異なっていても、それぞれ *TPDG*、Schul-grammatik、Leitfaden という略称を用いることがある。

2.3. 『日本文法論』におけるハイゼからの引用

上でも触れたように、『日本文法論』は 26 箇所において、計 175 行ほどの独文をハイゼから引用している。次に挙げたのはその一つである。

(5) 『日本文法論』(p. 101)
Reichtum an Konjunktionen ist Beweis für die hohe Ausbil-dung einer Sprache. Die deutsche Sprache hat deren eine grosse Menge und wird dadurch in den Stand gesetzt, die feinsten Beziehungen der Sätze aufeinder [*sic*] ausdrücken [*sic*].

これとよく似た文章は、*TPDG* に見出すことができる。(5) に対応すると思われる箇所を次に掲げる。

(6) *TPDG*（vol. I: p. 867）
> Reichthum an Conjunctionen ist ein Beweis für die hohe Ausbildung einer Sprache. Die deutsche Sprache hat deren eine große Menge und wird dadurch in Stand gesetzt, die feinsten Beziehungen der Sätze auf einander auszudrücken.

ハイゼの文法書はすべて「ドイツ文字」で印刷されているので、山田孝雄が参照したのは上のような体裁の書籍であるが、『日本文法論』の一節と *TPDG* の対応箇所を比べてみると、細かい相違点があることに気づく。

まず、単語の綴り方が微妙に異なる。(5) の冒頭にある Reichtum を *TPDG* で見ると **Reichthum**（Reichthum）であり、(5) の t は、(6) では th と綴られている。このような th は、現代の正書法では t と綴られるため、『日本文法論』の方が新しい方式である。ドイツ語の正書法をめぐっては、1876 年にベルリンで第 1 回正書法会議があり、1901 年には第 2 回会議が開催されているが、これらを通じて現代の正書法の基礎が作られた。ドイツ語の th を一律に t と綴るようになったのはその所産の一つである。

次に、(5) の Konjunktionen は、(6) では **Conjunctionen** すなわち Conjunctionen であり、K が C と綴られている。古い文献では、特にラテン語起源の語彙において、現在では K と綴るところを C と綴ることがある。

さらに、分かち書きの方式も異なる。(5) の引用の最後から二つ目の単語 "aufeinder" は、aufeinander の誤植であるが、いずれにしても一語として綴られている。これに対して (6) の **auf einander** は、auf と einander を分離した表記になっている。

TPDG は 1814 年の初版以降、いくつかの改訂版が出されている。現在最も入手しやすいのは、1972 年に Georg Olms（Hildesheim/New York）から再版された 1838 年版（第 5 版）であると思われるが、これはハイゼの息子 Karl Wilhelm Ludwig Heyse による改訂版である（Johann Christian Heyse は 1829 年没）。上の (6) に引用した原文はこの 1838 年版からのものである。

したがって、仮に (5) が *TPDG* からの引用であるにしても、その出典は (6) とは異なる版であることになるが、『日本文法論』における他の引用箇所を見ると、引用文の出所は *TPDG* ではありえないことがわかる。

『日本文法論』に見られるハイゼの文章は、いずれもほぼ正確に引用されているが、(1) の Gegenständen や (5) の aufeinander についても指摘したように、中には誤植と思われる箇所もある。(5) と (6) をさらに比べると、(5) の最後に出てくる ausdrücken は、*TPDG* では **auszudrücken** (aus**zu**drücken) であり、(6) の一行目の中ほどにある **ein Beweis** は、(5) では単に Beweis となっている。これらは、*TPDG* の文章に含まれている単語や文字が、『日本文法論』の引用文には含まれていないケースであるから、引用時に脱落してしまった可能性がある。

しかし、*TPDG* の原文には見られない表現が『日本文法論』の引用文に含まれていることもある。このような場合、山田孝雄が原文に加筆したとは考えられないため、*TPDG* はそもそも原典ではないと考えるのが自然である。

(5) に挙げた短い引用文にも、実は *TPDG* の原文には見られない単語がある。二行目の最後に in den Stand という表現があるが、この箇所を (6) で見ると **in Stand** であり、冠詞の den は含まれていない。これはごく小さな違いであるが、例えば (5) の直前に引用されている次の段落を見ると、『日本文法論』が引くハイゼの文典は、*TPDG* とはテキスト自体が異なることがわかる（下線および太字は本稿による）。

    (7)　『日本文法論』(p. 101)

        Konjunktionen oder Bindewörter sind diejenigen Formwörter oder Partikeln, **die** ganze Sätze, **zuweilen auch einzelne Satzteile**, mit Bezeichnung ihres Gedankenverhältnisses aneinanderknüpfen oder ineinander fügen. **Man kann sie daher Verhältniswörter der Sätze nennen**. Ohne sie würde der Zusammenhang und die feinere Beziehung der Gedanken aufeinander unbestimmt und oft undeutlich bleiben.

(8)　*TPDG*（vol. I: p. 866）

> Conjunctionen oder Bindewörter sind (nach S. 287) diejenigen Formwörter oder Partikeln, **welche** ganze Sätze mit Bezeichnung ihres Gedankenverhältnisses an einander knüpfen oder in einander fügen. So wie nämlich die durch einzelne Worte ausgedrückten **Vorstellungen** innerhalb eines Satzes gleich Gliedern eines Körpers in einem bestimmten Zusammenhange stehen:

　（7）で下線を施した die は、（8）では **welche** となっている。いずれも関係代名詞であるが、後者の方が古い（次節参照）。この続きを見ていくと、（7）では zuweilen auch einzelne Satzteile という表現がカンマで区切られて挿入され、その後に mit Bezeichnung が続いて fügen で終わる文になっている。（7）の aneinanderknüpfen と ineinander が（8）では分かち書きになっているのは、（5）と（6）に見られたのと同じ違いである。しかし、より重要なのは、（7）の二行目で太字にした表現が、（8）には見られないという点である。（8）には zuweilen auch einzelne Satzteile に相当する表現はなく、（7）でこの挿入句の直前にある Sätze に **mit Bezeichnung** が直接続いて、文末の **fügen** に至っている。さらにこの fügen に続く文が、（7）と（8）ではまったく異なる。

　以上のような点から、山田孝雄が参照したハイゼの獨逸文典は、*TPDG* に似ているけれども *TPDG* そのものではなく、これに依拠して後に出版された簡約版のいずれかであると考えられるのであるが、上と同じような方法でテキストを比較してみると、二種類の簡約版のうち、最も簡素化された入門書である Leitfaden も原典の候補から外れる。例えば、上で *TPDG* から引用した（8）は、間に 39 行を挟んで（6）の段落に続いている。Leitfaden (p. 124ff.) を見ると、（8）と同じ段落は確認できるが、これに続く 39 行は削除されており、（6）に対応する段落も確認できない。

　一方、*TPDG* と Leitfaden の中間に位置する Schulgrammatik では、（8）と（6）に対応する段落を二つとも確認することができる。両者の間には 11

行程度の記述がある。さらに調べると、『日本文法論』が引用している獨逸文典からの文章は、ほぼ Schulgrammatik でも確認できるため、山田孝雄がこの系統の文典を参照したことは、まず間違いのないところである。

2.4. 原典の特定

　現在、『日本文法論』として知られているのは 1908 年刊の大著であるが、その第二章までの内容は、1902 年に出版された『日本文法論 上巻』の改訂版である。そしてこの上巻には、すでにハイゼからの引用が見られることから、山田孝雄が参照した獨逸文典は、1902 年以前に出版された Schulgrammatik 系統のテキストであると考えられる。ただし、『上巻』と『日本文法論』を比較すると、両者が引用するドイツ語の表記に微妙な違いが見られるため、1902 年から 1908 年までの間に別の版が参照されたのではないか、という疑いも出てくる。この点は以下でふたたび取り上げるが、1902 年以降で最も早く出版された第 27 版は 1908 年刊であり、これは『日本文法論』と同じ年の出版であるから、山田孝雄が第 27 版を参照した可能性は極めて低い（詳しくは第 6 節「残された謎」参照）。

　こうした点を考え合わせると、ハイゼの「原典」の候補として現実味を帯びてくるのは、1893 年刊の第 25 版か、1900 年刊の第 26 版である。

　以下でも述べるように、筆者らは第 26 版が原典であるとの結論を得ている。次の (9) に挙げたのは、第 26 版の中表紙に書かれている書誌情報のすべてである。

(9)　Dr. Joh. Christ. Aug. Heyses **Deutsche Grammatik** oder Lehrbuch der deutschen Sprache. Sechsundzwanzigste Auflage der Schulgrammatik Heyses. Vollständig umgearbeitet von Professor Dr. Otto Lyon. Hannover und Leipzig 1900. Hahnsche Buchhandlung.

第 2 章　『日本文法論』とハイゼの獨逸文典　　　　　　　　　47

「ハイゼ博士の『ドイツ文法』」というタイトルに「ドイツ語教本」という副題が付き、その後に「ハイゼ Schulgrammatik の第 26 版」と記されている（総ページ数 630）。

　上で『日本文法論』から採録した (7) に対応するのは、(9) の原著では二ページに跨る次の一節である。

　　(10)　　第 26 版 (pp. 380-381)

> Konjunktionen oder Bindewörter sind diejenigen Formwörter oder Partikeln, die ganze Sätze, zuweilen auch einzelne Satzteile, mit Bezeichnung ihres Gedankenverhältnisses aneinanderknüpfen oder ineinander fügen. Man kann sie daher Verhältniswörter der Sätze nennen. Ohne sie würde der Zusammenhang und die feinere Beziehung der Gedanken aufeinander unbestimmt und oft undeutlich bleiben.

(7) で問題にした die は、(8) に引用した *TPDG* では **welche** となっていたが、(10) の二行目の左から二つ目にあるように、第 26 版では **die** となっている。また、『日本文法論』に見られた "Man kann ..." で始まる文章も、(10) では四行目以降に確認することができる。

　およそ以上のような作業を繰り返すことにより、我々は (9) に挙げた第 26 版が原典であるとの結論に至っていた。いずれ何らかの形で報告するつもりでいたが、諸般の事情でなかなか手が着けられず、今年に入ってからようやく執筆に取り掛かった。ところが、最近になってたまたま古田東朔 (1976) を読む機会があり、古田もまたハイゼの原典を特定しようと試みていたことを知った。日本語文法の研究史を扱った長大論文の一部として、ごく短い記述が見られるだけであるが、そこに示されている古田の結論は、我々のものと同じではないが極めて近いと言える。以下、関係箇所の全文を採録する（古田 (1976: 354)）。

> 『日本文法論 上』が出たのは、一九〇二年である。これ以前であって、これに近いハイゼの版は、第二五版が一八九三年、第二六版が一九〇〇年である。第二五版の方しか見ることができなかったが、山田の引用している例文と比較すると、Thätigkeit に h がはいり、teil には h がはいっていない

という点で、ともに一致する。これ以前の一八四四年の第一四版などは両方ともにhがはいり、第二七版以降は綴字改正にしたがって、ともにhがはいっていない。その他、版によって、語句の小異同もあるが、その点でも一致するので、この第二五版でほぼ差支えがないと思われる。

これを読むと、古田が我々と同じような手法で原典の特定に挑んでいた様子が伺える。古田論文には、原典の書名は記されておらず、我々のように三系統のテキストを比較したのかどうかも定かではないが、上の引用で言及されているのが Schulgrammatik であることは疑う余地がない。結論こそ我々の「第26版説」とは異なるものの、「この第二五版でほぼ差支えがないと思われる」と述べているのは間違いではない。ただ、厳密に言えば、山田孝雄が参照していたのは第 25 版ではなく、やはり第 26 版であったと考える根拠がある。我々も当初は第 25 版を疑っていたが、例えば次の一節を見ると、第 25 版と第 26 版には一箇所違いがあり、『日本文法論』と一致するのは第 26 版であることがわかる。

(11) 『日本文法論』(p. 288)

 Aktivum und Passivum sind demnach nicht verschiedene Arten von Verben, sondern verschiedene Darstellungsformen der Handlung, in **denen** die Verben einer Art, nämlich die Transitiva, gebraucht werden könn [*sic*].　Man fasst sie gewöhnlich unter der neuen Benennung Genus oder Zustandsform des Verbums zusammen.

(12) 第 25 版 (p. 282)

 Aktivum und Passivum sind demnach nicht verschiedene Arten von Verben, sondern verschiedene Darstellungsformen der Handlung, in welchen die Verben einer Art, nämlich die Transitiva, gebraucht werden können. Man faßt sie gewöhnlich unter der neuen Benennung Genus oder Zustandsform des Verbums zusammen.

(13) 第26版 (p. 294)

> Aktivum und Passivum sind demnoch nicht verschiedene Arten von Verben, sondern verschiedene Darstellungsformen der Handlung, in denen die Verben einer Art, nämlich die Transitiva, gebraucht werden können. Man faßt sie gewöhnlich unter der neuen Benennung Genus oder Zustandsform des Verbums zusammen.

『日本文法論』から採録した (11) には、三行目に **denen** という関係代名詞がある。(12) の第25版でこれに対応するのは、二行目の最後にある welchen であり、denen は使われていない。そこで (13) の第26版を見てみると、二行目の最後に **denen** すなわち denen を確認することができる。

ドイツ語の関係代名詞には、指示代名詞に由来する der, das, die, die (pl.) の系統と、疑問代名詞に由来する welcher, welches, welche, welche (pl.) の系統があり、関係代名詞としての機能は同じであるが、後者は古風であり現在ではほとんど用いられない。上の denen/welchen は与格の複数形である。

ハイゼの第25版と第26版を比較すると、welcher 系統の関係代名詞が der 系統で置き換えられていることがあり、そのような場合、『日本文法論』では例外なく第26版と同様に der 系統が用いられている。次の一節も同様である。

(14) 『日本文法論』(p. 288)

> Da die Intransitiva oder ziellosen Verben kein als leidende [*sic*] gedachtes Objekt haben, auf **das** die Handlung hinwirkt : so können sie natürlich kein Passivum bilden, sondern erscheinen immer in aktiver Form.

(15) 第25版 (p. 282)

> Da die Intransitiva oder ziellosen Verben kein als leidend gedachtes Objekt haben, auf welches die Handlung hinwirkt: so können sie natürlich kein Passivum bilden, sondern erscheinen immer in aktiver Form; z. B. ich schlafe, ruhe, springe, tanze, spotte, helfe ꝛc.; nicht: ich werde geschlafen, geruht, gesprungen, getanzt, gespottet, geholfen ꝛc.

(16) 第26版 (p. 294)

> Da die Intransitiva oder ziellosen Verben kein als leidend gedachtes Objekt haben, auf das die Handlung hinwirkt: so können sie natürlich kein Passivum bilden, sondern erscheinen immer in aktiver Form; z. B. ich schlafe, ruhe, springe, tanze, spotte, helfe ꝛc.; nicht: ich werde geschlafen, geruht, gesprungen, getanzt, gespottet, geholfen ꝛc.

『日本文法論』から採録した（14）は、二行目で関係代名詞 **das** を使っている。(15) の第25版でこれに対応するのは二行目の welches（左から四つ目）である。一方、(16) の第26版では、同じ場所に **das** すなわち das が確認される。

同様の事例は他の箇所にも見られるが、第25版と第26版がいずれも welche を用い、これが1908年の第27版で die に変更されている事例もある。この場合、『日本文法論』も welche を用いているので、山田孝雄が参照したのは第27版でもないと考えられる（第2.6節を参照）。

2.5. 引用文と原文の関係

ハイゼ第26版の本論は4部構成になっている。すなわち、第1部 "Laut- und Schriftlehre" で音声および文字を扱い (pp. 48-111)、第2部 "Wortlehre" が「詞論」(pp. 112-398)、第3部 "Satzlehre" が「文論」(pp. 399-602) であり、第4部 "Verslehre oder Metrik" で韻律を扱う (pp. 603-625)。記述の分量だけを見ても、第2部と第3部が本書の中核をなすことがわかる。

『日本文法論』は2部構成であるが、第1部「語論」、第2部「句論」は、大雑把に言えば Wortlehre、Satzlehre に相当する。これらのうち、第2部「句論」で引用されているのは計6行に過ぎず、残り（95%以上）は第1部「語論」で引用されている。引用元を原典で確認してみると、第3部 Satzlehre（文論）からの引用は1箇所のみであり、やはり95%ほどが第2部 Wortlehre（詞論）からの引用である。[5]

『日本文法論』の目次を使ってハイゼ第26版との対応を整理すると、

52-53ページの【表1】のような形になる。これをハイゼ第26版の側から見たのが54-55ページに掲げた【表2】である。

| 『日本文法論』目次（抜粋） | 独文引用ページ | ハイゼ第26版 |

本　論
　第一部　語論
　　第一章「國語の單語分類法の沿革及批評」
　　第二章「國語の單語分類の方法」
　　（一）單語とは何ぞ
　　（二）西洋文典流の分類は
　　　　　　我が國語に適するか
　　　　一　名詞について .... 81 *(9)* 　　　　　　119
　　　　二　前置詞と弖爾乎波との比較 ...... 83 *(4)* 　　　　　　376
　　　　三　形容詞について .... 84-5 *(11)*; 　　115;
　　　　　　　　　　　　　　　　　　　　　　86 *(4)* 　　　　　　115
　　　　四　代名詞及數詞
　　　　五　副詞について .... 90 *(9)*; 　　　116-7;
　　　　　　　　　　　　　　　　　　　　　　91-2 *(7)*; 　　　　363-4;
　　　　　　　　　　　　　　　　　　　　　　93 *(2)*; 94 *(3)* 　364; 364
　　　　六　接續詞について .... 101 *(8)*; 122 [2] 　380-1; [381]
　　　　七　間投詞について .... 129-30 *(11)*; 　397-8;
　　　　　　　　　　　　　　　　　　　　　　134 [2] 　　　　　　[397]
　　（三）古來我が國に發達せる分類法は
　　　　　　果たして適當なるか
　　　　一　用言と靜辭
　　　　二　體言とかざし .... 138 *(3)* 　　　　114
　　　　三　動辭
　　（四）單語類別の基礎 .... 152 *(11)* 　　118
　　（五）余が分類 .... 163 [3] 　　　[115]
　　第三章「語の性質」
　　　　第一　體言
　　　　第二　用言
　　（一）用言の一般的性質及區分 .... 227 [3] 　　　[115]

第2章　『日本文法論』とハイゼの獨逸文典　　　　　　　　　　　　　53

　（二）形容詞
　（三）動詞
　　　四　動詞の性質上の分類 .... 284-5 *(24)*;　　292-3;
　　　　　　　　　　　　　　　　　　287-8 *(15)*;　　293-4;
　　　　　　　　　　　　　　　　　　290 *(9)*; 305 *[4]*　417; [293]
　（四）形式用言
　（五）動詞の複語尾
　　　　二　屬性の作用を助くる複語尾
　　　　二　受身につきての論 .... 371-2 *[15]*　　[293-4]
　　　　三　統覺の運用を助くる複語尾
　　　　三　文法上の時の論 .... 425-6 *(6)*;　　346;
　　　　　　　　　　　　　　　　　　432-3 *(11)*　　123/300-1
　　　第三　副詞
　　　　（二）副詞の職能及區分 .... 494 *[1]*　　[364]
　　　第四　助詞
　　　第五　接辭
　第四章「語の運用」
　第五章「本章の概括」

第二部　句論
　第一章「句論の概説」
　　　三　句論の研究の基礎 .... 1166 *(3)*　　113
　　　四　句とは何ぞ .... 1175 *(3)*　　113-4

（注）　太字はハイゼからの引用が見られる節。アラビア数字は『日本文法論』で
　　　引用が見られるページ、およびそれに対応するハイゼ「第26版」のペー
　　　ジを指す。『日本文法論』の「独文引用ページ」欄の丸括弧の数字は引用さ
　　　れた行数、角括弧の数字は別の箇所で引用された文章が繰り返されている
　　　行数。重複引用に対応する「第26版」のページも角括弧に入れてある。

【表1】

| ハイゼ第 26 版目次（抜粋） | 被引用箇所 |

Einleitung [序論（pp. 1-47)]
 1. Die deutsche Sprache.
 2. Deutsche Mundarten.

Erster Teil.　Laut- und Schriftlehre.
　　　　　　　　　[第 1 部.　音韻論・文字論（pp. 48-111)]
　Erster Abschnitt.　Die Sprachlaute und deren richtige Aussprache
　　I. Einteilung der Laute
　　II. Von der Aussprache der Silben und Wörter
　Zweiter Abschnitt.　Von der Rechtschreibung oder Orthographie
　　I. Begriffsbestimmung und Nutzen der Rechtschreibung
　　II. Allgemeine Regeln der deutschen Rechtschreibung
　　III. Besondere Regeln und Bemerkungen über dieselbe

Zweiter Teil.　Wortlehre. [第 2 部.　詞論（pp. 112-398)]
　Erste Abteilung.　Von den Worten, ihren Verhältnissen und
　　　　　　　　　　Formen im allgemeinen.
　　<u>Erster Abschnitt.</u>　*Wortarten und Wortverhältnisse.*
　　　　　—Grundbegriff der Wortbiegung und
　　　　　Wortfügung　　　　　　　　　　　　　　　　113-9; 123
　　Zweiter Abschnitt.　Wortbildung (Etymologie)
　　　I. Lautliche Wortbildung
　　　II. Begriffliche Wortbildung
　Zweite Abteilung.　Von den verschiedenen Wortarten insbesondere.
　　Erster Abschnitt.　Das Substantiv (Hauptwort)
　　Zweiter Abschnitt.　Das Pronomen oder Fürwort
　　Dritter Abschnitt.　Der Artikel oder Geschlechtswort
　　Vierter Abschnitt.　Das Adjektiv oder Beiwort

第 2 章 『日本文法論』とハイゼの獨逸文典　　　　　　55

    Fünfter Abschnitt.　Das Zahlwort oder Numerale
    <u>Sechster Abschnitt.</u>　Das Verbum (Redewort oder Zeitwort)
        <u>1.</u> *Arten der Verben*　　　　　　　　　　　　　　　　　292-4
        2. Bildung der Verben
        3. Biegung oder Konjugation derselben
            A. Grundbegriffe und allgemeine Bemerkungen dazu
                <u>I.</u> *Bestandteile der Redeformen*　　　　　　　300-1
            B. System der Konjugationsformen
            C. Umschreibende Konjugation
        Musterwörter der Konjugation etc.:
        Gebrauch der Verben in Hinsicht der Teile ihrer Konjugation
    <u>Siebenter Abschnitt.</u>　*Das Adverbium*　　　　　　　　　　363-4
    <u>Achter Abschnitt.</u>　*Die Präposition (Verhältnis- oder Vorwort)*　376
    <u>Neunter Abschnitt.</u>　*Die Konjunktion oder das Bindewort*　380-1
    <u>Zehnter Abschnitt.</u>　*Die Interjektion oder der Empfindungslaut*　397-8

Dritter Teil.　Satzlehre (Syntax). [第 3 部.　文論 (pp. 399-602)]
  Erste Abteilung.　Begriff, Arten und Bestandteile des Satzes im
                  allgemeinen.
  Zweite Abteilung.　Die Gesetze der Wort- und Satzfügung im besonderen.
    Erster Abschnitt.　Wortfügung
        1. *Kasuslehre*　　　　　　　　　　　　　　　　　　　　417
        2. Rektionslehre
        3. Lehre von der Kongruenz und Zusammenordnung der Worte
    Zweiter Abschnitt.　Wortfolge
    Dritter Abschnitt.　Satzfügung und Interpunktion

Vierter Teil.　Verslehre oder Metrik. [第 4 部.　韻律論 (pp. 603-625)]

【表 2】

このように整理した上で、改めて引用文と原文を比較してみると、『日本文法論』ではまとまった一節として引用されているように見える箇所が、実際には、いくかの文を省略して繋げられているケースがあることに気づく。原文では括弧に入れてある具体例なども、多くの場合省略されているが、これはむしろ、煩雑さを避けて読みやすくするためであると考えられる。

　原典を特定してみると、引用箇所を探すのはさほど困難ではない。例えば本稿冒頭の (1) は、ハイゼ第26版の pp. 113-114 で確認することができる。しかし、引用箇所が探しにくい場合もある。次の一節については我々も少し苦労したので、今後の利便性を考えて引用箇所を記しておくことにする。

(17)　『日本文法論』(pp. 432-433)

　　　Die Zeit (das Tempus) eine von dem Begriffe der Thätigkeit oder des Werdens unzertrennliehe Bestimmung, kommt notwendig dem Verbum, aber auch nur diesem zu ; dasselb hat daher eine eigentümliche Zeitwandlung.

　　　Die Zeitwandlung des Verbums drückt jedoch nicht bloss diese, sondern noch audere, feinere Unterschiede durch besondere Zeitformen aus, worüber des Nähere im Abschnitt vom Verbum bemerkt werden wird.

　　　Jeder durch ein Verbum ausgedrückte Vorgang muss in Bezug auf den Zeitpunkt, in welchem der Redende sich befindet, entweder als demselben gleichzeitig, d. i. gegenwärtig, oder vorangehend, d. i. vergangen, oder nachfolgend, d. i. zukünftig, ausgesagt werden. Wir können diese 3 Zeiten die subjektiven Tempola [sic] nennen, da sie die Zeit der Handlung oder des Vorganges in Bezug auf den gegenwärtigen Augenblick, des redenden Subjekts darstellen.

第 2 章 『日本文法論』とハイゼの獨逸文典　　　　　　　　57

最初の二つの段落は、第 26 版でも連続した段落として確認することができる。次の（18）が該当箇所である。

(18)　　第 26 版（p. 129）

　　　　6. Die Zeit (das Tempus), eine von dem Begriffe der Thätigkeit oder des Werdens unzertrennliche Bestimmung, kommt notwendig dem Verbum, aber auch nur diesem zu; dasselbe hat daher eine eigentümliche Zeitwandlung. Die Hauptunterschiede der Zeit sind:
　　　　　a) Gegenwart (tempus praesens), z. B. ich liebe, er kommt;
　　　　　b) Vergangenheit (t. praeteritum), z. B. ich liebte; er kam;
　　　　　c) Zukunft (t. futurum), z. B. ich werde lieben; er wird kommen.
　　　　Die Zeitwandlung des Verbums drückt jedoch nicht bloß diese, sondern noch andere, feinere Unterschiede durch besondere Zeitformen aus, worüber das Nähere im Abschnitt vom Verbum bemerkt werden wird.

原文（18）の 4 行目 **Die Hauptunterschiede** から始まる 3 行半ほどは、（17）では省略されているが、その他は一致する。ところが原文の（18）に続く箇所には、（17）の第三段落に相当する文章は見当たらない。

　Jeder で始まる（17）の第三段落が確認できないことから、当初はテキストが異なるかとも考えたのであるが、第 26 版を最後まで見ていくと、pp. 300-301 に次の一節を見出した。

(19)　　第 26 版（pp. 300-301）

　　　　3. Die Zeit oder das Tempus (vgl. S. 123 f.). Jeder durch ein Verbum ausgedrückte Vorgang muß in Bezug auf den Zeitpunkt, in welchem der Redende sich befindet, entweder als demselben gleichzeitig, d. i. gegenwärtig, oder vorangehend, d. i. vergangen, oder nachfolgend, d. i. zukünftig, ausgesagt werden. Daraus ergeben sich die drei Hauptzeiten oder Zeitabschnitte:
　　　　　1) Gegenwart (tempus praesens), z. B. er liest;
　　　　　2) Vergangenheit (tempus praeteritum), z. B. er las;
　　　　　3) Zukunft (tempus futurum), z. B. er wird lesen.
　　　　Wir können diese 3 Zeiten die subjektiven Tempora nennen, da sie die Zeit der Handlung oder des Vorganges in Bezug auf den gegenwärtigen Augenblick des redenden Subjekts darstellen.

『日本文法論』では途中の文章が省略されており、Tempora の綴りなど誤植も見られるが、（17）の第三段落は、（19）の一行目途中からの一節に基づい

ているものと思われる。(17) の第二段落と第三段落の間には、実に170ページの隔たりが存在していたのである。

2.6. 残された謎

1908年刊の『日本文法論』に見られるハイゼの文章は、その多くがすでに『日本文法論 上巻』でも引用されているため、上巻を脱稿した1902年6月に至る執筆期間に山田孝雄が参照していたのは、ドイツ本国での出版から間もない時期に輸入された、まだ真新しいハードカバーであったに違いない。

ハイゼの原典を特定するために、筆者らは『山田孝雄文庫目録』も精査したが、その「洋装本の部」にハイゼの文典を見出すことはできなかった。「月俸四拾五円」[6]ほどの中学校教諭にとって、600ページを超える洋書は高価すぎて購入できなかったのか、一旦は所有したものの散逸してしまったのか、勤務先の高知県立第一中学校に購入してもらったのか、どこかの図書館を利用したのか、あるいは知人から貸与されたのか——我々には調べる術がなく、このあたりの事情はわからない。

最後に、我々には解けなかった疑問が一つ残っているので、ここに紹介して今後の調査・研究に期待したい。

1900年の改訂第26版と1908年の『日本文法論』を比較すると、いくつかの複合語の表記が異なっていることに気づく。第26版で Qualitäts-Adverbien (p. 116)、Vokal-Lautes (p. 119)、Laut-Ansätze (p. 119) などと表記されている複合語は、『日本文法論』ではそれぞれ Qualitätsadverbien (p. 90)、Vokallautes (p. 81)、Lautansätze (p. 81) という具合に、ハイフンなしの一語として綴られている。

『日本文法論』におけるハイゼからの引用は、かなり規則的に第26版に対応している。したがって、仮に山田孝雄が第26版を参照していたのであれば、上のような複合語の綴り方も原文のまま引用するのが自然であり、なぜ

第 2 章 『日本文法論』とハイゼの獨逸文典　　　　　　　　　　　59

これらに限って表記法が一致しないのかは、我々にとって大きな謎であった。

ところがここに、さらなる謎が存在する。1902 年の『日本文法論 上巻』を見ると、上に示した複合語は、いずれも第 26 版と同じ方式で表記されているのである。次の (20) は第 26 版の当該箇所、(21) と (22) は、それぞれ『上巻』と『日本文法論』での引用箇所である。[7]

(20) 　第 26 版 (p. 119)

> Diese Beziehungsformen werden teils 1) außerhalb des bezogenen Wortes durch selbständige Formwörter (z. B. Präpositionen), teils 2) innerhalb desselben durch eine Abänderung des Wortes selbst ausgedrückt, die entweder in einer Veränderung seines eigenen Vokal=Lautes (Ab= und Umlautung) besteht, oder durch Laut=Ansätze oder Endungen bewirkt wird.

(21) 　『日本文法論 上巻』(1902: 97)

Diese Beziechungsformen [*sic*] werden teils 1) auszerhalb [*sic*] des bezogenen Wortes durch selbständige formwörter [*sic*] (z. B. präpositionen [*sic*]), teils 2) innerhalb desselben durch eine Abänderung des Wortes selbst ausgedrückt, die entweder in einer Veränderung seines eigenen **Vokal-Lautes** (Ab-und [*sic*] Umlautung) besteht, oder durch **Laut-Ansätze** oder Endungen bewirkt wird.

(22) 　『日本文法論』(1908: 81)

Diese Beziechungsformen [*sic*] werden teils 1) ausserhalb des bezogenen Wortes durch selbständige Formwörter (z. B. Präpositionen), teils 2) innerhalb desselben durch eine Abänderung des Wortes selbst ausgedrückt, die entweder in einer Veränderung seines eigenen **Vokallautes** (Ab-und [*sic*] Umlautung) besteht,-oder [*sic*] durch **Lautansätze** oder Endungen bewirkt wird.

(21) と (22) で太字にしてあるのが問題の複合語であるが、『上巻』では原文の方式どおりに Vokal-Lautes、Laut-Ansätze と表記されていたのが、『日本文法論』ではいずれも Vokallautes、Lautansätze と綴られている。これはいかなる理由によるのか。

可能性は二つしかない。山田孝雄が原文の綴り方を意図的に改変したか、あるいは 1902 年の『上巻』出版から 1908 年の『日本文法論』に至る間に、ハイゼの第 26 版とは異なるテキストが参照され、その新しいテキストの表記法が採用されたか、である。

1900 年刊の第 26 版以降、直近では第 27 版が『日本文法論』と同じ 1908 年に出版されているが、『日本文法論』が引いているのは第 27 版ではないと考える独立の根拠がある。手掛かりになるのは次の一節である。

(23)　『日本文法論』(1908: 91-92)

　　(1)　Adverbien der Qualität und der Weise.

　　(2)　Adverbien der Intensität oder des Grades.

　　(3)　Adv. der Quantität.

　　(4)　Adv. der Orters [*sic*].

　　(5)　Adv. der Zeit.

　　(6)　Adv. der Modalität.

　　(7)　Adv., **welche** ein logisches Verhältnis ausdrücken.

日本語で「副詞」と呼ばれるものの性質を考えるにあたって、「かの大槻氏の曖昧なる説明に満足すること能はず」(p. 90) と述べ、「明快なるハイゼ氏」を引用した後で挙げられているのが上の (23) であるが、これはハイゼの文典では、1〜7 の番号が付いた七つの段落の冒頭部分に対応する。これら七つの段落の一行目だけを切り取って並べたのが、次の (24) である。[8]

(24) 第26版 (pp. 363-364) / 第25版 (pp. 350-352)

    1. Adverbien der Qualität und der Weise, welche das Wie einer
    2. Adv. der Intensität oder des Grades bestimmen das Prädikat
    3. Adv. der Quantität, welche formelle Maß- und Zahlbestimmungen
    4. Adv. des Ortes. Einfache, formelle Ortspartikeln sind: ab, an,
    5. Adv. der Zeit. Sie bezeichnen 1) einen Zeitpunkt oder Zeit=
    6. Adv. der Modalität zur Bestimmung der Denk= und Redeweise
    7. Die Adverbien, welche ein logisches Verhältnis (Ursache, Grund,
Mittel, Zweck 2c. ausdrücken, als: daher, demnach, deshalb, dafür, dazu, warum,

比べてみればわかるように、『日本文法論』では、それぞれの段落の冒頭の数語だけが引用されているのであるが、ここで注目したいのは、(23)の(7)とそれに対応する(24)の第7段落である。英語で言えば"The adverbs, which express a logical relation (Cause, Reason, Means, Purpose etc.), for example: daher, demnach, deshalb, dafür, dazu, warum ..."ほどの文である。[9]『日本文法論』では、最初のDie AdverbienをAdv.と省略しているが、これは山田孝雄が簡素化してこのように表記したものと考えられる。問題は、その後の関係代名詞 **welche** (welche) である。すでに触れたように（第4節）、ハイゼの文典におけるwelcher系統とder系統の使用は、版によって少しずつ異なる。一般に、版が新しくなるほどder系統の使用が増えてくる。[10] (24)の第7段落について言えば、第26版まではwelcheが使われており、これは『日本文法論』の引用と一致する。ところが、いま問題にしている第27版では、次のようにwelcheがdieで置き換えられている。[11]

(25) 第27版 (pp. 367-368)

    7. Die Adverbien, die ein logisches Verhältnis (Ursache, Grund,
Mittel, Zweck usw.) ausdrücken, als: daher, demnach, deshalb, dafür, dazu,

したがって、『日本文法論』が引用しているのはやはり第26版であり、山田孝雄はそもそも第27版を見なかった可能性が高い。[12]

さて、本節で問題にしてきたのは、(20) に引用した第26版 (1900) の原

文で Vokal-Lautes、Laut-Ansätze と表記されている複合語が、『上巻』(1902) では原文の方式どおりに表記されていたにも拘わらず、『日本文法論』(1908) では Vokallautes、Lautansätze という綴り方に変更されている、という観察であった。上では、山田孝雄が第27版 (1908) を参照した可能性について検討したのであるが、関係代名詞 welche と die の選択から、その可能性はないとの結論に至った。しかし念のため、(20) に対応する箇所を第27版で見てみると、Vokal-Lautes、Laut-Ansätze などの複合語の綴り方は第26版と同様であり、上に引用した (20) の一節は、第27版の当該箇所 (p. 123) と一言一句同じであることが確認された。

　複合語の表記法は1923年の第29版 (p. 125) でも変わっていない。より古い版でも同様である。1893年の第25版 (p. 119)、さらには1851年の第17版 (pp. 77-78) においても、Vokal-Lautes、Laut-Ansätze という綴り方は一貫している。

　こうしたことから、筆者らとしては、山田孝雄が原文の綴り方を意図的に改変した可能性が高いと考えているが、これがどのような判断に基づいてなされたのか——『日本文法論 上巻』(1902) と『日本文法論』(1908) の間に何があったのか——は、現時点では不明とせざるを得ない。上でも触れたベルリンの第2回正書法会議は1901年であり、その後の数年間は、現代のドイツ語正書法が基礎づけられる重要な時期であったが、仮にこの時期に、山田孝雄が新しい正書法辞典の類を参照していたとしても、それ以前の文献からの引用文をわざわざ改変する理由にはならないと思われる。この点、筆者らにとってはやはり謎として残るが、『日本文法論』が引く獨逸文典の原典が J. C. A. Heyse "Schulgrammatik" の第26版、1900年刊の *Deutsche Grammatik* であることは、本稿におけるこれまでの議論によってほぼ確定したのではないかと思う。

謝辞

　本稿の元になった調査の過程において、富山市立図書館の山田孝雄文庫から貴重な資料を提供していただいた。山田孝雄文庫ならびに 2007 年当時同文庫の担当でいらした亀澤さんにお礼を申し上げます。また、草稿の段階で有益なコメントを頂戴した学習院大学の長嶋善郎教授、岡本順治教授、高田博行教授にも、この場を借りてお礼を申し上げます。

注

1. この考察の後に、「古來我が國に發達せる分類法は果たして適當なるか」(第二章(三)) という問題の検討に移るのが、『日本文法論』の構成である。本稿第 5 節に掲げる目次を参照。ちなみに、従来の国語学史あるいは日本語研究史には、『日本文法論』を比較文法論の書と見る伝統は存在しない。

2. 同じ引用文やその一部を別の場所で繰り返している場合もあるため、これらの数字は数え方によって異なる。重複箇所を除くと 150 行ほどになる。

3. 　筆者らの調査は 2003 年から 2004 年にかけての時期に遡る。鷲尾は当時、Elsevier 社の *Encyclopedia of Language & Linguistics* から依頼を受け、山田孝雄・時枝誠記・小林英夫の biography を執筆していた (Washio (2006))。紙数が制限された短い項目であったが、これら三名の学者について調べられることはすべて調べていた。斉木は当時、日本学術振興会特別研究員として筑波大学の鷲尾研究室にいたため、この調査は実質的に二人の共同作業となった。山田孝雄が引用するハイゼの原典は、当然ながら何らかの先行研究で明記されているものと楽観していたのであるが、当時はいくら探しても見つからなかった。結局、自分たちで探した方が早いであろうと考え、独自に調査を開始したという経緯である。最近になって古田 (1976) に先行研究があることを知ったので、以下で取り上げる。

4. ハイゼの生涯と業績について様々な資料を調べた中で、最も参考になったのは Ehrhard (1998) である。ハイゼの文法書の成立や変遷に関する詳細な記述は、本稿をまとめる上でとりわけ有益であった。(2)〜(4) の詳細についても同書を参照。

5. ただし、原典第 3 部 Satzlehre (文論) からの一節は、『日本文法論』では「語論」で引用されている。(1) に採録した一節はその一部である。

6. 山田忠雄 (編) (1968: 208) などを参照。

7. 『上巻』からの引用の一行目にある Beziechungsformen、auszelhalb は、それぞれ Beziehungsformen、ausserhalb の誤植である。前者は『日本文法論』にも持ち越されているが、後者は訂正されている。二行目に見られる二箇所の誤植は、いずれも『日本文法論』では訂正されている。一方で、『日本文法論』の最後の行には、oder の前に不要なハイフンが入るという新たな誤植が生じている。原文の "Ab- und Umlautung" は、『上巻』『日本文法論』いずれにおいても、ハイフンの後にスペースを入れずに Ab-und と表記されている。同様の事例は "Beilege- oder Merkmalswörter"（『上巻』162、『日本文法論』138、ハイゼ第 26 版 114）、"Neben- oder Umstandswort"（『上巻』107、『日本文法論』90、ハイゼ第 26 版 116）にも見られるため、これは山田孝雄の意図的な選択であった可能性が高い。

8. (23) の (4) にある Orters は Ortes の誤植であるが、これは『上巻』では正しく引用されている。一方、上巻にあったいくつかの誤植は、(23) では訂正されている。

9. 原文 etc. の後に、本来あるべき「閉じの括弧」が見あたらないが、これは第 26 版までの誤植であり、以下に引用する第 27 版で訂正されている。

10. (24) の第 1 段落と第 3 段落でも welche が使われている。これらを第 27 版で見ると、第 1 段落の welche は die に換えられている（第 3 段落の welche はそのまま）。

11. これ以外にも、上で触れた「閉じの括弧」が挿入され、その前の etc. も usw. (und so weiter) に変更されている。

12. 『日本文法論』の「緒言」の日付は 1907 年 12 月 30 日であり、発行は 1908 年 9 月 10 日である。一方、ハイゼの第 27 版には、Otto Lyon による 1907 年 10 月付けの序文がある。発行が 1908 年の何月であるかは不明であるが、洋書の輸入に掛かる時間などを考えても、山田孝雄がこの第 27 版を参照した可能性は限りなくゼロに近い。

第 3 章

『日本文法論』とハイゼの獨逸文典 II

> "I really have not time to go out to Lewisham, and yet evidence taken on the spot has a special value."
> ―Sherlock Holmes

3.1. はじめに

前稿「『日本文法論』とハイゼの獨逸文典」(本書第 2 章)を、筆者らは次のように結んだ。

> 『日本文法論』が引く獨逸文典の原典が J. C. A. Heyse "Schulgrammatik" の第 26 版、1900 年刊の *Deutsche Grammatik* であることは、本稿におけるこれまでの議論によってほぼ確定したのではないかと思う。
>
> (斉木・鷲尾 (2010a: 80)、本書 p. 62)

この結論自体は揺るがないものと確信していた一方で、筆者らにはいくつかの疑問もあった。答えが見つからなかったため、前稿ではそれらを「謎」と呼び、筆者らには解けない謎が残されていると述べるにとどめた。

謎の一つは、『日本文法論』(1908) とそれに先立つ『日本文法論 上巻』(1902) に見られるドイツ語の表記法の違いに関わるものであったが、この謎は未だに解けていない。

いま一つの謎は、山田孝雄の旧蔵書目録に J. C. A. Heyse の *Deutsche*

Grammatik が見当たらず、目録の索引にもハイゼの名前が見当たらない、という事実であった。これもまた説明のつかない「謎」であり、筆者らは前稿で次のように述べた。

> ハイゼの原典を特定するために、筆者らは『山田孝雄文庫目録』も精査したが、その「洋装本の部」にハイゼの文典を見出すことはできなかった。「月俸四拾五円」ほどの中学校教諭にとって、600ページを超える洋書は高価すぎて購入できなかったのか、一旦は所有したものの散逸してしまったのか、勤務先の高知県立第一中学校に購入してもらったのか、どこかの図書館を利用したのか、あるいは知人から貸与されたのか——我々には調べる術がなく、このあたりの事情はわからない。
>
> (斉木・鷲尾 (2010a: 77)、本書 p. 58)

この引用にある『山田孝雄文庫目録』とは、山田孝雄の旧蔵書を管理している富山市立図書館が編集した『山田孝雄文庫目録　洋装本の部』(1999) を指す。同『和装本の部』(2007) と共に、山田孝雄研究には欠かせない貴重な目録であるが、これらの目録を調べても「ハイゼの獨逸文典」を見出すことはできなかったと述べたのが、上に引用した一節である。

これまでハイゼの原典を特定しようと試みた研究者は少なくないと思われる。1999年以降であれば、そのような研究者は『洋装本の部』(1999) を調査している可能性が高い。東北大学のハイコ・ナロック教授もハイゼの原典に関心を抱く一人であり、「『日本文法論』における文成立関連の概念とヨーロッパ言語学」という興味深い論文 (ナロック (2010)) において、ハイゼの原典を特定する難しさについて述べている。そこには、ハイゼの文典が版を重ねた上、3種類の形態で出版されたこともあり、「山田がどれを参考にしたのかを突き止めることは困難である」(p. 221) との記述がある。ナロック教授はさらに次のように述べている。

> 『山田孝雄文庫目録』にはハイゼの本が記されていない。
>
> (ナロック (2010: 238))

第3章 『日本文法論』とハイゼの獨逸文典 II

筆者らと同様に、ナロック教授も『洋装本の部』を調査し、そこに「ハイゼの獨逸文典」を見出せなかったことがわかる。

ナロック論文は、斎藤・大木（編）『山田文法の現代的意義』に収められているが、奥付によれば、同書の刊行年月は 2010 年 12 月である。一方、筆者らが原典を特定した前稿は、2010 年 3 月に刊行されている。したがって、筆者らはナロック論文を参照できず、ナロック教授も筆者らの前稿を知らずに論文を用意していたと思われるが、両者の執筆時期は重なっていた可能性があり、ナロック教授と筆者らは、同じような時期に『山田孝雄文庫目録』を調査していたのかも知れない。[1]

前稿の「謝辞」に記したように（斉木・鷲尾（2010a: 80）、本書 p. 63）、筆者らが最初に『山田孝雄文庫目録』を調査したのは 2007 年であったが、前稿が刊行されて間もない時期に、筆者らは必要があって『洋装本の部』を見直した。前回とは別の理由で見ていたのであるが、その際、たまたま次の記載事項に気づいた（整理番号 08890、分類記号 G845-LO）。

> **Deutsche Grammatik**: oder Lehrbuch der deutschen Sprache / von Otto Lyon.—26 Aufl. Hannover; Leipzig: Hahnsche Buchhandlung, 1900. — 14, 630p.; 24cm.

ここにハイゼの名前はなく、上でも述べたように目録の著者名索引にもハイゼは記載されていないため、前回の調査では見落としてしまったが、ここに「著者」のように挙げられている Otto Lyon は、ハイゼの文典の第 24 版から改訂に携わった「編者」であり、前稿で筆者らが特定した次の原典の書誌情報にも名前が出ている人物である。

> Dr. Joh. Christ. Aug. Heyses **Deutsche Grammatik** oder Lehrbuch der deutschen Sprache. Sechsundzwanzigste Auflage der Schulgrammatik Heyses. Vollständig umgearbeitet von Professor Dr. Otto Lyon. Hannover und Leipzig 1900. Hahnsche Buchhandlung.
>
> （斉木・鷲尾（2010a: 77）、本書 p. 46）

これら二つの "Deutsche Grammatik" を較べてみると、副題、出版社、出版地、出版年（1900）、版（26 Aufl.）がまったく同じであり、『山田孝雄文庫目録』に記されている総ページ数（630）と目次までのページ数（14、原著の表記は XIV）も、手元にあるハイゼ第26版で確認すると、やはり同じであるから、これらは明らかに同一の書誌情報である。

　2007年に『山田孝雄文庫目録』を調査した際に見落としたことにより、かなりの遠回りを余儀なくされたが、筆者らが前稿で辿り着いたハイゼの原典は、やはり山田孝雄が参照していたものと同一の版であり、しかも山田が同書を所有していたことも明らかになった（したがって、前稿で述べた「月俸四拾五円」云々は、まったく的外れな想像であったことになる）。

　このようにして、「ハイゼの獨逸文典」が現在でも山田孝雄文庫に蔵されていることがわかったので、筆者らは富山を訪れて「現物」を調査した。以下、筆者らが見た *Deutsche Grammatik* について簡単に報告しておきたい。

3.2.　山田孝雄文庫蔵 *Deutsche Grammatik*

　山田孝雄文庫蔵の *Deutsche Grammatik* は、かなり読み込まれた様子の、「使用感」のあるハードカバーである。このハードカバーの表紙と裏表紙には、書名や著者名などの情報は何も印刷されていない。背の部分には、元々はドイツ文字で書名が印刷されていたはずであるが、山田文庫の蔵書には元々の背表紙がなく、テープのようなもので製本し直したようであった。ただ、ハードカバー自体はオリジナルのままであると思われる。

　そのハードカバーをめくると、まず "Dr. Joh. Christ. Aug. Heyses **Deutsche Grammatik.**" という書名が印刷されたページがあり、左上に「山田孝雄文庫」の蔵書印がある（【写真1】を参照）。

第3章 『日本文法論』とハイゼの獨逸文典 II　　　69

> Dr. Joh. Christ. Aug. Heyses
>
> Deutsche Grammatik.

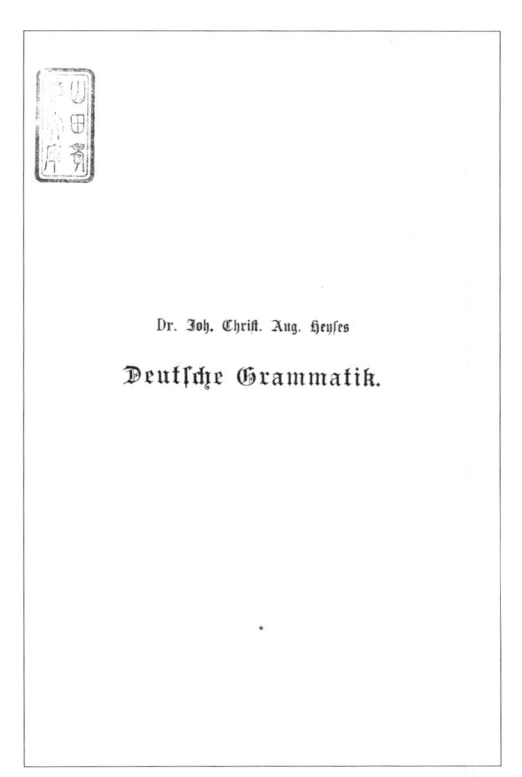

【写真1】

このページをめくると、すべての書誌情報が記されたページが現れる（次ページの【写真2】を参照）。当然のことであるが、これは筆者らの手許にあるハイゼの第26版とまったく同一である。

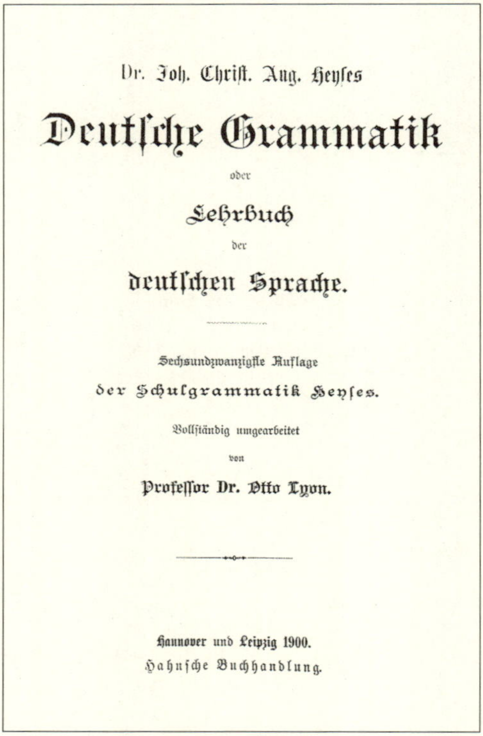

> Dr. Joh. Christ. Aug. Heyses
> **Deutsche Grammatik**
> oder
> Lehrbuch
> der
> deutschen Sprache.
>
> Sechsundzwanzigste Auflage
> der Schulgrammatik Heyses.
> Vollständig umgearbeitet
> von
> Professor Dr. Otto Lyon.
>
> Hannover und Leipzig 1900.
> Hahnsche Buchhandlung.

【写真2】

本文を見ていくと、所々に書き込みがある。原文の誤植を山田孝雄が訂正したと思われる書き込みもあり、山田がかなり厳密に原文を読んでいた様子が窺われる。例えばハイゼ第26版の次の箇所 (p. 115) を見ると、

> Der einfache, reine Satz kann durch Nebenbestimmungen sowoh
> des Subjekts, als des Prädikats erweitert werden. Die Wörter, die

一行目の末尾に sowoh と印刷された語がある。これは sowohl (sowohl) という単語の語末の "l" が脱落した誤植であるが、山田文庫蔵書の当該箇所には、山田がこの "l" を補ったと思われる書き込みがある。また、次の一節 (p. 117) を見ると、

第 3 章 『日本文法論』とハイゼの獨逸文典 II

> zu einem zusammengesetzten verbunden. Die Sprache bedarf und besitzt daher noch eine Gattung von Formwörtern, denen die Kraft eigen ist, verschiedene Sätze mit Bezeichnung ihres Gedankenverhältnisses aneinander zu knüpfen oder ineinander zu fügen. Diese Wortart ist die Konjunk=

一行目の右から三つ目の単語が bedarf と綴られている。これは、bedarf (bedarf) と綴られるべきところで、語頭の "b" が "d" と印刷された誤植であるが、山田はこの箇所にも筆記体で "b" と書き込んでいる。これらの書き込みは、附録の「資料編」(本書 p. 87 および p. 89) で実際に見ることができる。

　その他の書き込みを見ると、ドイツ語の単語の意味を日本語でメモ書きしたようなものが多いが、ドイツ語の文章を大雑把に訳したと思われる数行の書き込みもある。ただし、いずれも鉛筆で薄く書かれているため、判読できない箇所も少なくない。山田孝雄がハイゼをどのように理解し、評価していたのかを我々が正しく把握する上で、何かヒントになるような書き込みでもあればと期待していたのだが、この点では特に重要と思われる書き込みは見出せなかった。

　しかし、山田孝雄が参照していたハイゼの獨逸文典が、J. C. A. Heyse "Schulgrammatik" の第 26 版、1900 年刊の *Deutsche Grammatik* であったことは、上の【写真 2】が疑問の余地なく証明している。

　前稿でも一部触れたところであるが、『日本文法論』で引用されているドイツ語の文章には、明らかな誤植や、おそらく誤植を含むと思われる単語が見られる。それらが原典のままであるのか、あるいは引用時に生じたものであるのかは、これまで判断のしようがなかったが、原典が特定されたことにより、すべての箇所をチェックすることが可能になった。筆者らが気づいた箇所について実際に調べてみたところ、すべて引用時に生じた誤植（あるいは引用ミス）であったことが確認できた。例えば、本書第 2 章 (p. 42) の (5) において、*sic* [原文のママ] と明記して引用した "aufeinder" と "ausdrücken" は、それぞれ "aufein**an**der" と "aus**zu**drücken" であることがハイゼの原典

p. 381 で確認された。

　単語の一文字に誤植があったり (z**n**sammen (『日本文法論』p. 284))、一文字が脱落したりしているケース (Subekt (『日本文法論』p. 371)) は、原典を見るまでもなく **zu**sammen / Sub**j**ekt と復元できるが、こうした事例もすべて原典にあたって確認した。念のために行なった確認作業であったが、この作業を進めているうちに、『日本文法論』自体について少し注意すべき点があることに気づいたので、ここで簡単に触れておきたい。それは、『日本文法論』の初版と復刻版の関係である。

　前稿 (斉木・鷲尾 (2010a: 82) の文献表、本書では p. 290) でも明記したように、筆者らが『日本文法論』(1908) から引用する場合、実際に利用した引用元の文献は初版本そのものではなく、「復刻版」(1970) であった。その奥付によれば、

　　　明治四十一年九月十日　　　初　版発行
　　　昭和四十五年八月一日　　　復刻版発行

とのことであり、ここに記された初版の発行年月日は、実際の初版本の奥付と同一である (「明治四拾壹年九月拾日發行」)。したがって、この「復刻版」(1970) は初版 (1908) と一字一句同じものと考えるのが自然であり、筆者らもそう信じていたのであるが、どうもそうではないらしい。

　現在、図書館等で我々が一般的に見る『日本文法論』の初版本は、巻末に折り込みの「正誤表」が付いている。表の末尾には、山田孝雄による次のような文章がある。

　　　右は印刷後一讀して發見したる誤謬なり。なほ洩れたる點もあるべし。校
　　　正疎漏の責は全く著者の怠慢に歸す。深く讀者諸君に謝する所なり
　　　　　　　　　　　　　　　　　　　　　　　　　　　　著者しるす

　一方、奥付に「第五版」[2] と記されている「昭和四年版」に正誤表はなく、初版の正誤表にある訂正は本文に反映されている。これ以後、『日本文法論』

第3章 『日本文法論』とハイゼの獨逸文典 II

は山田孝雄の存命中に何度か刷られ、没後十余年を経て「限定復刻版」が出版されたことになる。これまでに確認できた諸版の奥付情報を整理すると次のようになる。[3]

1908	明治41年 9月10日	初版【正誤表あり】
1929	昭和 4年 2月25日	5版
1940	昭和15年 9月15日	12版
1942	昭和17年10月10日	13版[4]
1943	昭和18年11月15日	14版（1000部）
1952	昭和27年 9月20日	重版
1970	昭和45年 8月 1日	復刻版
1993	平成 5年 6月15日	16刷

すでに述べたように、筆者らの引用は1970年の復刻版に基づいているが、初版の正誤表にある訂正は、この復刻版でも本文に反映されているので、ここに復刻されているのは、厳密な意味での初版ではなく、1929年の「第五版」以降の版であると考えられる（ただし注2を参照）。

復刻版と初版の関係は以上のようであるが、復刻版の奥付が、あたかも初版の復刻であるかのような書き方をしているのは、正誤表の内容を本文に組み込もうが、折り込みの別表にしようが、全体的な内容に変わりはないので、「第五版」以降の版も、形式が異なるだけで内容は「初版」と同じである、という判断に基づくのではないかと思われる。これは一理ある考え方であるが、正誤表が付いている「初版」と「第五版」以降の版には、実は微妙な違いがある。

例えば前掲の"znsammen"は、「復刻版」（1970: 284）に見られる誤植であるが、念のために初版本（1908: 284）を調べてみたところ、実は"zusammen"と正しく表記されていた。同様に、前掲"Subekt"も「復刻版」（1970: 371）に見られる誤植であるが、初版本（1908: 371）で確認すると、誤植は誤植でも"Sujekt"という別の誤植になっている。このような、初版とは異なる復刻版の誤植は、すでに1929年の「第五版」に見られるので、要するに、

初版の正誤表の内容を本文に反映させた版を作製した段階で、初版にはなかった新たな誤植が生じ、それらは後の版でも訂正されることなく、1970年の「復刻版」にも持ち越された、ということであると思われる。

　初版の正誤表に上の"Sujekt"は挙がっていないので、これは山田孝雄が見落とした誤植の一つと考えられるが、1929年以降の版でこれが"Subekt"という別の誤植に変わっていることから、筆者らは次のようなこともあるのではないかと想像していた。すなわち、初版本の"Sujekt"からbが脱落していることに気づいた山田孝雄が、改訂の機会を得た際にbを挿入するように指示したところ、印刷所が誤ってjをbで置き換えてしまった、という可能性である。このようなことを考えていたので、山田孝雄文庫を訪れた際に、念のために山田が所有していた『日本文法論』の初版本を調べてみた。そこには、初版の誤植を訂正した大量の書き込みがあり、[5] ハイゼからの引用箇所にも誤植を訂正する書き込みがあったが、それらは初版の正誤表と同じ訂正であり、上の"Sujekt"には何の書き込みもなかった。「復刻版」に見られる"Subekt"は、やはり初版より後の改訂で生じた新たな誤植であり、初版と復刻版にこのような違いがありうることは、我々も心にとどめておく必要がある。前稿および本稿で取り上げた誤植の類は、すべて「復刻版」(1970) に基づくものであることを、改めて確認しておきたい。

3.3. 『日本文法論』と *Deutsche Grammatik* の比較に向けて

　『日本文法論』とハイゼの原典を照らし合わせることによって、次のような事実が明らかになる場合もある。次の文は、『日本文法論』(p. 372) で引用されている9行の冒頭部分である。

> Jedes transitive oder zielende Verbum kann die passive Form annehmen und die **Thätigkeit**, ein Passivum zu bilden, ist ein unterscheidendes Merkmal der Transtiva [*sic*].

これをハイゼの原典で調べてみると、次の一節の冒頭の一文を引用したものであることがわかる (Heyse (1900: 293-294))。ハイゼの原著で二ページに跨る段落を切り貼りしたために、五行目と六行目の間が少し空いているが、五行目までが原典の p. 293 に印刷されている箇所である。

> Jedes transitive oder zielende Verbum kann die passive Form annehmen, und die Fähigkeit, ein Passivum zu bilden, ist ein unterscheidendes Merkmal der Transitiva. — Loben, rufen, nennen, strafen ꝛc. sind also Transitiva; denn ich kann nicht bloß sagen: ich lobe, rufe, nenne, strafe, sondern auch: ich werde gelobt, gerufen, genannt, gestraft ꝛc.; dagegen gehen, schlafen, liegen sind keine Transitiva, weil ich nicht sagen kann: ich werde gegangen ꝛc.

この原文と『日本文法論』の引用文を較べてみると、三箇所違いがあることに気づく。[6] まず、『日本文法論』では Transitiva に単純な誤植がある。次に、『日本文法論』では annehmen の後にコンマがなく、直接 und が続いているが、原文では annehmen の後にコンマが打たれている。英語で言えば "Every transitive verb can accept the passive form" と述べた前半部をコンマで区切り、後半部と分けているのであるが、その後半部を『日本文法論』で見ると、主語が "die **Thätigkeit**" となっている。現在では Tätigkeit と綴られ、[7] 英語で言えば "activity" ほどの意味を表わす単語である。しかし、原文にこの単語はなく、実際には "die **Fähigkeit**" という別の単語が主語になっている。『日本文法論』の引用箇所をハイゼの原文通りに復元すると次のようになる。

  Jedes transitive oder zielende Verbum kann die passive Form annehmen, und die **Fähigkeit**, ein Passivum zu bilden, ist ein unterscheidendes Merkmal der Transitiva.

つまり、受身を作る「能力」(Fähigkeit) が、他動詞の弁別的特徴であると述べた文である。この一文を含む一節は、『日本文法論』(p. 372) では次のように要約されている。

…かれらの受身といふものは、必他動詞と必然の關係を有せるものにして、
　　　他動詞の特質は働掛けと受身と兩樣の文を其の動詞によりて構成しうるこ
　　　とに存し、受身は唯他動詞に依りて存するのみなり。

穩當な要約になっているが、そもそも山田孝雄はドイツ文字（鬚文字）で書
かれた原文を読んでいたのだから、𝔉𝔞̈𝔥𝔦𝔤𝔨𝔢𝔦𝔱 を 𝔗𝔥𝔞̈𝔱𝔦𝔤𝔨𝔢𝔦𝔱 と見誤る可能性
は低い。つまり、山田が原文を読んでいた段階では、𝔉𝔞̈𝔥𝔦𝔤𝔨𝔢𝔦𝔱 は正しく
Fähigkeit と読まれていたと考えるのが自然であり、上の Thätigkeit は単に
転写のミスであったと考えるのが自然である。[8] そうであるなら、この転写
ミスは内容の理解には影響しなかったはずであるから、山田の要約が妥当な
ものになっているのは、むしろ当然である。しかし、これまで『日本文法論』
だけを読んできた我々にとっては、Thätigkeit は Thätigkeit と読む以外に
なく、前後の文脈から大体の意味を取って納得する以外になかった。『日本
文法論』の論述をより正確に把握できるようになるという点でも、ハイゼの
原典は参照する価値があると思われる。

　原典の参照には、さらに次のような利点もある。すぐ上で引用した一節に
続けて、山田孝雄は次のように述べている。

　　　この故にかれらの受身は他動詞使用上の一方法にすぎざるなり。然るに我
　　　が國語の受身といへるものは頗其の趣を異にせるものあるなり。先にいへ
　　　る如く所謂他動詞は必しも受身に轉換しうべからざると同時に所謂自動詞
　　　にも又受身の文を構成しうべき事あり。この故に吾人の國語の受身といふ
　　　ものと英獨諸國語の受身といふものとは根本的に差異あるものなるを想見
　　　せざるべからず。

ここで山田は、日本語の受動文と「英獨諸國語」の受動文との「根本的な差
異」として次の二点を挙げている。すなわち、(i) 日本語では他動詞が必ず
しも受動化を許すわけではなく、(ii) 自動詞であっても受動化を許すことが
ある、という二点である。後者 (ii) のポイントは、大槻文彦が「語法指南」
(1889) や『廣日本文典』(1897) で論じているため、『日本文法論』(1908) の

段階ではすでによく知られた事実であり、大槻文法は山田孝雄にとっても、日本語の自動詞受身を考える際の重要な先行研究であった（斉木・鷲尾『日本文法の系譜学』(2012a: 122)）。しかし山田は、上の (i) と (ii) を同時に考えることによって、ドイツ語における「他動詞」と「受身」の不可分な関係を強調し、それとの対比において日本語の特性を浮かび上がらせる、という優れた議論を展開した。日本語の受身を「状態性間接作用」と位置づける独創的な分析については、これまで様々な紹介はあるが、批判的検討が充分になされてきたとは言えない。今後に残された課題の一つと筆者らは考えているが、ハイゼとの関係で言えば、実はハイゼも自動詞の受動化には触れている。山田孝雄が引用しなかった箇所に記述があるので、『日本文法論』の読者にはこれまで知られていなかったと思われるが、上で『日本文法論』(p. 372) から引用した Jedes transitive で始まる一節に続けて、山田孝雄はさらに二つの段落を引用している。その二つ目の段落を次に掲げる。

    Da die Intransitiva oder ziellosen Verben Kein [sic] als leidend gedachtes Objekt haben, auf das die Handlung hinwirkt: so können sie natürlich kein Passivum bilden, sondern erscheinen immer in aktiver Form.

自動詞は当然ながら受身を作ることができず、常に能動形で現れる、と述べた箇所であるが、この引用文の最後のピリオドは、実はハイゼの原文とは異なる。原典の当該箇所は次の通りであり (p. 294)、Form の後にセミコロンがあり、その後に具体例が挙げられている。

    Da die Intransitiva oder ziellosen Verben kein als leidend gedachtes Objekt haben, auf das die Handlung hinwirkt: so können sie natürlich kein Passivum bilden, sondern erscheinen immer in aktiver Form; z. B. ich schlafe, ruhe, springe, tanze, spotte, helfe ꝛc.; nicht: ich werde geschlafen, geruht, gesprungen, getanzt, gespottet, geholfen ꝛc.

最後の二行が具体例であるが、ここで興味深いのは、ハイゼが "Ich werde geschlafen." (I am slept.) や "Ich werde getanzt." (I am danced.) など、ドイツ語では成立しない不適格な受動文を作例で挙げている点である。これ

らは、典型的には日本語の自動詞受動を解説する際に、日本語との対比で提示する類いの作例であり、筆者らも類似の作例を用いて議論したことがある。伝統的な英文法にはまず見られない作例であるが、ドイツ語の場合、いわゆる「三格」を支配する helfen (help) のような動詞があり、これも受動化を許さないことから、上のハイゼの用例にもあるように、"Ich werde geholfen." (I am helped.) とは言えないと記述しておく意味は充分にあり、他の典型的な自動詞について同様の作例を挙げるのも、記述の流れとしては自然である。しかし、ドイツ語についてこのような記述をする場合、いわゆる「非人称受動」(Impersonal Passives) に触れないわけにはいかない。事実、ハイゼも上の引用箇所の直後に次のような注 (Anmerkung) を付けている (p. 294)。

> Anmerkung. Nur zum Ausdruck eines Vorganges, bei dem man das thätige Subjekt nicht nennen kann oder will, bedient man sich der dritten Person solcher Verben in der Passivform mit dem unbestimmten Pronomen es nach Art der unpersönlichen Verba (s. w. u.). Z. B. es wird oder wurde gelacht, getanzt, gesungen, gesprungen rc.; es wurde meiner gespottet, mir wurde geholfen rc. Dadurch erhält aber ein solches Verbum nicht eigentlich passive Bedeutung, da hier kein Subjekt im Zustande des Leidens dargestellt wird. Jene Ausdrücke sind nur passive Wendungen der Sprache, um einen bloßen Vorgang ohne Benennung eines Subjekts anzugeben, und besagen nichts anderes, als: man lachte, tanzte, sang, sprang rc.

ここでハイゼは "Es wird gelacht." (It is laughed.) や "Es wurde getanzt." (It was danced.)、あるいは "Mir wurde geholfen." (To-me was helped.) などの例を挙げ、これらは受身の形式ではあるが、受身の意味を表わすわけではないと述べている。もちろんよく知られた事実であるが、山田孝雄がこの箇所を引用せず、非人称受動に一切触れていないのはなぜか、という疑問を筆者らは抱いている。意味を重視しているために、受動の意味を担わないとされる非人称受動は考慮に入れなかったとも考えられるが、三格支配の helfen (help) などは、日独対照の格好の材料となりうるものである。実際、松下大三郎における「依拠性」の概念は、まさにこの点に関わるものであり、これについて斉木 (2008) は、主にドイツ語を例にして次のような一般的な問題を提起している。

格の関係が目に見えるドイツ語などの言語を見ると、いわゆる3格（与格）を支配する動詞は、松下が依拠性とみなす日本語の動詞に対応することが多い。例えば ähneln（〜に似ている）、antworten（〜に答える）、danken（〜に感謝する）、folgen（〜についていく）、gehorchen（〜に従う）などの動詞であるが、このような類似性は、松下が取り上げている現象が個別言語に留まらない性質のものであることを示している。しかし、日本語で「ニ格」を取る動詞がドイツ語では4格を支配したり（betreten（〜に入る、立ち入る））、逆に日本語で「ヲ格」を取る動詞がドイツ語では3格を支配したりするケースもある（helfen（〜を助ける））。このような場合、日本語の「ニ格」支配動詞に対応するドイツ語の4格支配動詞は、ドイツ語でも依拠性であるというのが松下の考え方であると思われるが、日本語の「ヲ格」支配動詞がドイツ語3格支配動詞に対応する場合はどう考えればよいのか。また、動詞の格支配が歴史的に変化するという事実もよく知られており、例えば3格支配から4格支配へと変化した動詞は、依拠性を失ったと考えるべきであるのか、あるいは（例えば他の動詞からの類推によって）形式だけが変化したと考えるべきであるのか。さらに、3格と4格の区別を保持した体系の中での変化と、英語のように、この区別を失った体系における変化を、同列に扱うべきか否かという問題もある。　　（斉木（2008: 115））

　こうした問題を山田文法の文脈で考えるとどうなるのか、筆者らはまだ充分に考察していないが、上の三格支配動詞や非人称受動に関するハイゼの記述を山田が引用しなかったことの意味も含め、今後の検討課題としている。

　以上は筆者らが個人的に興味をもつ研究テーマの一例であるが、ハイゼの原典を直接参照できるようになったことで、山田文法研究は今後、新たな問題を次々と提起する段階に入るのではないかと思う。本書では、以下の注に続く【資料編】（p. 82以降）において、『日本文法論』（1908）が引くハイゼの文章と原典 **"Deutsche Grammatik"**（1900）との対応関係を改めて整理した上で、p. 84以降にハイゼの原文を載録した。山田孝雄が引用した箇所だけでなく、それらを含むすべてのページを原著のまま載録してあるので、引用箇所がどのような文脈で書かれた文章であるのかもわかるようになっている。山田文法とハイゼの関係に関心を抱く研究者諸氏の、今後の研究の一助

になればとの思いからである。

　なお、載録にあたっては、山田孝雄自身が所有していた"**Deutsche Grammatik**"を使用したので、すでに触れたように、山田が原文の誤植を訂正した書き込みなども、本書の【資料編】で見ることができる。載録を許可してくださった富山市立図書館館長および関係者各位に改めてお礼を申し上げたい。

注

1. 筆者らは 2012 年前後にナロック論文を読み、上のような記述があることを知ったので、斉木・鷲尾（2012c）「サピアの"Genius"とその歴史的背景」の冒頭でこれを紹介した。この共著論文は、本書第 7 章の前半部に組み込まれているが、ナロック論文に言及した一節は本章の記述と重複するため、第 7 章からは削除した。

2. ただし、筆者らは「第二版」から「第四版」までの奥付をもつ『日本文法論』を見たことがない。次の注 3 および注 4 も参照。

3. 発行年の西暦表記は便宜上付け加えた。また、漢数字はすべてアラビア数字に直した。『日本文法論』の諸版を調査していた際、刊行年が「1909 年」と記された『日本文法論』の書誌情報を目にした（OPAC の書誌情報）。1909 年といえば初版の翌年であるが、この「1909 年版」の蔵書館である長崎県立長崎図書館に詳細を問い合わせたところ、問題の『日本文法論』には奥付がなく、「OPAC には 1909 年とあるが、実際は 1908 年版の可能性が高い」とのことであった。

4. この「第 13 版」の書誌情報は、次の「第 14 版」の奥付に記載されているものであるが、筆者らは「第 13 版」そのものを見ていない。ちなみに、『日本文法論』の奥付にある「第 14 版」などの「版」は、改版を意味するものではなく、現在の感覚では「第 14 刷」などに相当する。1993 年刊の奥付では「第十六刷」と表記されている。

5. この『日本文法論』には、山田自身による訂正や書き込みのある箇所を整理した、次のような表題の一覧表が挟んである。

　　著作品名［日本文法論］表紙（裏表紙）見返し及び本文の訂正と書き込み
　　　　明治四十一年七月発行

6. 同じ箇所は『日本文法論』(p. 287) でも引用されているが、後半部分は "... die Thätigkeit, ein Passivum zu bilden, ist eine [sic] unterscheidendes Merkmal der Transitiva." と表記されており、Transitiva に誤植はないが、ein であるべき不定冠詞が eine と綴られている。これら二箇所それぞれの誤植は、改訂前の「初版本」(1908) とまったく同じであり、山田孝雄による訂正は書き込まれていない。

7. ドイツ語の正書法については、斉木・鷲尾 (2010a: 68)、本書 p. 43 を参照。

8. もちろん、なぜこのようなミスが生じたのか、という疑問は残る。仮にドイツ文字の F を Th と見誤ったとしても、結果として書き写されたのは、Fähigkeit の F を Th で置き換えただけの *Thähigkeit という（存在しない）単語ではなく、Thätigkeit という別の単語であるから、単語全体を置き換えたという事実は残るわけである。この点については、学習院大学の岡本順治教授、高田博行教授、渡辺学教授と意見を交換する機会に恵まれ、なかなか興味深い話に発展した。

高田教授は次のような可能性を指摘された。ハイゼの著述には、様々な文脈で Thätigkeit ("activity") という語が頻繁に出てくるが、一方で、受動態との関連では Vorgang ("process") と Zustand ("state") の対比があり、この Vorgang と Thätigkeit が強く結びついて "Vorgang = Thätigkeit" という把握の仕方が成立した可能性がある。そして本文で引用した一節を転写する際、Vorgang との類推で Thätigkeit と書いてしまった、ということも考えられるとの指摘である。

一方、渡辺教授からは次のような指摘があった。ドイツ語の Thätigkeit は、フンボルトが言語をエネルゲイアと捉えた際に、その Energeia を指して用いた語彙であり、フンボルトの言語論に馴染んでいた人々にとっては、Thätigkeit が表わす概念やそのフンボルト的な語法は「頭にこびりついて」いた可能性がある、という指摘である。

山田孝雄がどの程度フンボルトに馴染んでいたのか、筆者らは充分に調査していないが、山田がフンボルトおよびフンボルト的な Thätigkeit の概念を知っていた可能性は指摘できる。よく知られているように、山田はヴントの心理学を研究し、『日本文法論』では *Völkerpsychologie* の言語篇 (Wundt (1900)) からドイツ語の文章を引用している。そしてこの *Völkerpsychologie* にはフンボルトへの言及が見られるので、少なくとも山田は、ヴントを介してフンボルトを知っていたはずであり、言語論における重要概念として Thätigkeit を記憶していた可能性はある。しかし、山田が読んでいたはずの *Völkerpsychologie* には、当然ながら Fähigkeit という単語も出てくるので、山田がこれらを別々の単語と認識していなかったとは考えられない。ドイツ文字で書かれたハイゼの文章をローマ字書体で転写する際、より強く意識にのぼっていた Thätigkeit の方を、「うっかり」書いてしまった、ということであろうか。「より強く意識にのぼっていた」理由は、上の指摘にあったような "Vorgang = Thätigkeit" あるいは "Energeia = Thätigkeit" という連想の強さだったのかも知れない。

【資料編】 『日本文法論』とハイゼ原文の対応表

　以下の表は、斉木・鷲尾（2010a: 77）（本書 pp. 52-53）の【表1】を少し簡略化したものであるが、【表1】にはない新たな情報を付け加えてある。それは山田孝雄が引用したハイゼの文章（計26箇所）に「通し番号」を付け、『日本文法論』で引用されている順に①〜㉖として明記した情報である。ハイゼの原文を載せた次ページ以降では、欄外にこれらの通し番号を明記したので、原文のどの箇所が『日本文法論』の何ページで引用されているかがわかるようになっている。例えば欄外の「㉕ (p. 1166)」という表記は、通し番号㉕の一節が『日本文法論』の p. 1166 で引用されていることを示す。

『日本文法論』目次（抜粋）	独文引用ページ	ハイゼ第26版
本　論		
第一部　語論		
第二章「國語の單語分類の方法」		
（二）西洋文典流の分類は我が國語に適するか		
一　名詞について	81 *(9)* ①	119
二　前置詞と弖爾乎波との比較	83 *(4)* ②	376
三　形容詞について	84-5 *(11)* ③ ;	115;
	86 *(4)* ④	115
四　代名詞及數詞		
五　副詞について	90 *(9)* ⑤ ;	116-7;
	91-2 *(7)* ⑥ ;	363-4;
	93 *(2)* ⑦ ;	1364;
	94 *(3)* ⑧	364
六　接續詞について	101 *(8)* ⑨ ;	380-1;
	122 [2] ⑩	[381]

第3章 『日本文法論』とハイゼの獨逸文典 II

```
        七  間投詞について .................. 129-30 (11) ⑪ ;    397-8;
                                    134 [2] ⑫        [397]
(三) 古來我が國に發達せる分類法は
        果たして適當なるか
        二  體言とかざし ...................... 138 (3) ⑬      114
        三  動辭
(四) 單語類別の基礎 .......................... 152 (11) ⑭      118
(五) 余が分類 ........................................ 163 [3] ⑮      [115]
第三章「語の性質」
    第二  用言
(一) 用言の一般的性質及區分 .................. 227 [3] ⑯      [115]
(二) 形容詞
(三) 動詞
        四  動詞の性質上の分類 ................ 284-5 (24) ⑰ ;    292-3;
                                    287-8 (15) ⑱ ;    293-4;
                                    290 (9) ⑲ ;      417;
                                    305 [4] ⑳        [293]
(四) 形式用言
(五) 動詞の複語尾
        二  屬性の作用を助くる複語尾
            二  受身につきての論 .................. 371-2 [15] ㉑    [293-4]
        三  統覺の運用を助くる複語尾
            三  文法上の時の論 ...................... 425-6 (6) ㉒ ;    346;
                                    432-3 (11) ㉓    123/300-1
    第三  副詞
        (二) 副詞の職能及區分 ...................... 494 [1] ㉔      [364]
第四章「語の運用」
第五章「本章の概括」
第二部  句論
    第一章「句論の概説」
        三  句の研究の基礎 ...................... 1166 (3) ㉕      113
        四  句とは何ぞ ................................ 1175 (3) ㉖      113-4
```

【資料編】

ハイゼ原文	注釈

Zweiter Teil.
Wortlehre.

Erste Abteilung.
Von den Worten, ihren Verhältnissen und Formen im allgemeinen.

Erster Abschnitt.
Wortarten und Wortverhältnisse. — Grundbegriffe der Wortbiegung und Wortfügung.[1]

Die rohen Anfänge aller Sprachen sind Naturlaute, die eine von der eigentlichen menschlichen Vernunftsprache verschiedene Gefühlssprache ausmachen. Sie sind teils Empfindungslaute, d. i. plötzliche Ausbrüche der Freude, des Schmerzes und anderer Empfindungen, deren schwankendes und unbestimmtes Wesen sie an sich tragen (z. B. o, ach, ha, ei, hu, ah! ꝛc.); teils Schallnachahmungen, kindische Spiele des Naturmenschen, in denen die Sprachorgane sich versuchten und bildeten (z. B. krach, puff, husch, ritsch, ratsch ꝛc. und besonders die Nachbildungen der Tierlaute: wauwau, miau, bä, muh ꝛc.); teils Lautgebärden, die dem andern eine Willensäußerung andeuten sollen (z. B. st, sch, he, heda, holla! ꝛc.). Alle diese Naturlaute sind keine wirklichen Wörter, da sie nicht bestimmte Vorstellungen als Bestandteile des Gedankens bezeichnen, sondern nur sinnliche Eindrücke, Gemüts- oder Willensregungen durch unwillkürlich und instinktmäßig hervorgebrachte Laute ausdrücken, ohne den Inhalt des Auszudrückenden vollständig entwickelt darzulegen. Ihr lateinischer Name Interjektion deutet auf ihre grammatisch willkürliche, nur durch die Empfindung, nicht durch den Gedankenzusammenhang bestimmte Stellung unter den Worten der gebildeten Rede.

[1] Vgl. hierzu: Heyse, System der Sprachwissenschaft, herausgegeben von Steinthal. — Hermann Paul, Principien der Sprachgeschichte. 2. Aufl. — Georg von der Gabelentz, Die Sprachwissenschaft, ihre Aufgaben, Methoden und bisherigen Ergebnisse. Leipzig 1891.

Zweiter Teil（第2部）Wortlehre（「詞論」）の最初のページ（原著 p. 112）。

『日本文法論』にはこのページからの引用はなく、引用は次のページ（p. 113）から始まる。

第 3 章　『日本文法論』とハイゼの獨逸文典 II

1. Abschnitt. Wortarten und Wortverhältnisse.　113　← この行は原著の
　　　　　　　　　　　　　　　　　　　　　　　　　　　 ヘッダ。数字は
　Von ganz anderer Art, als diese Naturlaute, sind die eigentlichen　　原著のページ。
Wörter. Ein Wort ist der hörbare Ausdruck oder das Lautzeichen　　以下、ヘッダを
für eine einzelne bestimmte Vorstellung. Als Ausdrücke unserer Vor-　含めてページ単
stellungen müssen also die Wörter so zahlreich und mannigfaltig sein,　位で載録するの
wie diese.　　　　　　　　　　　　　　　　　　　　　　　　　　　　　　で、各ページの

　　Anmerkung. Der Inhalt einer Vorstellung kann in das Reich der Natur,　ヘッダを見れば
oder des Geistes fallen; er kann der sinnlichen Wahrnehmung, oder dem Gedanken　原著のページ数
angehören. Dies begründet jedoch keine verschiedenen Wortarien; vgl. z. B. die Sub-　を確認できる。
stantive Stein, Baum mit Mut, Freundschaft; die Verben blühen, laufen mit　連続しているペ
denken, wollen; die Adjektive rot, hart mit frei, glücklich ꝛc. Es ist nicht das　ージもあれば不
Gebiet, welchem eine Vorstellung angehört, nicht der Inhalt des Vorgestellten an sich,　連続のページも
was die Sprache als Art-Unterschied an dem Worte ausgeprägt hat, sondern die Art　あるので、適宜
und Weise, wie dieser Inhalt von dem Geiste gefaßt wird. Ein und derselbe Inhalt　確認されたい。
kann unter sehr verschiedenen Anschauungen aufgefaßt und daher in der Sprache zu
verschiedenen Wortarten ausgeprägt werden; vergl. z. B. lieb, Liebe, lieben, lieb-
lich, liebend ꝛc.

　Die Vorstellungen, die der Mensch durch Wörter bezeichnet, gehen
ursprünglich sämtlich von sinnlicher Wahrnehmung aus und bezeichnen
das Geistige nur auf bildliche (metaphorische) Weise. Sie sind aber ihrem
Inhalte nach doppelter Art. Sie enthalten nämlich entweder den Stoff
der Anschauung, d. i. die wahrgenommenen Dinge, Thätigkeiten, Merk-
male ꝛc. selbst; oder nur die Verhältnisse und Beziehungen, unter
denen der Mensch jenen Stoff anschaut oder sich ihn denkt. In jenem
Falle können wir sie materielle, in diesem formelle Vorstellungen
nennen.

　Hiernach sind auch die Wörter doppelter Art, nämlich: 1) Stoff
oder Begriffswörter, d. i. Ausdrücke für materielle Vorstellungen,
Bezeichnungen von Dingen und Personen, Thätigkeiten, Zuständen und
Eigenschaften, wie: Baum, Tier, blühen, grün ꝛc.; 2) Formwörter, d. i.
Ausdrücke für formelle Vorstellungen, als Raum- und Zeitverhältnisse
und logische Beziehungen, wie: Ursache, Grund, Folge, Mittel, Zweck ꝛc.;
z. B. hier, da, vor, nach, durch, zu ꝛc.

　　Anmerkung. Dieser Gattungsunterschied der Wörter ist der erste und ursprüng-
lichste. Er betrifft den Inhalt der einzelnen Vorstellungen und macht sich sehr früh
schon in der Entwickelung der Sprache geltend (Verbum und Nomen einerseits, Perso-
nalendungen und Casussuffixe anderseits).

　Die weiteren Unterschiede der Wörter beruhen auf der Art und Weise,
wie die Vorstellungen im Zusammenhange der Rede gefaßt werden. Die
weiteren Wortarten können daher nur aus dem Begriffe des Redesatzes
entwickelt werden, dessen Bestandteile sie sind. Man nennt daher die Wort-
arten nicht unpassend: Redeteile (partes orationis).

　Ein Satz ist ein ausgesprochener Gedanke oder eine Aussage von　㉕ (p. 1166)
etwas Gedachtem. Eine solche Aussage entsteht, indem der Verstand die　左の Satz の定義
Einheit einer Wahrnehmung in ihre Bestandteile zerlegt und diese　について、その
wiederum zu der Einheit eines Gedankens verknüpft.　　　　　　　　　「本義は明瞭なら
　Sehen wir z. B. ein Pferd laufen oder einen Baum blühen, so ist diese　ざるなり。」
Wahrnehmung für das Anschauungsvermögen eine ungeteilte; das laufende
Pferd, der blühende Baum sind einfache Vorstellungen; denn die Thätig-　㉖ (p. 1175)
keit oder der Zustand haftet an dem Gegenstande als dessen Bestandteil. In-　行末の In- から
　　　　　　　　　　　　　　　　　　　　　　　　　　　　　　　　　　　次頁の 3 行目ま
Heyse-Lyon, Deutsche Grammatik. 26. Aufl.　　　　　　　8　　　　　　　でを引用。

114　　　　Zweiter Teil.　Wortlehre.　Abteilung I.

dem aber der Verstand die zufälligen Bestimmungen (laufen, blühen) von den Gegenständen abgesondert auffaßt und nun durch die Aussage beides ausdrücklich miteinander verknüpft, entstehen die Sätze: das Pferd läuft, der Baum blüht. Der Verstand trennt also die Vorstellung des selbständigen Dinges von der seiner unselbständigen Merkmale, und indem er ein solches Merkmal dem Dinge ausdrücklich beilegt oder davon aussagt, entsteht der Redesatz.

　　Jeder Satz enthält demnach: 1) einen selbständigen Gegenstand (eine Substanz) und 2) eine unselbständige Bestimmung (ein Accidens), die diesem beigelegt oder von ihm ausgesagt wird und daher auch das Attribut (Beigelegte) heißt. Als Bestandteil des Satzes heißt ersterer das Subjekt oder der Gegenstand der Rede, letztere das Prädikat oder das Ausgesagte.

　　3. B. Die Rose blüht. Die Blätter sind welk. Die Blätter fallen. Der Mensch denkt. Der Mensch ist vernünftig. Freundschaft beglückt. Schönheit ist vergänglich. Ich spreche. Du hörst.

　　Um Bestandteile des Satzes sein zu können, müssen alle Wörter entweder 1) Ausdrücke für das Selbständige (die Substanz): Substantiva oder Gegenstandswörter sein (z. B. Rose, Mensch, ich ꝛc.), oder 2) Ausdrücke für das Unselbständige, jenem beigelegte Merkmal (Attribut): Attributiva, Beilege- oder Merkmalswörter (z. B. blüht, welk, vernünftig ꝛc.).

　　Es entsteht nun die Frage: Wie verhält sich der ursprüngliche Unterschied der Stoff- und Formwörter zu diesen aus der Zerlegung des Satzes hervorgehenden Wörterklassen: Substantiven und Attributiven? — Daß die Stoffwörter sowohl Substantiva, als Attributiva sein können, ergiebt sich schon aus dem Früheren. Allein auch die Formwörter drücken nicht notwendig etwas Unselbständiges aus, da auch ein selbständiger Gegenstand bloß einem formellen Verhältnisse nach dargestellt werden kann, ohne deshalb den Charakter der Selbständigkeit einzubüßen (durch Pronomina substantiva, wie: ich, du, dieser ꝛc.). Es können also beide, Stoff- und Formwörter, sowohl Bezeichnungen des Selbständigen, als des Unselbständigen sein. Vergl. folgende Beispiele:

　　　　　　Selbständig.　　　　　　　　Unselbständig.
　　　　　　　　　　Stoffwörter.

Haus;　　　　　　　　　　　　häuslich, hausen.
Mensch, Menschheit;　　　　menschlich.
Freund, Freundschaft;　　　 freundlich, befreunden.
Kraft;　　　　　　　　　　　　kräftig, kräftigen.
Liebe;　　　　　　　　　　　　lieb, lieben, lieblich.

　　　　　　　　　　Formwörter.

ich, du, er, wir;　　　　　　　mein, dein, sein, unser;
der, dieser;　　　　　　　　　 da, dort, hier, dann, denn;
wer, was;　　　　　　　　　　 wo, wie ꝛc.

　　Aus den wesentlichen Satzteilen (Subjekt und Prädikat, denen die Haupt-Redeteile Substantiv und Attributiv entsprechen) und den

㉖ (p. 1175) の続き。3行目の中ほど Sätze: まで。1行目の (laufen, blühen) は省略。

⑬ (p. 138)「體と用の本義かくの如し。之を活用の有無にあつるは誤解なり。」

第3章 『日本文法論』とハイゼの獨逸文典 II

1. Abschnitt. Wortarten und Wortverhältnisse.   115

sich ihnen anschließenden Nebenbestimmungen sind nun die besonderen Wortarten herzuleiten.

1. Subjekt oder Gegenstand des Satzes kann nur ein solches Wort sein, das die Vorstellung eines Selbständigen (einer Substanz) aus= drückt, und zwar entweder a) als Stoffwort, welches den Gegenstand seinem besonderen Inhalte nach als dessen bleibenden Name bezeichnet; dann ist es ein Substantivum im engeren Sinne (genauer nomen substantivum), auch Haupt= oder Nennwort genannt (z. B. Mensch, Tier, Haus, Liebe ꝛc.); oder b) als Formwort, welches den Gegenstand, von seinem besonderen Inhalte abgesehen, nur einer formellen Beziehung, einem Redeverhältnisse nach durch eine ganz allgemeine Bezeichnung als selbst= ständigen überhaupt darstellt; ein solcher allgemeiner Stellvertreter für alle besonderen Gegenstandsnamen heißt Pronomen (genauer pronomen substantivum), oder Fürwort; z. B. ich, du, er, sie, es; auch dieser, jener, der, welcher, wer, sobald sie für sich allein die Stelle des Substantivs vertreten.

2. Das Prädikat oder das Ausgesagte kann zwiefacher Art sein, wonach zweierlei Attributiva zu unterscheiden sind. Es ist nämlich ent= weder a) ein im zeitlichen Werden begriffener Zustand, eine vorübergehende Thätigkeit (z. B. lieben, grünen, wachen, denken ꝛc.); oder b) eine bleibende, feste Beschaffenheit oder Eigenschaft (z. B. lieb, grün, wach, vernünftig ꝛc.). Das Attributiv der ersteren Art heißt Verbum oder Zeit= wort; das der letzteren Adjektivum oder Beiwort. — Das Verbum hat zugleich selbst die Fähigkeit, die in ihm enthaltene Vorstellung dem Subjekte beizulegen; es enthält also neben seinem materiellen Inhalte zugleich die formelle Kraft des Aussagens. — Das Adjektivum hingegen entbehrt diese aussagende Kraft; es benennt bloß die Eigenschaft, wie das Substantiv den Gegenstand, daher man es auch als nomen adjectivum (Eigenschaftsnamen) dem nomen substantivum (Gegenstandsnamen) nicht mit Unrecht an die Seite stellt. Um dem Subjekte beigelegt zu werden, bedarf es daher eines besonderen Bindemittels. Dieses kann nur ein Verbum sein, und zwar nur ein solches, das den weitesten, unbe= stimmtesten Zustand bezeichnet, welcher die notwendige Voraussetzung für jede Beilegung irgend einer Beschaffenheit ist. Dieser allgemeinste Zu= stand ist das Sein; daher haben fast alle Sprachen das Verbum sein als reines Formwort zum Mittel der Beilegung des prädikativen Adjek= tivs gewählt. Man nennt dieses Verbum daher verbum abstractum (besser, als v. substantivum) im Gegensatz zu den übrigen, die verba concreta sind. Als Satzteil aber heißt es in dieser Anwendung: die Kopula oder das Aussagewort des Satzes. Vgl. die Sätze:

die Mutter liebt;   das Kind ist lieb;
Der Baum grünt;   Das Laub ist grün;
ich denke;   ich bin vernünftig.

Der einfache, reine Satz kann durch Nebenbestimmungen sowohl des Subjekts, als des Prädikats erweitert werden. Die Wörter, die

8*

③ (pp. 84-85)
「形容詞について」
重複している傍線部
は⑯ (p. 227) に再
掲。

この行の **Fähigkeit**
を **Thätigkeit** と引
用。重複している傍
線部は⑮ (p. 163)
に再掲。

④ (p. 86) この行の
中ほどの **die Seite**
stellt. で終わる文ま
でが上の③の引用。
それに続く **Um dem**
Subjekte から **einer**
Beschaffenheit ist.
までが④の引用。

← 原文の誤植を山田が
訂正したと思われる
書き込み。脱落して
いるsowohlの "l"
を補ったらしい。

Zweiter Teil. Wortlehre. Abteilung I.

solche Bestimmungen enthalten, kann man im allgemeinen Bestimm=
wörter nennen.

1. Die Bestimmwörter des Subjekts sind teils Stoff=, teils Form=
wörter. Wenn der Inhalt des prädikativen Adjektivs als eine dem
Gegenstande bereits anhaftende Bestimmung dargestellt werden soll, so tritt
das Beiwort als attributives Adjektiv oder Eigenschaftswort in un=
mittelbare Verbindung mit seinem Substantiv; z. B. das liebe Kind, das
grüne Laub, ein vernünftiger Mensch ꝛc. — Wenn der Inhalt des Verbums
dem Subjekte unmittelbar als innewohnende, wenn auch nur zeitliche
Eigenschaft beigefügt werden soll, so geschieht dies durch eine eigentüm=
liche Form des Verbums: das Participium oder Mittelwort; z. B.
die liebende Mutter, der geliebte Vater, der grünende Baum, ein denkender
Mensch ꝛc. Diese Wortverbindungen haben die obigen Sätze (das Kind ist
lieb; die Mutter liebt ꝛc.) zu ihrer Voraussetzung. — Beiderlei Bestimm=
wörter, das attributive Adjektiv sowohl, als das Partizip, sind Stoff=
wörter.

Das Subjekt kann aber auch durch Formwörter mannigfaltiger Art
näher bestimmt werden. Dahin gehören: a) die Beiwörter zur Bestimmung
der Menge oder Anzahl (Quantität): Numeralia oder Zahlwörter,
die teils zählende sind (auf die Frage: wieviel?), als: ein, zwei, drei,
vier ꝛc.; teils ordnende (auf die Frage: der wievielste?), als: der erste,
zweite, dritte ꝛc.; teils bestimmte, wie die vorstehenden, teils unbestimmte
oder allgemeine Zahlwörter, wie: alle, manche, wenige, viele ꝛc.; — b)
einige zu den Pronomen oder Fürwörtern gerechnete Wörter, die man
jedoch von den oben erwähnten substantivischen Fürwörtern durch die Be=
nennung pronomina adjectiva unterscheiden muß; sie drücken teils die
Nebenbestimmung des Ortes aus (z. B. dieser, jener, der Mann), teils den
Besitz einer Person (z. B. mein, dein, unser Haus ꝛc.), teils gewisse Rede=
verhältnisse, z. B. die Frage (welcher Mann, welches Haus? ꝛc.); — sowie
das Wörtchen, das dem Substantiv zur Bezeichnung der Selbständigkeit
und Einzelheit als gewöhnlicher Begleiter zugesellt wird: der Artikel,
auch Geschlechtswort genannt: der, die, das; ein, eine, ein; z. B. der
Mensch, die Mutter, ein Kind ꝛc. — Zuweilen kann auch ein Adverbium zu
einem Substantivum als Bestimmung treten, z. B. das Buch hier, der Baum
dort, das Haus dort oben u. s. w. In solchen Fällen dient das Adverbium
zur Verstärkung des in den Wörtern der, die, das enthaltenen hin=
weisenden Sinnes.

2. Bestimmwörter des Prädikats sind: a) das Adverbium, ⑤ (p. 90)
Neben= oder Umstandswort, das dem Prädikate, sei es Verbum 「副詞について」
oder Adjektiv, irgend einen näheren Umstand, ein Wie? Wo? Wann? ꝛc. 「かの明快なる
hinzufügt. Die Adverbien drücken teils eine dem Prädikate selbst inne= ハイゼ氏に學ば
wohnende (qualitative) Bestimmung aus und gehören dann als Quali= むかな。」
täts=Adverbien zu den Stoffwörtern; diese sind von den Adjektiven
entlehnt; vergl. die Rose ist rot (Adjektiv) und: die Rose blüht rot (Adverb);
der Schüler ist fleißig; der fleißige Schüler; und: der Schüler lernt fleißig;
der fleißig lernende Schüler. Teils drücken sie eine dem Prädikat äußer=

1. Abschnitt. Wortarten und Wortverhältnisse. 117

liche, bloß formelle Bestimmung aus, als: Ort, Zeit, Zahl u. dgl.; dann gehören sie zu den Formwörtern und sind teils ursprüngliche, teils von andern Wortarten (besonders Substantiven und Pronomen) entlehnte Adverbien; z. B. hier, dort, vorn, oft, bald, heute, nachher, sehr ꝛc., von denen jedoch manche durch eine Formveränderung auch zu Adjektiven umgebildet werden können; vergl. wir jagen heute; die heutige Jagd; er schreibt oft; sein öfteres Schreiben; ich wohne hier; mein hiesiger Aufenthalt; der Schüler ist sehr fleißig. — Auch zu weiterer Bestimmung der Adverbien selbst können wieder Adverbien gebraucht werden; z. B. er lernt sehr leicht, vergißt aber noch leichter.

 b) Die Präposition oder das Verhältniswort, ein Formwort, das zur Bestimmung des Prädikats dient, indem es eine örtliche, zeitliche oder mehr innerliche Beziehung des vom Subjekt ausgesagten Thuns oder Zustandes zu einem andern Gegenstande vermittelnd ausdrückt. Das Verhältniswort heißt lateinisch Präposition, d. i. Vorwort, weil es seine Stelle gewöhnlich vor dem Worte hat, das den Gegenstand der Beziehung enthält. Es unterscheidet sich von dem Adverbium dadurch, daß es nie für sich allein, sondern immer in Beziehung auf ein Gegenstandswort steht, mit welchem verbunden es gleichsam einen reichhaltigeren Adverbialbegriff ausmacht. Vergl. die Präpositionen in den Sätzen: das Buch liegt auf dem Tische, vor dem Schranke, unter dem Spiegel; er kam vor mir; ich denke an dich ꝛc. mit den Adverbien in: Das Buch liegt oben, vorn, unten; er kam früh; ich denke daran ꝛc.

 Durch die obigen Wortarten, die sowohl die Hauptteile, als auch die erweiternden Nebenbestimmungen des einfachen Satzes vollständig darstellen, kann die größte Mannigfaltigkeit und Bestimmtheit des Ausdrucks innerhalb eines Satzes erreicht werden. Der einfache Satz tritt aber in Verhältnisse zu anderen Sätzen, und mehrere einfache Sätze werden zu einem zusammengesetzten verbunden. Die Sprache bedarf und besitzt daher noch eine Gattung von Formwörtern, denen die Kraft eigen ist, verschiedene Sätze mit Bezeichnung ihres Gedankenverhältnisses aneinander zu knüpfen oder ineinander zu fügen. Diese Wortart ist die Konjunktion oder das Bindewort. Sie kann als ein Verhältniswort des Satzes angesehen werden. Beide, die Präposition, wie die Konjunktion, sind wirkende Adverbien, die nur durch ihren Wirkungskreis verschieden sind. Beide Wortarten gehen daher auch ihrer Abstammung nach größtenteils von den eigentlichen Adverbien aus; so z. B. die Konjunktionen: allein, da, indem, also, so, daher, folglich, demnach, damit ꝛc.

 Die Präpositionen und Konjunktionen faßt man auch unter der allgemeinen Benennung Partikeln (particulae, d. i. Redeteilchen) zusammen (wozu man in weiterer Anwendung auch die Formwörter unter den Adverbien rechnet), und unterscheidet sie dadurch von den übrigen Redeteilen.

 Sämtliche Wortarten lassen sich nach dem Obigen folgendermaßen anordnen:

118　　　Zweiter Teil. Wortlehre. Abteilung I.

A. Naturlaute der Gefühlssprache: Interjektionen (z. B. ach, puff, he ꝛc.).

B. Wörter der Vernunftsprache.

a. Stoffwörter. | b. Formwörter.

I. Subjantiva (Gegenstandswörter).

a. Nomina substantiva, Hauptwörter (z. B. Mensch, Liebe). | b. Pronomina substantiva, substantivische Fürwörter (z. B. ich, du, er, der, jener, wer).

II. Attributiva (Merkmals= oder Beilegewörter).

1. Bestimmwörter des Subjekts (oder Prädikatswörter).

1) Bloß benennende Merkmalswörter: (Nomina) Adjectiva, Beiwörter.

a. Stoffwörter. | b. Formwörter.
a. Adjectiva qualitativa, Eigenschafts= und Beschaffenheitswörter (z. B. lieb, grün, wach). | b. 1) Adjectiva quantitativa oder Numeralia, Zahlwörter (z. B. ein, zwei; alle, viel).
　| 2) Pronomina adjectiva, adjektivische Fürwörter (z. B. mein, dein; dieser, jener).
　| 3) Artikel (der, die, das; ein ꝛc.).

2) Prädikatswörter mit aussagender Kraft: Verba, Redewörter.

a. Verba concreta (z. B. lieben, grünen). | b. Verbum abstractum: sein.

2. Bestimmwörter des Prädikats: Adverbia, Neben= oder Umstandswörter.

a. Adverbia qualitativa (von den Adjektiven entlehnt). | b. Adverbia des Ortes, der Zeit, der Zahl ꝛc. (z. B. hier, da; heute, oft; einmal ꝛc.).

III. Partikeln (Redeteilchen oder Verhältniswörter im weiteren Sinne):

　| 1) Präpositionen oder Verhältniswörter (z. B. auf, vor, bei, hinter ꝛc.).
　| 2) Konjunktionen oder Bindewörter (z. B. da, weil, wenn, denn ꝛc.).

Gewöhnlich unterscheidet man überhaupt 10 Wörter=Klassen, die weiterhin in folgender Ordnung betrachtet werden sollen:

1) das Substantiv oder Hauptwort;
2) das Pronomen oder Fürwort;
3) der Artikel oder das Geschlechtswort;
4) das Adjektiv oder Beiwort;

⑭（p. 152）左の表を簡略化して引用。「ハイゼ氏によりて獨逸單語分類表の要を摘記すれば左の如し」（p. 151）「これらの表を見ては、誰れか唯外形上の區別のみを以てすることの不可なるを知らざらむや。」（p. 152）

1. Abschnitt. Wortarten und Wortverhältnisse. 119

5) das Numerale oder Zahlwort;
6) das Verbum, Rede- oder Zeitwort;
7) das Adverbium, Neben- oder Umstandswort;
8) die Präposition, das Verhältnis- oder Vorwort;
9) die Konjunktion oder das Bindewort;
10) die Interjektion oder der Empfindungslaut.

Jeder der genannten Redeteile läßt sich im Deutschen, mit Beibehaltung seiner eigentümlichen Form, zur Selbständigkeit erheben oder als Substantiv gebrauchen. Im allgemeinen geschieht dies:
1) wenn etwa die Vorstellung, die ein besonderer Redeteil enthält, von der Sprache noch in keinem echten Hauptworte ausgeprägt worden ist;
2) wenn man den Redeteil als solchen, als Gegenstand der Grammatik und vorzugsweise mit Hinsicht auf seine Form auffaßt. Vergl. die Beispiele:
  Das Verbum essen, sprechen: das Essen, das Sprechen.
  Das Adjektiv wird sehr oft Substantiv: fleißig — der Fleißige; arm — der Arme; — reich — der Reiche.
  Das Adverbium: „Nur wir Menschen haben ein Oben und Unten". (Goethe.)
  Die Präposition: Das Für und Wider.
  Die Konjunktion: „Das Wenn und das Aber." (Bürger.)
  Die Interjektion: Das O und Ach! ꝛc.

Die Worte treten als Glieder der Rede sowohl zu einander, als zu dem Redenden in mancherlei Beziehungen. Die jedesmalige Beziehungsweise, in welcher ein Wort im Zusammenhange der Rede auftritt, können wir seine Beziehungsform nennen (zum Unterschiede von der bleibenden Begriffsform des Wortes, durch welche die Wortart bestimmt wird). Diese Beziehungsformen werden teils 1) außerhalb des bezogenen Wortes durch selbständige Formwörter (z. B. Präpositionen), teils 2) innerhalb desselben durch eine Abänderung des Wortes selbst ausgedrückt, die entweder in einer Veränderung seines eigenen Vokal-Lautes (Ab- und Umlautung) besteht, oder durch Laut-Ansätze oder Endungen bewirkt wird.

Einen solchen Ausdruck für eine Beziehungsform eines Wortes nennt man eine grammatische Form oder Wortform, und den ganzen Vorgang, vermöge dessen ein Wort seinen verschiedenen Beziehungsformen entsprechende Wortformen annimmt: Flexion oder Wortbiegung. Ein Wort durch alle seine grammatischen Formen hindurchführen heißt: es flektieren, biegen oder beugen, auch abwandeln. Diejenige Form des Wortes aber, welche die Vorstellung in ihrer Reinheit oder als unbezogene darstellt und daher der Flexion zu Grunde gelegt wird, kann man die grammatische Grundform des Wortes nennen im Gegensatz zu den Biegungsformen.

Vergl. die Grundformen: Mann, Kind; gut, klein; lieben, gehen ꝛc. mit den Biegungsformen: Mannes, Kindern, guter, kleine, kleineren, liebst, liebte, ging ꝛc.

Anmerkung. Genau genommen erfordert der Begriff der grammatischen Wortform, daß die Beziehung an dem Worte selbst durch dessen Abänderung ausgedrückt

① (p. 81)
「獨逸語の屈曲の如何なるものなるかを少しく説かむ。」

1. Abschnitt. Wortarten und Wortverhältnisse.

zwei Vergleichungsgrade oder Stufen durch eigene Biegungsformen dar, welche der Komparativ oder die höhere —, und der Superlativ oder die höchste Vergleichungsstufe heißen, wogegen man den gewöhnlichen Stand des Adjektivs und Adverbiums ohne Vergleichung den Positiv nennt. Z. B. Positiv: das Haus ist groß; sie singt schön; Komparativ: dies Haus ist größer, als jenes; sie singt schöner, als ich 2c.; Superlativ: dies Haus ist das größte in der Stadt; sie singt am schönsten 2c. — Der Biegungsvorgang, durch den diese Gradunterschiede ausgedrückt werden, heißt Graduation oder Komparation, Gradwandlung oder Steigerung. (S. u. den Abschnitt vom Adjektiv.)

5. Die Aussageweise (der Modus) ist die Denkform, unter welcher der Redende die Thätigkeit oder den Zustand des Subjektes auffaßt und von demselben aussagt. Der Modus-Begriff gehört also dem Akt der Aussage an und kommt nur dem Verbum zu, da dieses allein die Kraft des Aussagens besitzt. Die deutsche Sprache unterscheidet durch Biegungsformen des Verbums drei Aussageweisen oder Modi, die ungefähr den Begriffen der Wirklichkeit, der Möglichkeit und der Notwendigkeit entsprechen. Diese sind:

a) der Indikativ, die Wirklichkeitsform, z. B. er liebt, er kam 2c.
b) der Konjunktiv, die Möglichkeitsform, auch Wunschform; z. B. er sagt, daß er liebe; er käme, wenn er könnte 2c. O daß ich tausend Zungen hätte!
c) der Imperativ, die Befehlsform; z. B. liebe Gott! komm! 2c.

6. Die Zeit (das Tempus), eine von dem Begriffe der Thätigkeit oder des Werdens unzertrennliche Bestimmung, kommt notwendig dem Verbum, aber auch nur diesem zu; dasselbe hat daher eine eigentümliche Zeitwandlung. Die Hauptunterschiede der Zeit sind:

a) Gegenwart (tempus praesens), z. B. ich liebe, er kommt;
b) Vergangenheit (t. praeteritum), z. B. ich liebte; er kam;
c) Zukunft (t. futurum), z. B. ich werde lieben; er wird kommen.

Die Zeitwandlung des Verbums drückt jedoch nicht bloß diese, sondern noch andere, feinere Unterschiede durch besondere Zeitformen aus, worüber das Nähere im Abschnitt vom Verbum bemerkt werden wird.

7. Die Person (persona) drückt in der Grammatik das Verhältnis aus, in dem der Gegenstand der Rede zu dem Redenden steht. Der Gegenstand der Rede ist entweder der Redende selbst (1te Person: ich 2c.), oder er wird angeredet (2te Person: du 2c.), oder es wird von ihm geredet (3te Person: er 2c.). Dieses dreifache Verhältnis aber wird nicht allein durch die persönlichen Fürwörter, sondern daneben auch durch Biegungsformen des Verbums ausgedrückt; dasselbe hat daher eine eigentümliche Personwandlung; z. B.

1ste Person: ich liebe, kam 2c.
2te Person: du liebst, kamst.
3te Person: er, sie, der Mann 2c. liebt, kam.

Die Zahl- und Fallwandlung der Substantive und Pronomen, sowie der sämtlichen adjektivischen Bestimmwörter des Substantivs begreift man

㉓ (pp. 432-433)「吾人は時の區別を認むる基礎を…出來事に求めむと欲す。」

㉓の第2段落。これに続く㉓の第3段落は、原著 pp. 300-301 の二箇所を繋げて引用したものと思われる。

292　　　　Zweiter Teil. Wortlehre. Abteilung II.

auch aufgelöst werden in: er ist lesend, schreibend, schlafend. — Diese beiden Bestandteile sind in allen Verben so vereinigt, daß der materielle in dem Stamme, der formelle in der Endung liegt: er lies-t, schreib-t, schläf-t, ich les-e, arbeit-e ꝛc.

Die Formen des Verbums, die zunächst die aussagende Kraft enthalten und daher Person und Numerus bezeichnen, nennt man die Redeformen des Verbums (oder auch Verbum finitum, d. i. bestimmtes Verbum). Daneben giebt es aber auch zwei Verbalformen, welche die Kraft der Aussage nicht enthalten und daher die Unterschiede der Person und des Numerus nicht bezeichnen. Diese Formen heißen die Nominalformen des Verbums; es sind folgende: 1) das Partizip oder Mittelwort, das den reinen Merkmalsbegriff des Verbums adjektivisch ausdrückt (z. B. liebend, schreibend; geliebt, geschrieben ꝛc.), und 2) der Infinitiv, der denselben Begriff substantivisch benennt (z. B. lieben, schreiben, reden, trinken, gehen ꝛc.). — Weil die Infinitivform den Inhalt des Verbums auf die allgemeinste und unbestimmteste Weise außer aller grammatischen Beziehung und Redeverbindung darstellt, so pflegt man jedes Verbum für sich betrachtet im Infinitiv anzugeben; z. B. das Verbum lieben, essen, trinken ꝛc.

Wir betrachten: 1) die Arten, 2) die Bildung, 3) die Biegung oder Konjugation, und 4) den Gebrauch der Verben hinsichtlich ihrer verschiedenen grammatischen Formen.

1. Arten der Verben.

Alle Verben (auch das Verbum sein) sind von Natur und ursprünglich Stoffwörter, die den Begriff des Prädikates erschöpfend ausdrücken (z. B. Gott ist). Das Verbum sein wird jedoch als logische Kopula zum bloßen verknüpfenden Formworte; z. B. Gott ist allmächtig, der Baum ist grün. Man nennt es in dieser Anwendung verbum abstractum (weniger gut: v. substantivum) oder reines Verbum. Auch werden kann die Bedeutung eines bloßen Formwortes annehmen, und ist dann gleichfalls verbum abstractum. Alle anderen sind verba concreta (auch v. adjectiva genannt) oder gemischte Verben.

Außerdem teilen sich alle Verben in: 1) subjektive, deren Begriff auf das Subjekt beschränkt ist; 2) objektive, deren Begriff zu seiner Ergänzung die Beziehung auf einen andern Gegenstand erfordert.

1. Die subjektiven Verben drücken entweder einen ruhigen Zustand des Subjektes aus (z. B. ich schlafe, ruhe, sitze), oder eine solche Thätigkeit, die ihrer Natur nach keine Einwirkung auf einen anderen Gegenstand zuläßt; z. B. ich gehe, laufe, springe ꝛc.

2. Die objektiven Verben hingegen bezeichnen eine Thätigkeit, die von dem handelnden Subjekt ausgehend sich auf irgend einen Gegenstand bezieht. Sie erfordern also zur Ergänzung eines Begriffes irgend ein Gegenstandswort in einem der drei abhängigen Kasus; z. B. im Genitiv: ich gedenke meines Freundes; er spottet deiner; er bedarf des Geldes; oder im Dativ: er hilft dem Armen; er schmeichelt dir; er dankt dem

⑰ (pp. 284-285)
「今西洋流の自他の本義を明にせむ爲にハイゼ氏の説を左に引かむ」

6. Abschnitt. Das Verbum oder Zeitwort.

Vater; oder im Accusativ: der Herr schlägt den Hund; das Kind liebt die Eltern; ich kaufe Bücher ꝛc.

Steht das von dem Verbum abhängige Gegenstandswort im Accusativ, so wird es im bestimmteren Sinne das Objekt oder Zielwort genannt. Objektive Verben aber, die einen Accusativ erfordern, heißen zielende oder Transitiva, d. i. übergehende, weil der in ihnen enthaltene Thätigkeitsbegriff auf einen Gegenstand übergeht, der als das Ziel der Thätigkeit die Wirkung derselben erleidet.

Im Gegensatz zu den Transitiva aber faßt man die übrigen objektiven Verben mit den subjektiven, also überhaupt alle Verben, die kein Accusativobjekt bei sich haben können, unter der Benennung Intransitiva oder ziellose Verben zusammen.

Wir unterscheiden demnach:

1. subjektive Verben,
   z. B. schlafen, gehen, laufen ꝛc.   ⎫
2. objektive Verben: ⎬ I. Intransitiva oder ziellose Verben.
   a. mit einem Gegenstandswort im Genitiv oder Dativ, z. B. bedürfen, spotten, helfen, nützen; ⎭
   b. mit einem Gegenstandswort im Accusativ (Objekt), z. B. schlagen, lieben, kaufen . . . . II. Transitiva oder zielende Verben.

Anmerkung 1. Viele transitiven Verben werden mit zwei Gegenstandswörtern verbunden, von denen das eine im Accusativ, das andere im Genitiv oder Dativ steht; z. B. er beschuldigt mich der Untreue; er gab mir das Buch.

Anmerkung 2. Nicht immer wird einem objektiven Verbum der Gegenstand der Beziehung beigefügt. Sage ich z. B. er spottet; er hilft gern; störe mich nicht, denn ich lese oder schreibe jetzt ꝛc.: so ist nicht gesagt, wessen er spottet, wem er hilft, was ich lese oder schreibe. Allein jene Verben bleiben deshalb doch ihrer Natur nach objektive Verben, wenn sie auch hier nicht als solche gebraucht sind.

Die durch das transitive Verbum ausgedrückte Thätigkeit kann entweder aktiv (thätig), oder passiv (leidend) dargestellt werden. Wenn der thätige Gegenstand als Subjekt des Satzes auf einen andern Gegenstand hinwirkend dargestellt wird, das Subjekt also im Wirkungsstande erscheint: so steht das Verbum im Aktivum oder in der Thatform; z. B. ich lobe, liebe, strafe dich ꝛc. — Es kann aber auch der leidende Gegenstand zum Subjekt des Satzes gemacht werden. Dann steht das Verbum im Passivum oder in der Leideform; z. B. du wirst gelobt, geliebt, gestraft. Vgl. auch: der Vater liebt den Sohn; der Sohn wird geliebt vom Vater; ich schreibe einen Brief, ich lese ein Buch, schlage den Hund ꝛc; der Brief wird geschrieben, das Buch wird gelesen, der Hund wird geschlagen.

Jedes transitive Verbum kann die passive Form annehmen, und die Fähigkeit, ein Passivum zu bilden, ist ein unterscheidendes Merkmal der Transitiva. — Loben, rufen, nennen, strafen ꝛc. sind also Transitiva; denn ich kann nicht bloß sagen: ich lobe, rufe, nenne, strafe, sondern auch: ich werde gelobt, gerufen, genannt, gestraft ꝛc.; dagegen gehen,

---

[20] (p. 305) で再び引用。
「かくて又自動詞と他動詞との中間に立つ再歸動詞といふものあり。しかして又一切の動詞を人稱動詞と非人稱動詞とに分つことあり。」

[18] (pp. 287-288)
「かの西洋の Intransitive verb, Transitive verb の區別は唯單に意義上の區別にあらずして、實に文法上重要なる事實の其の間に含まれて存するなり。」

294   Zweiter Teil. Wortlehre. Abteilung II.

schlafen, liegen sind keine Transitiva, weil ich nicht sagen kann: ich werde gegangen ꝛc.

Aktivum und Passivum sind demnach nicht verschiedene Arten von Verben, sondern verschiedene Darstellungsformen der Handlung, in denen die Verben einer Art, nämlich die Transitiva, gebraucht werden können. Man faßt sie gewöhnlich unter der neuen Benennung Genus oder Zu=standsform des Verbums zusammen.

Da die Intransitiva oder ziellosen Verben kein als leidend gedachtes Objekt haben, auf das die Handlung hinwirkt: so können sie natürlich kein Passivum bilden, sondern erscheinen immer in aktiver Form; z. B. ich schlafe, ruhe, springe, tanze, spotte, helfe ꝛc.; nicht: ich werde geschlafen, geruht, gesprungen, getanzt, gespottet, geholfen ꝛc.

  Anmerkung. Nur zum Ausdruck eines Vorganges, bei dem man das thätige Subjekt nicht nennen kann oder will, bedient man sich der dritten Person solcher Verben in der Passivform mit dem unbestimmten Pronomen es nach Art der unpersönlichen Verba (s. w. u.). Z. B. es wird oder wurde gelacht, getanzt, gesungen, gesprungen ꝛc.; es wurde meiner gespottet, mir wurde geholfen ꝛc. Dadurch erhält aber ein solches Verbum nicht eigentlich passive Bedeutung, da hier kein Subjekt im Zustande des Leidens dargestellt wird. Jene Ausdrücke sind nur passive Wendungen der Sprache, um einen bloßen Vorgang ohne Benennung eines Subjekts anzugeben, und besagen nichts anderes, als: man lachte, tanzte, sang, sprang ꝛc.

Es giebt auch Verben, die mit veränderter Bedeutung bald zielend, bald ziellos gebraucht werden können.

  Z. B. das Verbum stürzen ist zielend oder transitiv gebraucht, wenn ich sage: der Knabe stürzte seinen Bruder ins Wasser; aber ziellos oder intransitiv, wenn ich sage: er selbst stürzte, weil er zu sehr lief. Ebenso: kochen, zerbrechen, ziehen, fahren, schießen u. a. m.

  Anmerkung 1. Manche Verben nach ihrer Natur durchaus ziellose Verben (wie schlafen, sterben ꝛc.) werden zuweilen scheinbar als Transitiva gebraucht. Das geschieht besonders vermöge einer pleonastischen Ausdrucksweise, wonach man den im Verbum schon enthaltenen Begriff noch einmal in Form eines Substantivs im Accusativ, von einer näheren Bestimmung begleitet, hinzufügt; z. B. der Kranke schläft den letzten Schlaf; ich habe einen guten Kampf gekämpft ꝛc. Solche Accusative bezeichnet man als innere Objekte.

  Anmerkung 2. Mit den Accusativobjekten verwechsle man nicht die adverbialen Accusative, z. B. Er lebte drei Jahre im Auslande. Wir haben den ganzen Tag gearbeitet. Wir sind vier Meilen marschiert. Hier sind die Worte: drei Jahre, den ganzen Tag, vier Meilen nicht etwa als Objekte anzusehen; es sind vielmehr adverbiale Bestimmungen auf die Fragen: Wie lange? Wie weit?

Eine zwischen den Transitiven und den Intransitiven in der Mitte liegende Gattung sind die Reflexiva, d. i. rückzielende oder rückwirkende Verben. Sie stellen eine subjektive Thätigkeit oder einen Zustand des Subjektes unter der Form einer auf das Subjekt selbst zurückwirkenden Handlung dar, sodaß ein und derselbe Gegenstand als Subjekt und Objekt, als handelnd und leidend zugleich erscheint.

  Z. B. ich freue mich, ich sehne mich, du grämst dich, er schämt sich, wir wunderten uns, ihr besinnt euch, sie befleißigen sich. So auch: sich widersetzen, erbarmen, enthalten, entschließen, erholen, unterstehen ꝛc.

Einige Verben (wie die obigen) sind ihrer Natur nach immer reflexiv

---

⑱ (pp. 287-288) の続き。

引用⑱の箇所は ㉑ (pp. 371-372) で再び引用されている。
「…かれらの受身といふものは、必他動詞と必然の關係を有せるものにして、他動詞の特質は働掛けと受身と兩樣の文を其の動詞により て構成しうることに存し、受身は唯他動詞に依りて存するのみなり。」（本書第3章 p. 76 で引用した。）

Redeformen unterschieden werden, in denen allein die aussagende Kraft enthalten ist.

I. Bestandteile der Redeformen.

Die in der Konjugation ausgedrückten Bestimmungsbegriffe, die jeder Redeform des Verbums sowohl im Aktivum, als im Passivum zukommen, sind: die Person, der Numerus oder die Zahl, das Tempus oder die Zeit, der Modus oder die Redeweise.

1. Die Person (s. S. 227 f.) und 2. die Zahl oder der Numerus (s. S. 121 f.). Die Zahlbestimmung kommt wesentlich nur den Gegenstandswörtern zu; auch der Unterschied der dreifachen grammatischen Person gehört an sich nur dem Gegenstande an, sofern derselbe Gegenstand der Rede ist, und wird durch die persönlichen Pronomina ich, du, er (sie, es); wir, ihr, sie außerhalb des Verbums dargestellt. Infolge des innigen Zusammenhanges aber, in welchem das thätige oder leidende Subjekt mit seinem Thun oder Leiden steht, wird die Bestimmung der Person und Zahl in die Form des Verbums selbst aufgenommen, und das Verbum bezeichnet demnach die grammatische Person und den Numerus seines Subjekts durch eine eigentümliche Person- und Zahlwandlung. Z. B.:

Singularis.	Pluralis.
1ste Person: ich rede, schreibe, schrieb;	wir reden, schreiben, schrieben;
2te Person: du redest, schreibst, schriebst;	ihr redet, schreibt, schriebt;
3te Person: er redet, schreibt, schrieb;	sie reden, schreiben, schrieben.

Die Form der dritten Person wird natürlich auch mit jedem durch ein Substantiv oder unbestimmtes Pronomen ausgedrückten Subjekte verbunden; z. B. der Vater schreibt, schrieb; die Kinder schreiben; der Frühling kommt, die Wiese grünt ꝛc., man schreibt, man sagt ꝛc.

Alle persönlichen Verben sind der vollständigen Person- und Zahlwandlung unterworfen; nur die unpersönlichen schließen als solche die erste und zweite Person-Form im Singular und alle Pluralformen aus, und werden nur in der dritten Person mit dem unbestimmten Pronomen es verbunden gebraucht; z. B. es regnet, es fror mich ꝛc. Vgl. S. 295 f.

Die Biegungslaute der Person- und Zahlwandlung der Verben sind nach den obigen Beispielen:

Singularis.	Pluralis.
1ste Person: —e,	—en
2te Person: —est, st	—et, t
3te Person: —et, t, —	—en.

3. Die Zeit oder das Tempus (vgl. S. 123 f.). Jeder durch ein Verbum ausgedrückte Vorgang muß in Bezug auf den Zeitpunkt, in welchem der Redende sich befindet, entweder als demselben gleichzeitig, d. i. gegenwärtig, oder vorangehend, d. i. vergangen, oder nachfolgend, d. i. zukünftig, ausgesagt werden. Daraus ergeben sich die drei Hauptzeiten oder Zeitabschnitte:

㉓ (pp. 432–433) の第3段落は、この箇所および次頁の一節を組み込んだものと思われる。

第3章 『日本文法論』とハイゼの獨逸文典 II　　　　　　　　　　97

6. Abschnitt. Das Verbum oder Zeitwort.　　301

1) Gegenwart (tempus praesens), z. B. er liest;
2) Vergangenheit (tempus praeteritum), z. B. er las;
3) Zukunft (tempus futurum), z. B. er wird lesen.

Wir können diese 3 Zeiten die subjektiven Tempora nennen, da sie die Zeit der Handlung oder des Vorganges in Bezug auf den gegenwärtigen Augenblick des redenden Subjekts darstellen.

Außerdem aber hat jede Handlung (sowie jeder Vorgang oder Zustand), gleichviel in welche der drei subjektiven Zeiten sie fällt, eine gewisse Ausdehnung oder Dauer, und in diesem Verlaufe der Handlung können drei Punkte oder Momente unterschieden werden, welche wir Momente der Handlung oder objektive Zeitpunkte nennen, nämlich: der Anfangspunkt oder Beginn, der Endpunkt oder die Vollendung der Handlung, und die Handlung in ihrer Dauer oder Währung.

Wir unterscheiden also drei objektive Zeitpunkte oder in der Handlung selbst liegende Momente:
1) beginnende Handlung, z. B. er ist im Begriff zu lesen, will eben lesen;
2) währende (unvollendete) Handlung (actio imperfecta), z. B. er liest, ist im Lesen begriffen;
3) vollendete Handlung (actio perfecta), z. B. er hat gelesen.

Da nun in jedem der drei subjektiven Zeit-Abschnitte eine Handlung oder ein Zustand in jedem der drei objektiven Momente dargestellt werden kann, so entstehen folgende neun genau bestimmte oder begrenzte Zeiten (tempora definita):

	Gegenwart (*praesens*).	**Vergangenheit** (*praeteritum*).	**Zukunft** (*futurum*).
Beginnende Handlung.	er ist im Begriff zu lesen	er war im Begriff zu lesen	er wird im Begriff sein zu lesen.
Währende Handlung (*imperfectum*).	er liest	er las	er wird lesen.
Vollendete Handlung (*perfectum*).	er hat gelesen	er hatte gelesen	er wird gelesen haben.

Von diesen neun möglichen Zeiten (tempora) werden jedoch nur 6 in der deutschen Konjugation wirklich aufgeführt, weil die 3 Tempora der beginnenden Handlung durch zu weitläufige Umschreibungen ausgedrückt werden müssen.

Jene 6 Tempora sind:
1) die währende Gegenwart, das praesens imperfectum, gewöhnlich schlechthin Präsens genannt, zeigt an, daß eine Handlung oder ein Zustand gegenwärtig fortdauert; z. B. ich lese; ich bin da; du arbeitest, während er schläft; wir hören; ihr werdet gerufen ꝛc.

2) die vollendete Gegenwart, das praesens perfectum, gewöhnlich schlechthin Perfektum genannt, zeigt an, daß eine Handlung ꝛc.

㉓ (pp. 432-433) の第3段落は、この箇所および前頁の一節を組み込んだものと思われる。

346   Zweiter Teil. Wortlehre. Abteilung II.

lernst daher wenig. Ebenso; Du betrügst niemand, wirst aber von andern oft betrogen.

Steht aber das zweite Verbum in einem Satze von ganz veränderter Wortfolge, so muß das Fürwort wiederholt werden; z. B. du betrügst niemand, aber von andern wirst du oft betrogen.

3. In Hinsicht der Zahlform richtet sich das Verbum natürlich ganz nach seinem Subjekte, da das Verbum nur behufs der Kongruenz mit diesem die Zahlbestimmung in sich aufnimmt. Vgl. S. 301. Z. B. Jeder Augenblick ist kostbar; denn Augenblicke sind die Bestandteile des Lebens. Das Nähere über dieses Kongruenzgesetz und einzelne Ausnahmen von demselben s. u. in der Satzlehre.

II. Gebrauch der Tempora.

1. Zur Erhöhung der Lebhaftigkeit und Schönheit der Rede erlaubt man sich nicht selten eine Vertauschung der Zeiten. Namentlich setzt man häufig das Präsens anstatt des Imperfekts als erzählendes Tempus der Vergangenheit, wodurch eine vergangene Begebenheit gleichsam in die Gegenwart gerückt wird. Z. B. Denkt euch meinen Schrecken! Ich gehe gestern mit meinem Kinde bei dem Aufsteigen des Luftballons vor das Thor, komme mit ihm ins Gedränge, verliere es aus meinen Augen und finde es erst nach einer Stunde beinahe zerdrückt und zertreten wieder (statt: ich ging, kam, verlor und fand).

Anmerkung. Dem Präsens entsprechend steht in einer solchen Erzählung das Perfektum, wo neben dem Imperfektum das Plusquamperfektum stehen müßte. Z. B.

Der herrlichen Rettung denkt jetzt keiner mehr;
Gleich wilden Tieren fechten sie; es reizt
Ihr starrer Widerstand die Unsrigen,
Und eher nicht erfolgt des Kampfes Ende,
Als bis der letzte Mann gefallen ist.   (Schiller.)

(statt: erfolgte — gefallen war).

Einen andern Grund, als diesen rhetorischen Grund, hat es, wenn das Präsens an Stelle des Futurums gebraucht wird. Im Altdeutschen hatte das Verbum nur das Präsens und Präteritum, die übrigen Formen haben sich erst später entwickelt. Das Futurum wurde im Altdeutschen daher durch das Präsens ausgedrückt (wenn es nicht durch die Hilfsverben sollen und wollen umschrieben wurde, vgl. S. 338). Noch im Neuhochdeutschen behauptet sich, dem alten Brauch entsprechend, das Präsens zuweilen an der Stelle des Futurums, z. B. Warte nur, balde ruhest du auch (d. i. du wirst ruhen). So bald ich wieder gesund bin, werde ich dich besuchen. Morgen reisen wir nach N. (st. werden wir reisen). In acht Tagen komme ich aber wieder, und dann besuche ich dich gewiß ꝛc.

2. Das deutsche Imperfektum (ich schrieb, er sagte ꝛc.) hat eine zweifache Bedeutung und Anwendung. Es ist sowohl das Tempus der währenden Handlung in der Vergangenheit (praeteritum imperfectum), als auch der Aorist oder die Zeitform der unbegrenzten Vergangenheit (praeteritum indefinitum). Vgl. S. 302 ff. Im ersteren Falle drückt es eine Handlung in ihrer Dauer, einen bleibenden Zustand aus und ist mehr schildernd oder beschreibend; im letzteren Falle hin-

㉒ (pp. 425–426)「こゝに於いて眞の現在即、相對的時間としての現在につきて論じうべき地位に來れり。」(p. 424) と述べた後にスウィートを引用し、「獨逸語にては如何」と述べてこの一節を引用。

㉒の續き。「かくの如く、又未來をも過去をも共に現在の語法にてあらはすものとせり。然してハイゼ氏の言によればそは全く修辭上の必要より來れるものの如し。若修辭上の必要より來れるものならば、そは修辭學上の問題にして文法上の問題にあらざるなり。」

第3章　『日本文法論』とハイゼの獨逸文典 II　　　　　　　　　　　　99

7. Abschnitt. Das Adverbium (Neben- oder Umstandswort). 363

Anmerkung. Eine eigentümliche adverbiale Anwendung macht der Sprachgebrauch von dem zweiten Partizip solcher Verben, die eine Bewegung oder einen Schall bezeichnen, in Verbindung mit dem Verbum kommen; z. B. er kommt gegangen, gelaufen, gefahren geritten ꝛc., d. h. er kommt, indem er gegangen, gelaufen, gerannt, gefahren, geritten ist u. s. w. Ursprünglich ist hier das Partizip (gegangen, gelaufen u. s. w.) ein prädikatives Attribut. Schon im Mittelhochdeutschen war eine solche Verwendung des zweiten Partizips üblich, z. B. waz wolte ich dar gesëzzen (d. h. was habe ich damit beabsichtigt, daß ich mich dahin gesetzt habe?) ez ist in sêre guot gelësen (es ist ihnen sehr nützlich zu lesen) u. s. w.

Siebenter Abschnitt.
Das Adverbium (Neben- oder Umstandswort).

Die Adverbien sind Bestimmwörter des Prädikats, die eine Weise oder einen Nebenumstand des Thuns, Zustandes oder der Eigenschaft, ein Wie? Wo? Wann? ꝛc. ausdrücken. Sie werden daher nicht (wie die Adjektive) mit Substantiven, sondern mit Verben oder Adjektiven, oder auch mit Wörtern ihrer eigenen Art verbunden.

Z. B. Dieser Mensch denkt richtig und gut; ein sehr guter, richtig denkender Mensch. Der oft betrogene Menschenfreund fällt sehr leicht in den Fehler des Mißtrauens gegen andere, die vielleicht ganz unschuldig sind.

Anmerkung. Nur ausnahmsweise tritt das Adverbium bisweilen als bestimmender Zusatz unmittelbar zum Substantiv; z. B. der Mann hier, der Baum da, der Himmel dort oben. Diese Ausdrücke sind als elliptische zu betrachten, verkürzt aus: der Mann, welcher hier steht ꝛc.

Die Adverbien sind nur zum Teil der Komparation oder Steigerung fähig (s. o. S. 264 f.), übrigens unbiegsam (inflexibel).

1. Arten der Adverbien.

In Rücksicht der Bedeutung sind zu unterscheiden:
1. Adverbien der Qualität und der Weise, welche das Wie einer Thätigkeit oder Eigenschaft bestimmen, und zwar 1) materiell (als Stoffwörter), wenn die Beschaffenheit ihrem Inhalte nach vollständig ausgedrückt wird; z. B. er schreibt gut, schön, spricht richtig, lernt fleißig ꝛc.; 2) formell (als Formwörter), wenn das Wie bloß angedeutet wird; z. B. er spricht so, schreibt anders ꝛc.; so auch: ebenso, wie, dergestalt, folgendermaßen ꝛc.

Anmerkung. Die hierher gehörenden materiellen Adverbien drücken teils mehr eine Beschaffenheit aus oder wie etwas ist (Umstandswörter der Beschaffenheit oder der Qualität im engern Sinne; z. B. er sprach schön, teils eine Weise des Thuns oder wie etwas geschieht (Nebenwörter der Weise oder adv. modi; z. B. er sprach schnell; er erzählte es mir mündlich).

2. Adv. der Intensität oder des Grades bestimmen das Prädikat nach Graden der inneren Stärke oder drücken Größenverhältnisse der Eigenschaft aus, auf die Fragen: wie sehr? in welchem Grade? z. B. sehr, äußerst, höchst, ungemein, ausnehmend, außerordentlich, ganz, gänzlich, völlig, gar, sogar, zu (allzu, gar zu), genug, wenig, etwas, ziemlich, mehr, minder,

⑥ (pp. 91-92)
「副詞について」
原文は左のごとく、1.～7. と番号が振られた七つの段落が次頁まで続く。それらの冒頭部分のみを切り取って一箇所に集めたのが『日本文法論』の引用。

364　Zweiter Teil. Wortlehre. Abteilung II.

höchstens, wenigstens, beinahe, fast, kaum, nur, weit, bei weitem; altertümlich: schier f. beinahe; ferner: so, wie (so groß, wie er), ebenso, dermaßen ꝛc.; auch je—je, je—desto ob. um so, welche man proportionale Adverbien nennen kann.

3. Adv. der Quantität, welche formelle Maß= und Zahlbestimmungen ausdrücken und von den Zahlwörtern gebildet sind; insbesondere 1) Adv. des Maßes oder Umfanges auf die Fragen: wie viel? wie stark? als: viel, wenig, mehr, genug, etwas, ganz, überhaupt, teils, großenteils, meistens ꝛc.; 2) der Zahl, welche teils bestimmt, teils unbestimmt oder allgemein entweder Teilung ausdrücken (partitiva), z. B. teils, meistenteils ꝛc.; oder Ordnung (ordinalia): erstens, zweitens ꝛc.; zuvörderst, darauf, ferner, zuletzt; oder Wiederholung (iterativa): zweimal, dreimal, manchmal; oder endlich Vervielfältigung (multiplicativa): einfach, zweifach, mehrfach, mannigfach, vielfältig ꝛc.

4. Adv. des Ortes. Einfache, formelle Ortspartikeln sind: ab, an, auf, aus, bei, durch, in, ein, nach, vor, um, zu ꝛc., welche (mit Ausnahme von ab und an) in der Regel als Präpositionen gebraucht werden (f. Abschn. 8). Die andern Adverbien dieser Art drücken teils 1) ruhiges Verweilen im Raume oder an einem Orte aus auf die Frage wo? und zwar allgemein, wie: überall, allenthalben, irgendwo, nirgends; oder bestimmt, wie: hier, da, dort; oben, unten, innen, außen, vorn hinten; mit hinzutretender pronominaler Bestimmung: droben, drinnen, draußen (d. i. dar=oben, dar=innen ꝛc.), darauf, darüber, hierunter ꝛc.; noch konkreter: außerhalb, oberhalb ꝛc.; diesseits, jenseits, rechts, links, unterwegs, teils ꝛc.; teils 2) Bewegung oder Richtung im Raume, allgemein, wie: weit, fern, fort, weg, rings ꝛc.; oder bestimmt auf die Fragen: woher? wohin? als: daher, dahin, hierher; herab, heraus, hinab, hinauf ꝛc.; bergauf, bergab, feldein, stromauf, vorwärts, rückwärts, seitwärts, himmelwärts ꝛc.

5. Adv. der Zeit. Sie bezeichnen 1) einen Zeitpunkt oder Zeitraum auf die Fragen: wann? seit wann? bis wann? z. B. je, jemals, nie; dann, nun, jetzt, sonst, einst, ehemals, vordem, vorher, nachher, nächstens, schon, noch bald, künftig, neulich, jüngst, längst, anfangs; heute, gestern, morgen, abends, nachts ꝛc.; seitdem, seither, bisher ꝛc.; 2) eine Zeitdauer, als: stets, immer, allezeit, lange; 3) eine Wiederholung in der Zeit: selten, oft, wieder, abermals, zuweilen, gewöhnlich ꝛc.

6. Adv. der Modalität zur Bestimmung der Denk= und Redeweise oder des Modus der Aussage sind: 1) bejahende, behauptende (affirmative): ja, doch, wahrlich, zwar, freilich, fürwahr, gewiß, wirklich, wahrhaftig, allerdings, sicherlich ꝛc.; 2) verneinende (negative): nein, nicht, keineswegs; 3) fragende (interrogative): denn, wohl, nun, etwa ob; 4) Vermutung oder Zweifel ausdrückende (potentiale): wahrscheinlich, vielleicht, etwa, wohl; 5) wünschende (optative): doch, wenn doch, daß doch; 6) fordernde oder gebietende (imperative): durchaus, schlechterdings ꝛc.

7. Die Adverbien, welche ein logisches Verhältnis (Ursache, Grund, Mittel, Zweck ꝛc. ausdrücken, als: daher, demnach, deshalb, dafür, dazu, warum, weswegen, wozu ꝛc. werden zu Konjunktionen (f. Abschnitt 9), indem sie den ganzen Satz in Beziehung zu einem andern Satze setzen.

---

⑥の続き。
⑧ (p. 94)「數量に關するもの」「國語にても多少この類にて副詞と稱せらるべき性質のものあり。」

⑥の続き。

⑥の続き。
⑦ (p. 93)「時の副詞なり。これらの意義は種々あり。」

⑥の続き。
㉔ (p. 494) 本文中でも言及。「之を説話法の副詞と譯す。」

⑥の続き。
Die Adverbien を **Adv.** と略記して引用。

376　　　Zweiter Teil. Wortlehre. Abteilung II.

Außer jenen ältesten Präpositionen aber, welche Adverbial=
Präpositionen oder eigentliche Präpositionen genannt werden können,
haben auch manche Substantive und Adjektive die Bedeutung und
Kraft von Präpositionen angenommen. Diese nennen wir uneigent=
liche oder Nominal=Präpositionen; z. B. halb, halben, wegen, laut,
kraft ꝛc.[1])

Der Name Präposition oder Vorwort deutet darauf, daß diese
Wörter im Zusammenhange der Rede ihren Platz in der Regel unmittel=
bar vor dem Worte erhalten, das sie in ein Beziehungsverhältnis
zu einem andern Satzteile setzen. Indessen stehen manche Präpositionen
ebensowohl hinter, als vor, einige sogar regelmäßig hinter dem von
ihnen abhängigen Worte.

Man sagt z. B. ebenso richtig und noch gewöhnlicher: meines Vaters
wegen, als: wegen meines Vaters ꝛc. So auch: meiner Meinung nach,
und: nach meiner Meinung ꝛc. Folgende stehen nie vorn, sondern immer
hinten: halber, entgegen, zuwider, gegenüber; z. B. Alters halber,
mir entgegen ꝛc.

Die Präpositionen regieren bestimmte Kasus, d. i. sie nehmen das
mit ihnen verbundene Gegenstandswort in demjenigen Abhängigkeitsfalle
zu sich, welcher der Natur des auszudrückenden Verhältnisses entspricht
(vgl. S. 122 Anmerk.)　Die meisten fordern immer denselben Kasus; einige
aber auch zufolge der besonderen Natur des Verhältnisses bald diesen,
bald jenen Kasus. Es giebt demnach Präpositionen: 1) die den Genitiv

② (p. 83)
「前置詞と弖
爾乎波との比
較」(p. 82)

---

[1]) Franz Kern (Die deutsche Satzlehre, Berlin 1883) will nur „diejenigen ur=
sprünglich Raumverhältnisse angebenden, mit dem Kasus eines Nomen verbundenen
Wörter" als Präpositionen bezeichnet wissen, „welche mit Verbis und Nominibus kom=
poniert werden können". Und um das durchführen zu können, schlägt er vor, „die Prä=
positionen mit dem Genitiv überhaupt aus der Grammatik zu streichen" (S. 89). Man
sieht hieraus recht deutlich, wozu es führt, wenn man die Sprache nach einem logischen
Schema behandelt, was Kern doch thut, obwohl er gerade in dieser Schrift ein solches
Verfahren bekämpft. Weil unsre Sprache Gott sei Dank! noch immer im Werden und
Wachsen begriffen ist und daher auch fortgesetzt neue Adverbien und Präpositionen (die
meist mit dem Genitiv verbunden werden) entstehen, soll eine ganze Klasse einfach ge=
strichen werden, damit nur ja dem Grammatiker seine astronomische Kreise nicht gestört
werden und dem Schüler, der das lernen soll, nicht zu viel Mühe erwächst. Und wodurch
kommt Kern zu dieser Forderung? Nur durch die Voraussetzung, daß alle Präpositionen
in der Grammatik aufgezählt werden müßten. Zählt man alle Adverbien, alle
Verben, alle Substantive u. s. w. auf? Es kommt doch wohl bloß darauf an, daß der
Lernende erkennt, wo ein Adverbium als Präposition verwendet ist und wo nicht? Man
wird die älteren und gebräuchlichsten Präpositionen aufzählen, aber von denen, die erst
in diesem Jahrhundert entstanden sind und die zum Teil, weil eben unsre Sprache
immer im Werden und Fließen ist, eine Zwischenstellung einnehmen (teils Substantiv,
teils Adverbium, teils Präposition), wird man nur beispielsweise einige anführen können.
Und das wird völlig genügen, um den Lernenden auf die Fortentwickelung unsrer Sprache
aufmerksam zu machen, um ihn in den Stand zu setzen, selbst zu beobachten, wo der Kasus
eines Substantivs oder wo ein Adverb als Präposition erscheint. Daß gerade die Präpo=
sitionen sich immer mehr vermehren, hängt aufs innigste mit der Entwickelungsgeschichte
unsrer Sprache zusammen. Je mehr sich die Kasus verringert haben und je mehr sich die
sinnliche Bedeutung derselben abgeschwächt hat, um so mehr macht sich die Verwendung
von Präpositionen und die Neubildung solcher geltend. Das Gesagte wird genügen, um
zu zeigen, wie alle grammatischen Fragen nur durch Betrachtung vom geschichtlichen
Standpunkte eine befriedigende Lösung finden, und wie bloße logische Erörterungen dem
Leben der Sprache nur Gewalt anthun.

den Graben hin oder weg; er ging hinter dem Führer her oder drein; er lief auf mich zu, schwamm unter der Brücke durch, tanzte um uns her; so auch vor — auf, vor — her, vor — hin, vor — weg u. a. m.

5. Die Präpositionen können zum Teil mit dem bestimmten Artikel in ein Wort zusammengezogen und mit Pronomen oder Pronominal-Adverbien zusammengesetzt werden.

1) Infolge einer Zusammenziehung oder Verschmelzung mit dem Artikel bilden die Präpositionen an, bei, in, von, zu mit dem Dativ dem die Formen am, beim, im, vom, zum; die Präpositionen an, auf, durch, für, in, vor, um mit dem Accusativ Neutr. das die Formen ans, aufs, durchs, fürs, ins, vors, ums; die Präposition zu mit dem Dat. Fem. der die Form zur. Z. B. Zur Rettung anderer durchs Feuer laufen; fürs Vaterland streiten; am Fenster sitzen ꝛc.

Die Zusammenziehungen hinterm, überm, unterm (st. hinter dem ꝛc.), hinters, übers, unters (st. hinter das ꝛc.), auch hintern (aus hinter den) gehören mehr der Volkssprache an, sind aber von den besten Schriftstellern in der Schriftsprache angewendet worden. Ganz verwerflich aber sind Zusammenziehungen, wie aufm, ausm, durchn, fürn ꝛc., welche durch ihre Härte das Ohr beleidigen. Vgl. S. 256.

Anmerkung. Allen Zusammenziehungen dieser Art liegt der bestimmte Artikel zu Grunde. Es ist also fehlerhaft, eine solche Form da zu gebrauchen, wo nicht dieser, sondern der unbestimmte Artikel ein, oder gar kein Artikel stehen muß. Z. B. „Wir waren im Garten" heißt: in dem (bereits bekannten) Garten, nicht: in einem Garten; so auch: geh ins Haus, d. i. in das, nicht: in ein Haus. Daher sagt man auch nicht: es ist vom Golde, vom Silber gemacht; sondern: von Golde, von Silber ꝛc. In der Regel verliert jedoch in solchen Zusammenziehungen der Artikel mit seiner vollen Form zugleich seine bestimmte Kraft; der Ausdruck wird allgemeiner und deutet mehr auf die Gattung oder den Stoff überhaupt. Z. B. Für jemand durchs Feuer gehen, ins Wasser fallen, ans Feuer stellen, ans Fenster treten ꝛc. So auch: er bildet sich zum Gelehrten, zum Künstler ꝛc. Daher sind auch in adverbialen Ausdrücken, die nicht den Artikel ganz verwerfen, die zusammengezogenen Formen ausschließlich anwendbar. Man sagt also z. B. es geschah am Tage (d. i. bei Tage); am besten, im Ernst, im Scherz, im allgemeinen, nicht im geringsten, zum ersten, aufs schönste, fürs erste, zur Not, zum Glück, übers Jahr ꝛc.

2) Durch Zusammensetzung der Präpositionen mit Kasusformen der Pronomina der und wer entstehen Adverbien, wie: indes, vordem, nachdem, seitdem, demnach, demnächst, deshalb, deswegen, weshalb ꝛc. (s. o. S. 366, 3); und durch Zusammensetzung derselben mit den Pronominal-Adverbien her, hin, hier, da (dar), wo (wor) die Adverbien: vorher, umher, nebenher, mithin, umhin, hervor, hernach, hinaus, hinüber, hieraus, hierin ꝛc.; daraus, darin, davon; woraus, worin, womit ꝛc. Vgl. S. 251 f.

Neunter Abschnitt.
Die Konjunktion oder das Bindewort.

Konjunktionen oder Bindewörter sind diejenigen Formwörter oder Partikeln, die ganze Sätze, zuweilen auch einzelne Satzteile, mit Bezeichnung ihres Gedankenverhältnisses aneinanderknüpfen oder ineinander

9. Abschnitt. Die Konjunktion oder das Bindewort.   381

fügen. Man kann sie daher Verhältniswörter der Sätze nennen. Ohne sie würde der Zusammenhang und die feinere Beziehung der Gedanken aufeinander unbestimmt und oft undeutlich bleiben.

Das zeigt folgendes Beispiel ohne Konjunktionen: Mein Freund war gestern bei mir. Ich habe ihn über die bewußte Angelegenheit gesprochen. Es war eine gute Gelegenheit. Er konnte sich nicht dazu entschließen. Er sagte das. Ich redete ihm zu. Er wollte die Sache noch einmal überlegen. Er wollte mit Ihnen selbst sprechen. Das versprach er zuletzt. — Wie viel zusammenhängender und bestimmter werden diese Sätze durch dazwischentretende Konjunktionen: Mein Freund war gestern bei mir; und da mir dies eine günstige Gelegenheit gab, so habe ich über die bewußte Angelegenheit mit ihm gesprochen. Er sagte zwar, daß er sich nicht dazu entschließen könne; indessen, da ich ihm zuredete, wollte er die Sache noch einmal überlegen, und er versprach mir zuletzt, mit Ihnen selbst zu sprechen.

Reichtum an Konjunktionen ist ein Beweis für die hohe Ausbildung einer Sprache. Die deutsche Sprache hat deren eine große Menge und wird dadurch in den Stand gesetzt, die feinsten Beziehungen der Sätze aufeinander auszudrücken.

Die Konjunktionen sind größtenteils aus Adverbien entsprungen, und zum Teil noch jetzt zugleich Adverbien, z. B. da, denn, doch, so, u. a. m. (vgl. S. 365, Anm. 2); teils aber auch von Pronomen entlehnt, z. B. daß, weder (aus dem Pronomen enweder oder neweder, d. i. nicht eins von beiden), entweder (d. i. eins von beiden); oder aus Nominalstämmen gebildet, z. B. weil (von Weile), endlich, folglich, teils — teils, einerseits — anderseits, namentlich, ferner ꝛc. — Ihrer Bildung nach sind sie, gleich den übrigen Partikeln, teils primäre Bildungen, wie: auch, dann, denn, doch, so, wie, wenn; teils sekundäre, wie: ferner, erstens, übrigens; teils zusammengesetzte, wie: nämlich, endlich, vielmehr, gleichwohl, obschon, wiewohl; wohin besonders viele Zusammensetzungen von Pronominalformen mit Präpositionen gehören, als: damit, darum, deshalb, deswegen, dessenungeachtet, demnach, somit, außerdem, überdies ꝛc.

Zu einer echten Konjunktion wird jedes Wort, gleichviel welches seine Herkunft und Bildungsweise sei, sofern es sich auf das Ganze eines Satzes bezieht und ihn in ein Verhältnis zu einem andern Satze stellt.

Anmerkung. Außer den Konjunktionen haben auch manche Wörter anderer Gattungen konjunktionale Kraft, d. h. die Fähigkeit, Sätze miteinander zu verknüpfen, unterscheiden sich aber dadurch von den Konjunktionen, daß dies nur mittelst einer besonderen Beziehung auf einen einzelnen Satzteil, nicht auf das Ganze des Satzes geschieht. Solche Wörter sind: 1) die Pronomina relativa. Z. B. Der Mensch ist glücklich, welcher (Mensch) zufrieden ist; oder wer zufrieden ist, der ist glücklich; verschieden: dieser Mensch ist glücklich, denn er ist zufrieden, oder — weil er zufrieden ist; wenn jemand zufrieden ist, so ist er glücklich; 2) die korrelativen Pronominal-Adverbien der Qualität, Intensität und Quantität: so, wie; des Raumes: da, wo; daher, woher, dahin, wohin; der Zeit: dann, wann (wenn); und der logischen Verhältnisse: darum, warum; dadurch, wodurch; dazu, wozu ꝛc. (vergl. S. 365, 7). Wir können diese Adverbien konjunktional-Adverbien nennen. Z. B. Sie ist so schön, wie ihre Schwester (schön ist); er spricht so, wie er denkt; ich fand ihn da, wo ich ihn suchte; er reist eben dahin, wohin ich zu reisen willens bin; ich werde dann kommen, wann (wenn) ich fertig

⑨（p. 101）の続き。左の二行目からの一文は⑩（p. 122）で再掲。

⑨（p. 101）の続き。「之を以て見れば、かれらの接續詞は文と文との結合をなすものと、語と語との結合をなすものとの二種あるなり。」

10. Abschnitt. Die Interjektion oder der Empfindungslaut. 397

bräuchlich, als die invertierte, und sie kommen mithin der Natur echter Konjunktionen am nächsten. Z. B. Er ist fleißig genug; jedoch fehlt es ihm an natürlicher Anlage; — jedoch es fehlt ihm ꝛc., oder: es fehlt ihm jedoch ꝛc.

Zehnter Abschnitt.
Die Interjektion oder der Empfindungslaut.

 Die Interjektionen sind laute Ausbrüche des Gefühls, nicht Zeichen bestimmter Vorstellungen, also keine wirklichen Wörter, sondern bloße Empfindungslaute (vgl. S. 112). Sie stehen außerhalb des grammatischen Zusammenhanges bald für sich allein, bald im Anfange oder am Ende, bald zwischen einzelnen Worten eines Redesatzes (daher der Name Interjektionen oder Zwischenwörter), kurz jedesmal da, wo sie zur Verstärkung des Ausdrucks einer Empfindung dienen sollen.

 Ihrer Bildung nach sind die echten oder eigentlichen Interjektionen ursprüngliche Naturlaute, die in keinem etymologischen Zusammenhange mit den Wörtern der Vernunftsprache stehen.

  Anmerkung. Nur ausnahmsweise werden von einzelnen Interjektionen wirkliche Wörter gebildet; z. B. von ach das Verbum ächzen; von juch: jauchzen; von puff das Schallwort puffen (aber nicht puffen = schlagen, blähen) u. dgl. m.

 Außerdem werden aber auch einzelne Formen von Verben, Haupt- und Beiwörtern, Partikeln ꝛc. als unechte oder uneigentliche Interjektionen gebraucht; z. B. brav! fort! frisch! auf! halt! Heil! Glück auf! ꝛc.

 Ihrer Bedeutung nach lassen sie sich einteilen in:

 1. Empfindungslaute im engeren Sinne, welche körperliche Gefühle oder innere Gemütsbewegungen ausdrücken; z. B. o! als der allgemeinste Aus- oder Anruf, welcher besonders den Vokativ und den Imperativ zu begleiten pflegt (o Freund: o komm! ꝛc.); ferner die Empfindungslaute des Schmerzes, Kummers ꝛc.: weh! ach! o weh! au! au weh! auch leider! (eigentlich der Komparativ zu dem altgermanischen Adjektiv leid, d. i. betrübend, widerwärtig, verhaßt); — der Freude und angenehmen Überraschung: ah! ha! ei! juch! juchhe! heisa. — der Verwunderung des Beifalls ꝛc.: ah! ei! ih! hoho! oho! potz! (euphemistisch für: Gottes, z. B. Potz Blitz! statt: Gottes Blitz!) potztausend! (euphemistisch für: Gottes Teufel!) ꝛc. — des Unwillens, des Ekels, der Furcht ꝛc.: pfui! hu hu! brr! — des Zweifels oder des erhaltenen Aufschlusses: hm! haha! oder aha! — des Spottes: ätsch!

 2. Schallnachahmungen, Nachbildungen von allerlei Schällen, Klängen, Tierlauten ꝛc.; z. B. bauz! klipp! klapp! tick tack! husch! knacks! piff paff puff! miau! quak quak! ꝛc.; wohin auch die Nachahmung des Lachens gehört: hahaha! hihi!

 3. Lautgebärden, d. i. andeutende Empfindungs- oder vielmehr Begehrungslaute, durch die man einem andern etwas zu verstehen giebt oder gebietet; z. B. he! heda: als Zuruf; holla! das Schweigen gebietende

---

⑪ (pp. 129-130)
「さても西洋文典の所謂間投詞とは、抑如何なる意義用法を有するか。」
重複している傍線部は ⑫ (p. 134) で再掲。

⑪ の第3段落。左の原文3行目の途中までを引用し、次頁冒頭の3行を第4段落として引用。

398　　　　　Zweiter Teil. Wortlehre. Abteilung II.

sch! st! pst! das einwilligende topp! ꝛc. Auch die Laute, mit welchen Tiere gelockt, gescheucht, angetrieben oder gelenkt werden, gehören hierher.

　　Die echten Interjektionen können weder ein Wort regieren, noch von einem andern Worte abhängig sein und können daher bei jedem Kasus stehen. Z. B. o Thor! o der Thor! o dem Thoren (kann es nicht schaden); o den Thoren (kenne ich) ꝛc.

　　　Anmerkung 1. Mit den uneigentlichen Interjektionen wohl, Heil ꝛc. wird der Dativ verbunden, der aber von dem ausgelassenen Verbum abhängt: z. B. wohl (sei) ihm! Heil (sei oder werde) dir! ꝛc. — Bei o, ach und pfui steht jedoch häufig der Genitiv als absoluter Kasus, d. i. ohne von einem deutlich hinzugedachten Verbum abzuhängen; z. B. o des Thoren! pfui der Schande! ꝛc. Dieser Genitiv kann auch durch die Präposition über mit dem Accusativ umschrieben werden, z. B. pfui über die Schande! ꝛc.

　　　2. Die meisten Interjektionen, namentlich die Schallnachahmungen, gehören mehr der Volks- und Kindersprache, als der gebildeten Schrift- und Umgangssprache an. Ganz besonders aber enthält sich der Gesittete aller gemeinen Flüche und Schmähwörter, die unter der Würde der edleren Sprache sind.

⑪の第 4 段落。

原著の「第 2 部」**Wortlehre**（詞論）からの引用はここで終わる。次の引用箇所（原著 p. 417）は、第 3 部 **Satzlehre**（文論）に見られる。

↓

次頁参照。

1. Abschnitt. Wortfügung. 417

denselben Abend — an demselben Abend; ich sehe ihn Sonntags, den Sonntag, am Sonntage u. s. w. Wenn aber auch diese Ausdrücke in vielen Fällen ohne merklichen Unterschied der Bedeutung gebraucht werden, so sind sie doch keineswegs ganz gleichbedeutend. Der Genitiv bezeichnet mehr den reinen Zeitpunkt als solchen ohne alle Nebenbestimmung, das bloße Wann; der Accusativ mehr die Dauer der Thätigkeit; der Dativ aber den Zeitraum, innerhalb dessen dieselbe fällt. Dazu kommt noch, daß die genitivische Zeitbestimmung am meisten adverbialen Charakter angenommen hat und daher als eine der Thätigkeit inhärierende Bestimmung gern das Wiederholte, regelmäßig Wiederkehrende ausdrückt, z. B. die Post kommt Freitags an (d. i. an jedem Freitage, gleichsam freitäglich); hingegen: mein Freund ist am Freitage angekommen; ich konnte den Freitag (über) nicht ausgehen — Auch bei Raumbestimmungen ist der Genitiv von dem Accusativ merklich verschieden. Jener drückt mehr das Beginnen der Bewegung in der angegebenen Richtung, dieser das Erstrecken derselben über die ganze bezeichnete Bahn aus. So unterscheidet Grimm (IV, S. 681) treffend die Ausdrücke: Geh deinen Weg! und: Geh deines Weges! „Jenes sagt: verfolge deinen Weg, bleib ihm treu; dieses bloß: mache dich auf! geh fort! Der Accusativ hat das Erschöpfen, der Genitiv das Anheben auszudrücken. Einer, der sich schon mitten im Wege befände, könnte nur sagen: ich gehe diesen Weg; wer im Begriff steht, einen Weg einzuschlagen, sagt: ich gehe dieses Wegs."

4) Der Accusativ dient zur Bestimmung des Maßes, Gewichtes und Wertes, bei welchem Gebrauche die Vorstellung der Ausdehnung oder Erstreckung (s. o. 2) bis zu der durch das Maß rc. bezeichneten Grenze zum Ausdruck kommt. Dieser Accusativ vertritt einen mittelhochdeutschen Genitiv (vgl. Paul, Mittelhochd. Grammatik³, § 261).

Z. B. eine Meile weit; eine Elle lang und einen Fuß breit; zwei und einen halben Zoll dick; eine Hand breit; vierhundert Fuß hoch; er ist seit einem Jahre keinen Zoll gewachsen; — einen Centner und zehn Pfund schwer; einen Thaler wert; er wiegt einen Centner und funfzig Pfund; das Buch kostet einen Gulden rc.

5) Er drückt das grammatische Objekt aus, d. i. den Gegenstand, auf welchen die Thätigkeit des Subjekts unmittelbar einwirkt oder gerichtet ist. Auch dieser unsinnlichsten Bedeutung des Accusativs, in welcher dieser Kasus dem Nominativ, als dem Kasus des Subjekts, gerade entgegensteht, liegt die Anschauung einer Bewegung nach einem Ziele zu Grunde. Die Thätigkeit des Subjekts wird als auf den Gegenstand, welchen sie trifft, hinübergehend vorgestellt, weshalb auch die Verben, welche ein accusativisches Objekt erfordern, Transitiva oder zielende heißen. — Nur das Objekt, nicht der Accusativ des (räumlichen oder zeitlichen) Zieles oder der Ausdehnung, kann im passiven Satze in den Nominativ verwandelt werden. — Hinsichtlich des besonderen Verhältnisses, in welchem das Objekt zu der Thätigkeit steht, lassen sich drei Hauptbedeutungen desselben unterscheiden. Das Objekt ist a) das Ziel der Thätigkeit, auf das sie gerichtet ist oder sich bezieht; z. B. der Herr schlägt den Hund; der Vater liebt seine Kinder; einen Freund bitten, loben, tadeln, schelten rc.; das Feld pflügen, bestellen; den Feind werfen, treffen rc.; b) das Mittel oder der Stoff der Thätigkeit, welchen dieselbe gebraucht, um mit oder an ihm zustandezukommen; z. B. Wasser trinken, Blei gießen, Flachs spinnen, Eisen schmieden, Korn mahlen, Holz brennen, die Flöte spielen, ein Pferd reiten, den Spieß werfen; c) die Wirkung oder das Produkt der Thätigkeit, das durch dieselbe Bezweckte und Hervorgebrachte; z. B. eine

Heyse-Lyon, Deutsche Grammatik. 26. Aufl.   27

第 4 章

Lijdend/Passive の訳述起原
〜「受身」「働掛」および「助動詞」の初出文献をめぐって〜

> "We are getting some cards in our hand, Watson."
> —Sherlock Holmes

4.1. はじめに

　大槻文彦が「和蘭字典文典の譯述起原」を発表したのは、『廣日本文典』を世に出した明治 30 年の翌年であるから、すでに蘭学は廃れ、「英佛獨逸の學」を中心とする洋学全盛の時代であった。英仏独語の文典や辞典も整備されていたが、それらはすべて「蘭學諸先輩が苦心の餘澤ならざるはなし」とのことで、その「事歴を述べて日本文學史の史料に資せむ」との意図をもって「譯述起原」を執筆したという。[1]

　大槻は幕末以来の蘭学史、とりわけ辞書と文典の発達史を概観した上で、先人が文法用語をどのように邦訳してきたのかを文典の比較によってまとめ、対照表の形で一覧にしている。比較されている文典は、馬場佐十郎『訂正蘭語九品集』、藤林普山（泰介）『和蘭語法解』、羽栗洋斎『六格前篇』、大槻玄幹『蘭學凡』の四編であるが、最初期の西洋式日本文典として知られる鶴峯戊申の『語學新書』は、「日本の語學書にはあれど書中の類別造語和蘭文法のものに酷似したれば表中に加へたり」との理由で一覧表に含め、それに「現今行はるゝ譯語」を「今譯」として最後の行に掲げて対照している。

107

表の最上段にはオランダ語の「原語」を当時の表記法で示し、括弧に入れて英語を傍記している。

文法用語は"Spraak Kunst"（grammar.）から始まり、その訳語が「學語全書」（『九品集』）、「言學科」（『語法解』）、「文學全書」（『六格前篇』）、「文科之學」（『蘭學凡』）と変遷し、『語學新書』では「語法」、そして「今譯」の「文法」に至る、という情報が整理されている。オランダ語「原語」の綴り方は現行の正書法とは異なり、また現在は使われていない用語も見られるが、全体としては現在の用語とさほど変わらない（例えば上の"Spraak Kunst"は、現行の Spraakkunst と分かち書きの方式が異なるだけである）。

「今譯」とは要するに大槻が採用していた用語であるが、これも含め、『九品集』以来の訳語は、一語を除いてすべて漢語である。唯一の例外は「今譯」の中の「受身（うけみ）」である。これは大槻が考案した用語であると大槻自身が述べていることもあり、一般にそう認定されている。『日本国語大辞典』も、「受身」の初出例として「語法指南」の一節を挙げている。しかし、大槻が用いた意味での「受身」という用語は、実際には大槻以前の文献にも見出せるため、小さな点ではあるが、この文法用語の初出に関する従来の記述には修正が必要となる。また、大槻自身が考案したという記述をそのまま鵜呑みにしてよいものかどうか、若干の疑問も生じる。

「受身」と関係する文法用語に「助動詞」がある。助動詞を独立した品詞として立て、日本文法の体系に位置づけたのも「語法指南」が最初であると言われるが、西洋語由来の翻訳語としての「助動詞」は大槻以前に使用例があり、これまでに指摘されているところでは『附音挿図英和字彙』が最も古く、田中義廉『小學日本文典』がそれに続く。しかし、これについても、さらに古い使用例を指摘することができる。『日本国語大辞典』は、「助動詞」の初出例をヘボンの『和英語林集成』第3版に求めているが、この選択には考えるべき問題がある。

以下、まずは「助動詞」の初出例認定に関わる従来の解説を取り上げ、やや混乱した面のある記述を整理しながら、事実関係および問題の所在を明確

にする。その上で、本稿共著者の調査に基づく新たな初出認定の可能性を検討するが、ここで指摘される明治3年の文献が、実は「受身」の初出文献でもあることを明らかにする。「語法指南」を巻頭に収めた『言海』は明治22年刊であるから、「受身」の初出年代は定説よりも19年早まることになるが、この同じ明治3年の文献には、現在の「能動」に相当する《働き掛け》という用語も出てくる。「受身」と同様に、「働掛」もまた大槻が最初に用いたと考えるのが従来の立場であり、『日本国語大辞典』も「働掛」の初出文献として「語法指南」を挙げている。本稿ではこの初出認定も見直すことになる。「受身」と「働掛」を一対の文法用語として用いる大槻の記述は、「語法指南」以前から存在していた方式を踏襲したものであるとさえ考えられるのである。

4.2. Hulpwerkwoord/Auxiliary Verb と「助動詞」の訳述起原

『語法指南』の復刻版（勉誠社）には、同書の来歴や『廣日本文典』との異同を詳述した有益な解説がある（北原（1996））。その解説には、

「助動詞」という呼称は、大槻が、本書において用いたのを嚆矢とする。

と述べた一節がある（p. 31）。しかし、後述のように、「助動詞」という用語が「語法指南」以前から用いられていたのは確実であるから、この引用にある「助動詞」とは、従来「助詞」の類と同列に扱われていた語の中から活用のあるものを分離しつつ、活用はあっても「独立ニハ用キラレズ、必ズ他語ノ下ニ就キテ、其意ヲ補助スル用ノモノ」（「語法指南」）として動詞とも区別した、要するに現代的な意味での「助動詞」を指すものと思われる。この意味で「助動詞」を最初に用いたのは大槻である、というのが上に引用した一節の趣旨であろう。同様の記述は阪倉（1957）にも見られる。

『日本国語大辞典』は、「語法指南」（1889）より3年早いヘボンの『和英語林集成』（第3版、1886）を初出文献として挙げている。以下に引用したのは、

「助動詞」の項に見られる用例情報である。

> ＊改正増補和英語林集成〔1886〕「Jodoshi ジョドウシ 助動詞」
> ＊語法指南〔1889〕〈大槻文彦〉「助動詞は、動詞の変化の、其意を尽さざるを助けむが為に、別に其下に附きて、更に、種々の意義を添ふる語なり」

『日本国語大辞典』は用例の選択について、「その語、または語釈を分けた場合は、その意味・用法について、もっとも古いと思われるもの」を挙げると述べ、用例の並べ方は、「時代の古いものから新しいものへと順次並べる」という基準に従っている。[2] 見出し語の「助動詞」は語釈が二つに分けられ、次のように①西欧語と②日本語のそれぞれについて意味が記述されている。

> 【助動詞】
> ①西欧語で、もと独立した動詞であったものが、他の動詞を補助して相（mood）や時（tense）などを表わす役目を持つようになったもの。独立性の点で、日本語の補助用言に近い。
> ②日本語で付属語のうち、活用のあるもの。他の自立語（詞）、または自立語を含む連語に付属して、叙述の意義を補ったり、話手の判断の性質を表現したりする。助詞とともに、付属語、または辞と呼ばれる。動辞。

この②の意味での「助動詞」に対する用例として、「語法指南」と『和英語林集成』が挙げられているのであるが、上に引用した並べ方の基準に従い、『和英語林集成』を最初に置いた、ということであろう。

しかし、ここには若干の疑問がある。語釈②の用例として「語法指南」を挙げるのはわかるが、同じ意味の用例の「もっとも古いと思われるもの」としてヘボンを挙げているのは、どのような判断によるのであろうか。

上でも触れたように、「助動詞」という用語自体は、ヘボン第3版よりも古い田中義廉『小學日本文典』にも見られる。この点については、『日本国語大辞典』も次のような補注を付けて特に触れている。

【補注】
(3)「助動詞」という用語は明治初年に例が見られるが、まだ一品詞とは認められず、動詞の項で説明され、現在の助動詞以外のものも含められている。(イ)明治七年刊の「小学日本文典」(田中義廉)では助動詞の章を立て「有」「得」「為」を格別な助動詞とし、独立しないものとして「る」「た」「たり」「き」「けり」「ぬ」「む」などを挙げている。(ロ)明治九年刊の「日本文典」(中根淑)では動詞の項で、「常に動詞の後に添ふて、以其の意味の足らざる所を助け成す者」を助動詞と言っているが、文末に使われる「か」「や」「かな」「がな」「かし」「よ」「ね」「な」など、現在助詞とされているものまでを含めている。

要するに、「助動詞」という名称であっても、それが「まだ一品詞とは認められず」、「現在の助動詞以外のものも含められている」場合には、語釈②で言う「助動詞」にはあたらない、という立場かと思われる。

しかし、それではなぜヘボンを挙げているのであろうか。次に再録したように、ヘボンは見出し語として「助働詞」を挙げ、その説明として"an auxiliary verb"と記しているにすぎない。[3]

　　Jodōshi　　ジョドウシ　　助働詞 n. (gram.) an auxiliary verb.

したがって、この「助働詞」が何を意味しているのか、例えば日本語文法における独立した品詞であるのか、田中義廉風のものであるのか、あるいはauxiliary verb の訳語として使われていた語彙であるのかは、厳密に言えば不明のはずである。

「助働詞」という見出しは、ヘボンの第 2 版(1872)には見られず、第 3 版(1886)で新たに加えられたものであるから、この第 2 版と第 3 版の間に使用頻度が増したために、見出し語として採用されるに至ったものと考えられる。

第 3 版の序文は、"During the fourteen years which have elapsed since the publication of the last edition of this Dictionary" という一節から始まり、第 2 版出版以来の 14 年間、著者が旧版の訂正や改良、語釈の拡大、新

語と用例の追加に従事していた旨が記されている。しかし、日本人の驚くべき変化と急速な進歩によって日本語の語彙は増大しているため、新語の追加については取捨選択を余儀なくされたとして、次のように述べている。

> [The author] has limited himself to such words only as are **in popular and general use**. Most of these words are of Chinese derivation.
> (Preface to the Third Edition, 1886, emphasis added)

新語の追加は「一般によく使われているもの」に限ったということであり、それらのほとんどは漢語であるとも述べている。したがって、新たに採用された「助働詞」は、当時すでに "in popular and general use" であったと考えられるのであるが、「助働詞（助動詞）」という単語が新聞や雑誌に出てくるのは稀であろうから、要するに当時の文法書や教科書の類では、この単語が普通に使われていた、ということであると思われる。しかし、どのような文法書や教科書から、ヘボンはこのように判断したのであろうか。

次のようなことは確実に言える。すなわち、ヘボンの言う「14年間」は、いわゆる西洋式日本文典が大量に書かれた時期であり、田中義廉（1874）と同年刊の藤澤親之『日本消息文典』（1874）、中根淑（1876）と同年刊の小笠原長道『日本小文典』（1876）、その翌年の春山弟彦『小學有用日本文典』（1877）や藤井惟勉『日本文法書』（1877）、その2年後の中島操『小學文法書』（1879）などを見ても、日本語文法の用語として「助動詞」が広く使われていたことがわかる。

他方で、この「14年間」は英文典の翻訳が盛んに行なわれた時期でもあり、英語の auxiliary verb の訳語として「助動詞」が一般に使われていたという事実もある（数は少ないが「助働詞」もある）。例えば、William Swinton: *New Language Lessons* の翻訳である斎藤秀三郎の『スウヰントン氏英語學新式直譯』（1884: 239）は、auxiliary verb の訳語に「助働詞」を充て、Goold Brown: *The First Lines of English Grammar* を訳した中西範の『ブラウン氏英文典直譯』（1884: 103）では「助動詞」が使われている。

第4章　Lijdend/Passive の訳述起原

「助動詞」という訳語は、英語以外の文典の翻訳でも使われていた。ヘボンの「14年間」と重なる時期には、ドイツ語文典としては Edmund Schäfer の *Leitfaden beim Unterrichte in der deutschen Sprache*（初版1850）が定番であったが、これを翻訳した多賀貫一郎の『獨ゼーフェル國文法書』(1880: 218) は、原文 (p. 44) の "Hülfszeitwörter" に「助動詞」を充てている。

以下でも触れるように、訳語としての「助動詞」の歴史はさらに古い。一例を挙げるなら、ヘボン第2版と同じ刊行年の『ビシ通俗英文典』(1872) は、auxiliary verb をすでに「助動詞」と訳している。また、第2版の翌年には、柴田昌吉・子安峻の『附音插圖英和字彙』(1873) が出版されているが、「助動詞」はここにも出てくる（阪倉 (1957: 2)）。『附音插圖英和字彙』には Auxiliary という見出しがあり、「輔助ノ(タスケ)」という訳語が充てられているが、用例として *Auxiliary verb* という組み合わせも挙げられており、それが「助動詞(ジョドウシ)」と訳されている。

「語法指南」を巻頭に附した『言海』は1889年刊であるが、その原稿は1882年には完成していたと言われるので（『言海』「おくがき」）、大槻文彦は1882年の段階で、すでに「助動詞」という用語を使っていた可能性が高い。これを文献で確認することはできないが、大槻が「語法指南」以前から「助動詞」という用語を用いていたことは確実に指摘できる。

「大槻文彦博士年譜」（筧 (1928a)）の1886年の項に、「九月、『言語篇』を譯述し刊行す」とある。『言語篇』とは、*Chambers's Information for the People* (1875) という百科事典に収められた項目の一つ "Language" を大槻が翻訳したもので、1886年に有隣堂から翻刻出版されている。「語法指南」の3年前である。

百科事典の原文には、次のように "auxiliary verb" という用語が出てくる。

In many of the tense-endings it is possible to recognise **auxiliary verbs**. [...] The future tense in French is known to have been formed within historical times by affixing the present tense of the **auxiliary** *avoir*, 'to have,' to the infinitive of the verb—for example, *finir-ai* is, '-to-finish-have-I,' or, 'I have to finish.' (p. 23, emphasis added)

この一節に対応する『言語篇』の訳文は次に示したとおりである。

　　　動詞の時を示す語尾に於ては元來其**助動詞**たることを識別し得べき者多し。[...]又佛語にては往昔「有つ」と云ふ義の**助動詞** avoir の現在なる者を不定動詞に加へて以て其動詞の未来を示し同じ者の如し。例へば finir-ai は「終へてもつ吾」或は「吾れ終ふべくもつ」の義なり。(p. 51、強調は引用者による)

原文の "auxiliary verb" あるいは "auxiliary" という用語に対して、大槻がすでに「助動詞」という訳語を充てていたことがわかる。

上に引用した『言語篇』の一節は、筆者たちの手許にある有隣堂版からのものである。すでに触れたように「語法指南」より3年早い文章であるが、『言語篇』は元来、*Chambers's Information* の翻訳として文部省が印行した『百科全書』(92分冊) の一部であり、有隣堂版はその翻刻である。したがって、初版はさらに古く、大槻の自伝には明治「十六年出板」と記されている。[4] 初版は未見であるため正確な刊行年は把握できていないが、自伝の記述に従うなら翻刻版の3年前 (1883年) には初版が出ていたことになる。これは「語法指南」の原稿が完成していたと言われる1882年に近いので、やはり大槻は、この頃には「助動詞」という用語を用いていたものと考えられる。

1879年には、チェンバレン (B. H. Chamberlain) の『英語變格一覽』という英文法の解説書が出ている (著者名の表記は「英國人　王堂チャムブレン」)。*Elements of English Grammar* (『チャムブレン英文典』) より14年早い、著者が日本海軍兵學校教師の頃の著作であるが、「助動詞」という用語は "Auxiliary Verbs" の訳語として同書でも使われている。

上で触れたいくつかの文献を年代順に並べたのが次の簡単な表である。[5]

第4章　Lijdend/Passive の訳述起原

1872	ヘボン『和英語林集成』第2版	
1872	『ピネヨ氏通俗英文典』	助動詞（auxiliary verb）
1873	『附音挿図英和字彙』	助動詞（auxiliary verb）
1874	田中義廉『小學日本文典』	助動詞
1874	藤澤親之『日本消息文典』	助動詞
1876	中根淑『日本文典』	助動詞
1876	小笠原長道『日本小文典』	助動詞
1877	春山弟彦『小學科用日本文典』	助動詞
1877	藤井惟勉『日本文法書』	助動詞
1879	中島操『小學文法書』	助動詞
1879	チャムブレン『英語變格一覽』	助動詞（auxiliary verb）
1880	『獨乙國文法書　セーフェル』	助動詞（Hülfszeitwörter）
1884	『スウヰントン氏英語學新式直譯』	助働詞（auxiliary verb）
1884	『ブラウン氏英文典直譯』	助動詞（auxiliary verb）
1886	大槻文彦『言語篇』（翻刻版）	助動詞（auxiliary verb）
1886	ヘボン『和英語林集成』第3版	助働詞（auxiliary verb）

【表1】

　このように整理してみると、ヘボン第3版に至る時期には、西洋文法、西洋言語学、日本文法を問わず、日本における「語学」の世界では、「助動詞」という用語が "in popular and general use" であったことがわかる。

　さて、『言海』所収「語法指南」の刊行年は、ヘボン第3版の3年後、1889年である。上に引用した『日本国語大辞典』の語釈②は、要するに「語法指南」に始まるとされる「助動詞」の捉え方であるから、大槻以前には存在しなかったはずである。上で引用した【補注】もこの事実関係を前提として書かれている。仮にそうであるなら、「助動詞」の意味を語釈②のように理解する限り、その初出は、ほぼ必然的に「語法指南」に求めざるを得なくなる。単純なロジックの問題としてそうなる。[6] それ以前の文献に見られる「助動詞」は、それが auxiliary verb の訳語であれば、むしろ語釈①の用例として挙げるべきであり、そうでなければ、厳密な意味は別として、とにか

く「助動詞」という用語が出てくる文献として挙げるべきであろう。その際、次の (A)〜(C) に示したような区別を明確にしておくと混乱が少ないと思われる。

- (A) 西洋語の "Auxiliary Verb" を指す、訳語としての「助動詞」
- (B) 訳語由来ではあっても、また現代的な意味とは異なっていても、ともかく日本語文法の用語として使われた「助動詞」
- (C) 現代的な日本語文法の意味における「助動詞」

従来の文献には、(A)〜(C) のような区別を前提としているのかどうかが明確ではない記述も見られる。例えば、『研究資料日本文法』(明治書院) には次のような解説がある。

> 「助動詞」という名称は、田中義廉の『小学日本文典』(明治七年)・中根淑の『日本文典』(明治九年)・ヘボンの『和英語林集成』第3版 (明治一九年) などに使用されており、洋文典の影響のもとに使用されはじめたものかと推定される。　　　　　　　　　　　　　　(中山 (1985: 81))

おそらく (B) についての記述かと思われるが、仮にそうであるなら、ここでヘボン第3版が挙げられている理由がよくわからなくなる。[7] 上でも触れたように、ヘボン第3版の短い記述からは、これを (A)〜(C) のいずれかに振り分ける根拠が得られないからである。

次のような解説は、読者の側で (A)〜(C) の区別を念頭に置いて読む必要がある (強調は引用者による)。

> 明治以降の助動詞研究は、西欧言語学の影響のもとにはじめられた。**英文典の auxiliary verb の訳語として助動詞という名称をはじめて用いたのは田中義廉『小学日本文典』(明7)** とされているが、日本語の一品詞として助動詞をはじめて独立させたのは大槻文彦 (明39、前身は『言海』(明22) の巻首に収められた『語法指南』) である。　　(梅原 (1979: 308))

しかし、「auxiliary verb の訳語として助動詞という名称をはじめて用いた」

のが**田中義廉**ではないことは、上に掲げた簡単な表からも明らかであるから、この解説における田中への言及は、(A)〜(C)を区別した上で、その(B)について述べていると理解しなければならない。したがってこの解説は、(A)については特に触れていないことになる。

　上に引用した解説は、大体において東條操『国語学新講』(1965) などの記述を踏襲しているように見える。

> 　助動詞の名称は田中義廉氏の採用した名目で英文典の Auxiliary verb に倣ったもの、補助動詞の意味で動詞に従属する点に着眼した命名であろう。明治初年の文典では多くは動詞に附随して説かれていた。大槻博士がはじめて独立の一品詞として立てた。　　　　　　(東條 (1965: 308))

東條の文脈では、この「助動詞」もやはり上記 (B) の意味と理解するのが最も自然であるが、国語学史におけるこのような記述の系譜は、おそらく福井久藏『日本文法史』(1907) あたりに遡るものと思われる。同書「術語字引」に見られる次の記述である。

> 　助動詞　田中義廉日本文典○動詞と結合して作動の次第、法及時限を示す詞。

日本語文法の術語としての「助動詞」に関する解説であるから、福井もまた (B) の初出として田中義廉に言及したと考えるのが自然である。

　それでは、(A) の初出はどの文献に求めるべきであろうか。

4.3. 『<ruby>氏原版<rt>ビチヲ</rt></ruby>英文典直譯』

　日本語文法における「助動詞」という用語の歴史について、阪倉篤義は次のように述べている。

> 　まず、助動詞という名称が、そもそも広日本文典によるものと考えられる。もつとも、auxiliary verb に対する訳語としての「助動詞」という語そ

のものははやくからあり、(たとえば明治六年刊の「英和字彙」にも見える)、また日本文法の用語としても、すでに田中義兼の小学日本文典に用いられている。この書物の刊行は明治七年のことであるから、十七年に草稿が成り、二十四年に刊行(二十二年に一部刊行)された言海巻頭の語法指南よりも、この方が先に世にあらわれたわけである。　　　　(阪倉 (1957: 2))

この一節は明らかに (A)〜(C) を区別した記述であり、(B) と (C) の始まりをそれぞれ田中、大槻の文典に求めている。(A) については、初出とは述べていないが、田中より早い文献として『附音挿図英和字彙』を挙げている。

すでに述べたように、訳語としての「助動詞」は、『附音挿図英和字彙』(1873) より早い『ピネヲ氏通俗英文典』(1872) に使用例がある。しかしこれが初出ではない。『ピネヲ氏通俗英文典』はヘボン第 2 版と同じ年に出ているが、この明治 5 年の頃は、日本におけるドイツ語辞典編纂の草創期でもあり、小田条次郎・藤井三郎・桜井勇作の『学校袖珍字書』も 1872 年に刊行されている。そこには次のような記述があり (p. 594)、

  Hilfszeitwort, n.　　ジョダウシ助動詞（文典ノ語）

文法用語としての "Hilfszeitwort" がすでに「助動詞」と訳されている。

『学校袖珍字書』よりも 1 年早い司馬凌海の『獨逸文典字類』(1871) を見ると、本編に先立つ「畧符之例」に挙げられている文法用語の中に "Hilfszeitwort" があり、これも「助動詞」と訳されている。凌海は「才力絶群歐州六個國の語に通じ」、日本における「獨和對譯字書」も「凌海を以て元祖とす」(土屋元作 (1912: 253)) と言われる人であるが、その監修になる『和譯獨逸辞典』(1872) は特に有名である。しかし、こちらの方は、本文にも巻末の略語表にも「助動詞」は見当たらない。

以上のように、ドイツ語系の文献では、1871 年の『獨逸文典字類』に「助動詞」の初出例を確認することができ、これは本稿で言及してきたどの英語系文典や辞典よりも早い。しかし、訳語としての「助動詞」の初出は、少なくともあと 1 年は遡ることができる。

日本における英学史を語る上で、特に重要ないくつかの文法書がある。幕末に始まった洋書の翻刻は、明治以降盛んに行われることになるが、マレー（L. Murray）、ブラウン（G. Brown）、カッケンボス（G. P. Quackenbos）、スウィントン（W. Swinton）などと並んで、次に挙げたピネオ（T. S. Pinneo）の文法書も日本では広く用いられた。

> PINNEO, Timothy Stone. *Pinneo's Primary Grammar of the English Language, for Beginners*. Cincinnati: Winthrop B. Smith and Co. (1849; Revised and Enlarged, 1854)

1869 年には、これが慶應義塾読本『ピ子ヲ氏原版英文典』として翻刻され、翌年の 1870 年には、永嶋貞次郎による翻訳本『ピ子ヲ氏原版英文典直譯』が出版されている。すでに触れた『ピ氏ヲ通俗英文典』（1872）は、この永嶋訳に続く翻訳である。ただし、「翻訳」とは言っても、これらは原文の英単語を日本語の単語で置き換え、英語の語順のままに配置したものであり、日本語の単語の下に漢数字を附して読み方の順序を示す、いわゆる「返り読み式」（豊田實（1939））の直訳である。例えば『ピ子ヲ氏原版英文典直譯』の「二百十五章」の直前には、次のような文がある。

何ヲ	為スカ	言辞ハ	ヲーゲセレリーナル	徴スヲ
三	五	二	一	四

すなわち、「ヲーゲセレリーなる言辞は何を徴すを為すか」と読める文である。原文（p. 93）でこの箇所を確認すると、次のように「ヲーゲセレリー」は auxiliary であることがわかる。

> *What does the word* auxiliary *mean?*

訳文の「何を徴すを為すか」の「為す」は、does を訳したものと思われる。上の auxiliary は単独で用いられているが、別の文脈では、次のように "auxiliary verbs" という組み合わせでも使われている（p. 93）。

What are auxiliary verbs?

この"auxiliary verbs"が、『ピネオ氏原版英文典直譯』(1870)では「助動詞」と訳されている。『附音挿図英和字彙』よりも3年早く、『学和袖珍字書』より2年早い文献である。上の【表1】と一部重複するが、見出し語に「助動詞」を採用しなかったヘボン第2版の前後の文献を整理すると次のようになる。

1870	明治3	『ピネオ氏原版英文典直譯』	助動詞（auxiliary verb）
1871	明治4	『獨逸文典字類』	助動詞（Hilfszeitwort）
1872	明治5	『学和袖珍字書』	助動詞（Hilfszeitwort）
1872	明治5	『和英語林集成』第2版	
1872	明治5	『ピネ氏通俗英文典』	助動詞（auxiliary verb）
1873	明治6	『附音挿図英和字彙』	助動詞（auxiliary verb）
1874	明治7	田中義廉『小學日本文典』	助動詞

【表2】

1870年（明治3）の前年には、『改正増補和譯英辭書』（いわゆる『薩摩辞書』）が出ている。見出し語の"auxiliary"は、形容詞としては「扶助ノ」、名詞としては「相ヒ助ケル人、味方」と説明されているが、"auxiliary verb"という組み合わせは見当たらない。これは文久2年の『英和對譯袖珍辭書』（1862）を踏襲した方式である。[8] 日本初の英文法書と言われる『英文鑑』（1844）は、Lindley Murray の英文法のオランダ語訳を邦訳したものであるから、当然ながら《助動詞》の概念は出てくるが、『英文鑑』の訳語は「助辞」である。[9]

ピネオの英文典と並んで当時広く使われた文法書にカッケンボス（Quackenbos）の *First book in English grammar* がある。この文典も早くから「直訳」され、『格賢勃氏英文典直譯』(1870)、戸田忠厚『英文典獨學』(1871)、栗野忠雄『英文典直譯』(1886) などが出ているが、これらの翻訳では、英語の will, shall may, can, have, be などは「助詞」と訳されており、「助動詞」という用語は使われていない。Quackenbos の原文では、auxiliary という用

語は基本的に名詞として使われており、"auxiliary verb" という組み合わせは出てこないので、おそらくはこれを反映して「auxiliary＝助詞」という訳し方になったものと思われる。

　ちなみに、Quackenbos を翻訳した一人である栗野忠雄は、同じ時期に Pinneo の *Primary Grammar* と Swinton の *New Language Lessons* も訳述し、それぞれ『ピ子ヲ氏英文典直譯』(1887)、『スウヰントン氏英文典直譯』(1887) として出版している。ヘボン第 3 版の翌年に出たこれらの翻訳書では、auxiliary verb は「助働詞」と訳されている。同じ年、漢学者の岡三慶はピネオの英文典を「粉本」とする『新卿未有漢文典』(1887) を出しているが、「助動詞」という用語はこの漢文典にも見られる。

　以上のように、訳語としての「助動詞」は、永嶋貞次郎『ピネヲ氏原版英文典直譯』(1870) に最も古い使用例を見出すことができる。永嶋は福澤諭吉の門下生であり、慶應義塾で講義も担当していた人であるから、1870 年より早い明治元年前後の時期に、「助動詞」という訳語が慶應義塾で通用していた可能性はある。同様に、司馬凌海の「助動詞 (Hilfszeitwort)」も、彼の私塾「春風社」で早くから通用していたかも知れない。こうした私塾の関連資料からさらに古い用例が見つかる可能性もあり、また、筆者らが見落とした文献もあると思われるので、あくまでも現時点ではという条件が付くが、「助動詞」の訳述起原に関する本稿の結論は、およそ上述のようなことになる。

4.4. Lijdend/Passive の邦訳と「受身」の問題

　現在の文法用語では、「受動文」は「受身文」とも言われ、ほぼ同じ意味を表わす用語として「受動」と「受身」が併存している。多くの場合、これらは交換可能であるが、「受動態」とは言っても「受身態」と言うことはあまりなく、習慣的に固定された用法もある。しかし、文法記述において「受身」という表現が広く用いられていることは確かである。

　本稿冒頭でも触れたように、この「受身」という用語は、一般に大槻文彦

が考案したものと考えられているのではないかと思う。大槻自身がそのように述べていることもあり、筆者らも永らくそう信じていたが、必要があって行なってきた文献調査[10]の副産物として、少なくとも「受身」の初出例を大槻の文典に求めることはできないと考えるに至ったので、以下、この点について若干の問題を提起したい。

　大槻文彦が「和蘭字典文典の譯述起原」に載せている訳語対照表には "Lydende w. w." という見出しがある。"w. w." とは "werk woorden"——現在の正書法では werkwoorden——すなわち英語の "verbs" を意味する略語であり、"Lydende" は、現在の lijdende すなわち "passive" を意味する形容詞である。したがってこの見出しは、英語の "passive verbs" に相当するオランダ語の文法用語を挙げたものであるが、その日本語訳は、大槻によれば次のように変遷したという。

　　「被動詞」（『九品集』）
　　「所活言」（『語法解』）
　　「被業詞」（『六格前篇』）
　　「所用詞」（『蘭學凡』）
　　「被動活用」（『語學新書』）
　　「受身」（「今譯」）

「今訳」とは要するに大槻が採用していた訳語であるが、英語の "passive voice" に対する訳語として、「語法指南」には「所相」と「受身」が出てくる。これらはそれぞれ、"active voice" の「能相」「働掛」に対応する用語であるが、『廣日本文典』（第一八一節）はこれらについて次のように述べている。

　　○「働掛、」受身」は、劍術、柔術、等の専門語より採れり。又、「能相、」所相、」の字面も、佛經の語より採れり、「能クス」と「所ラル能セ」となり、師を「能化ノウゲ」といひ、弟子を「所化ショケ」といふも、是なり。

『語法指南』復刻版の解説は、この一節を引用した後で次のように記してい

る。

> これによれば、「受身」という述語は（そして「能相」「所相」などの述語も）、大槻が用い始めたものであるらしい。　　　　　　　　（北原（1996: 26））

上に引用した『廣日本文典』の一節を知る者は、おそらく誰もがこのように考えていると思われる。本稿の共著者もそうであった。したがって、次に引用する『日本国語大辞典』のように、文法用語としての「受身」の初出例を「語法指南」に求めるのはごく自然である。

【受身】
　　文法用語。ある動作、作用について、それを受けるものを主語として述べること。受動態。所相。
　　*語法指南〔1889〕〈大槻文彦〉助動詞「此の彼我の動作を、働掛（はたらきかけ）、受身（ウケミ）、或は、能相、所相、といふ」

「語法指南」のこの一節を、『日本国語大辞典』は次のように「働掛」の初出例としても挙げている。

【働掛】
　　文法で、動詞の表わす動作作用として、主体が他に力を及ぼす場合。自動に対する他動、受動に対する能動にあたる。
　　*語法指南〔1889〕〈大槻文彦〉「此の彼我の動作を、働掛（ハタラキカケ）、受身、或は、能相、所相といふ」

しかし、「受身」という文法用語が「語法指南」以前に使われていたのは確実である。前節でも触れた小笠原長道『日本小文典』（1876）を見ると、その「第七章　動詞」において、他動詞には「能動受動ノ別アリ」と述べた上で、次のように説明している（ゴチックは引用者による強調）。

　　○能動（ノウドウ）　即 **ハタラキカケ** 打ッ 砕ク 讀ムノ類ナリ
　　○受動（ジュドウ）　即 **ウケミ** 打タル、 砕カル 讀マル、ノ類ナリ

「ハタラキカケ」「ウケミ」を漢字では表記していないが、上の引用に続く箇所では「小兒ガ犬ヲ打ツ」「犬ガ小兒ニ打タルヽ」という例を挙げ、それぞれについて、文主の小兒が作用を及ぼすから「ハタラキカケ」と言い、文主の犬が作用を受けるから「ウケミ」と言う、と解説している。

　小笠原の『日本小文典』(1876) は、「第一章　總論」の次の一節からも、いわゆる西洋式文典であることがわかる。

　　日本古來ヨリ備リタル言辭ノ學ハ只假名ノ用格活用言ノ靈妙ナルトノミニテ西洋ノ如ク詞ノ品類ヲ種分スルモノニアラズ故ニ今西洋諸家ノ法式ヲ抜萃シコレヲ日本語ニ照準シ其大略ヲ示サントス

刊行年も中根淑の『日本文典』と同じ 1876 年 (明治 9 年) であるから、「語法指南」(1889) より 13 年早い。注 6 で触れた『廣日本文典』の「原稿」よりも 9 年早く、大槻の「文法會」第 1 回会合よりも 2 年早い。要するに、文献に残された資料から判断する限り、小笠原の「ハタラキカケ」「ウケミ」に大槻の影響があったと考える理由はない。[11]

　ありうるのは、むしろ大槻が小笠原の影響を受けた可能性であるが、この点はよくわからない。小笠原の『日本小文典』がどの程度流布していたのかがわからず、したがって大槻がこれを読んでいたのかどうかも定かではないからである。しかし、本稿にとってこの点はさほど重要ではない。なぜなら、「働掛」「受身」の使用例は、実際には小笠原以前の文献に遡るからである。「助動詞」の初出文献として前節で取り上げた、永嶋貞次郎の『ピネヲ氏原版英文典直譯』が、実は「働掛」「受身」についても初出文献であると考えられるのである。

　『ピネヲ氏原版英文典直譯』については、英学史や国語学史に多くの言及がある。例えば仁田 (1982/2005: 182) は、同書における八品詞の訳語が「実名詞、代名詞、形容詞、動詞、副詞、前置詞、接続詞、間投詞」であると紹介した上で、現在の能動態、受動態には「他動態、受動態」という訳語が充てられていると述べている。これはその通りであるが、永嶋貞次郎が active/passive

に充てている訳語は、実はこれらだけではない。筆者らが特に注目しているのは、次の一節である（ゴチックは引用者による）。

　　第二百十章　受動　態ハ　アル　其ノ　形デ　ノ
　　　　　　　　一　　二　十九　十七五　十八六　四
　　動詞　於テハ　夫に所ノ　主格ガ　顕ス　受ケ者
　　三　　八　　七　十六　　九　　十五　十二
　　乃チ　受者ヲ　ノ　働キ　譬バ　ゼームスハ　レシ
　　十三　十四　十一　十　廿　十一　　　　　廿五
　　打タ　由テ　ジョヌに　ソコデハ　ウッズ　ストリュックハ
　　廿四　廿三　廿二　　　廿六　　　廿七　　廿八
　　アル　於テ　**受ケ身ノ**　態ニ
　　三十二　三十一　廿九　　三十

すでに触れた「返り読み式」である。以下に原文を引用する。

　ART. 210. The *Passive Voice* is that form of a verb in which the nominative represents the sufferer, or receiver of the action; as 'James *was struck* by John,' where *was struck* is in the passive voice.

原文末尾の"is in the passive voice"が、訳文では「**受ケ身の態に於てある**」と訳されている。"passive"の訳語に「受ケ身」が充てられているのは明らかである。

　それでは"active"はどうかというと、実はこれが「**働キカケ**」と訳されている。次に引用する通りであるが、まずは原文の対応箇所を掲げる。

　ART. 209. The *Active Voice* is that form of a verb in which the nominative denotes the actor, as 'John *struck* James,' where *struck* is in the active voice.

この一節を永嶋は次のように訳している。

第二百九章 他動 態ハ アル 其ノ 形デノ
　　　　　　 一　 二　十五　五　十三　十六　十四

動詞 於テハ 夫に所ノ 主格ガ 表ハス 働者ヲ
 三　 八　　七十二　九　　十一　　十

譬バ ジョヌハ 打チシ ゼームスヲ ソコデハ
十六　十七　　十九　　十八　　　廿

ストリュックハ アル 於テ **働キカケノ** 態ニ
廿一　　　　　廿五　廿四　　廿二　　　廿三

原文末尾の "is in the active voice" が、訳文では「**働キカケの態に於てある**」と訳されており、"active" の訳語に「**働キカケ**」が充てられていることがわかる。

『ピネヲ氏原版英文典直譯』(1870) の刊行年は、小笠原の『日本小文典』(1876) より6年早く、「語法指南」(1889) より19年早い。小笠原は、「各國の文典」について、「英佛日耳曼等各小異同ナキヲ免レズ然レドモ其大意ニ至リテハイヅレモ異ナルコトナシ」などと述べており（「第一章　總論」）、諸外国語も研究していた人であると考えられる。とりわけ英文典については深く研究していたはずであるから、ピネオの原文はもとより、その翻訳本なども広く参照していた可能性がある。同じことは大槻についても言えるのであるが、当然ながら相互の影響関係は不明とせざるを得ない。しかし、筆者らが調査できた文献だけに基づいても、次の表にまとめたような事実関係は確認することができる。

		active (voice)	passive (voice)
1870	『ピネヲ氏原版英文典直譯』	他動（態）、**働キカケ**	受動（態）、**受ケ身**
1876	小笠原『日本小文典』	能動、**ハタラキカケ**	受動、**ウケミ**
1878	大槻「文法會」第1回会合		
1882	『廣日本文典』「原稿」		
1889	「語法指南」	能相、**働掛**	所相、**受身**

【表3】

したがって、英語の Active/Passive に相当する表現として「働キカケ」「受ケ身」を用いた初出の文献は『ピネヲ氏原版英文典直譯』(1870) であり、これらが日本語文法の文脈で用いられた例は、「語法指南」よりも早い小笠原の『日本小文典』(1876) に見られる、という事実関係になる。[12]

すでに触れたように、『廣日本文典』には次のような記述がある。

　「働掛、」受身」は、劍術、柔術、等の專門語より採れり。

この一節を根拠として、「働掛」「受身」は大槻が独自に考案した用語であると考えることは依然として可能である。永嶋の『直譯』や小笠原の『日本小文典』を大槻が見ていなかった可能性も否定できないからである。しかし、後世の我々が行なう初出例の認定という作業においては、こうした可能性に基づく想像はむしろ排除すべきであろう。

4.5. おわりに

大槻は「和蘭字典文典の譯述起原」において、「受身」という用語をオランダ語の "Lydende Werk Woorden" に相当する「今譯」と位置づけ、『九品集』の「被動詞」から続く、蘭学の系譜に連なる訳語として提示した。幕末の蘭学から明治 30 年代の洋学に至る学問の進展は、大槻のような学者にとっては連続した一つの流れとして捉えるのが自然であったものと思われる。しかし一方で、「働掛」や「受身」などの文法用語は、英文法の "Active/Passive" に対する訳語として、英学の草創期に独自に使われ始めたと考えても、現存する諸文献から読み取れる事実とは矛盾しない。蘭文典研究と英文典研究の連続性については、新たな視点から考え直す必要を感じているが、いずれにしても、「働掛」「受身」の初出例を「語法指南」に求めるというこれまでの常識的な記述方法は、本稿で提示した議論に鑑み、何らかの形で修正されなければならない。

我々は、しかし、「働掛」や「受身」という用語の解説から「語法指南」を

削除すべきであるとは考えていない。その後の日本語研究に与えた影響を考えれば、「語法指南」への言及はむしろ不可欠であり、その重要性を後世に伝えることもまた、研究史の重要な役割であると思うからである。

注

1. 漢字語の「起原」は「起源」とも表記されるが、大槻論文では、初出の『史學雜誌』掲載版、『復軒雜纂』再録版いずれにおいても「起原」と表記されている。『復軒雜纂』は1902年10月に刊行されているが、これより早い同年3月、西川政憲を編者とする『新式勉學要訣』(中學)という本が出ている。同書は「當代知名の士、各々其の專門とする學に依り、青年諸氏の爲めにその研究と方法とを諸述せられたるものを蒐め、これを一册にせしもの即ち本書なり」(編者序文)という内容であり、「理科研究方法」(石川成章)、「外國語研究方法」(水野繁太郎)などの概説が計8編収められているが、最後の「第八」として大槻の論文が再録されている。タイトルは「和蘭字典文典の譯述起源」であり、ここでは「起源」と表記されている。表記が変更された理由は定かではないが、同じ1902年刊であっても『復軒雜纂』の方が半年ほど後であること、また『復軒雜纂』には大槻自身が「はしがき」を書き、初出の旧稿を改訂した箇所があると述べていることを考えれば、大槻の選択は「起原」であったと思われる。明治30年代の文献を調べてみると、漢字表記としては「起原」も「起源」も用いられている。ただし大槻の『言海』(日本辭書)は「起原」のみを挙げ、「事ノ起レル原(モト)」と説明している。

   なお、『復軒雜纂』は、分野別に再編集された新版が東洋文庫から刊行中であり、すでに第1巻が出ている(鈴木広光校注、平凡社、2002)。第1巻に「和蘭字典文典の譯述起原」は収められていないが、巻末の「『復軒雜纂』原本目次」という付録には論文名が掲載されている。その表記は「起源」となっている。

2. 第2版、凡例「出典・用例について」を参照。

3. 国字の「働」を用いた「助働詞」という表記は、ヘボン第3版の原文に従っている。この表記については以下の注7を参照。

   大槻文彦は、「動」と「働」の表記について次のように述べている(『廣日本文典別記』73節)。

   > 動詞ノ動ノ字ヲ、或ハ、人偏ヲ添ヘテ、働ト記スモノモアレド、俗字ナルノミナラズ、動作ノ動ノ字ヲ用キテ、事足レバ人偏ハ不要ナリ。

4. 東京日々新聞に連載された大槻文彦の自伝(五)に見られる。大槻(1909/1980:

52）を参照。なお、『言語篇』については、大槻の言語観を考察する文脈で斉木・鷲尾（2012a）が多角的に論じている。

5.【表1】はいくつかの例を挙げたにすぎず、網羅的なものではない。明治期の西洋式日本文典における品詞名については、古田東朔（2010）、森岡健二（1988）、仁田義雄（2005）、山東功（2002）などの研究を参照。

6. 本文で「ほぼ」必然的に、と書いたのは、次のような理由による。「語法指南」は1889年刊であるが、『廣日本文典』の「例言」によれば、「語法指南」は『廣日本文典』の「原稿」を「摘録」したものであり、その「原稿」は「明治十五年に成れりしもの」という。つまり、「語法指南」がその「摘録」であるところの原稿は、すでに明治15年（1882年）には出来上がっていたことになるが、これよりさらに早く、大槻は有名な「文法會」というものを立ち上げ、横山由清、内田嘉一、中根淑、南部義籌、那珂通世、井上哲次郎らと共に、『廣日本文典』で扱う様々な問題について議論を重ねていた。明治11年（1878年）から明治15年（1882年）のことである（『廣日本文典別記』自跋）。このような活動を通じて、大槻的な「助動詞」の概念が一部に広まっていたことも考えられるため、「語法指南」刊行以前に、その影響を受けた他の文典が出版されたとしても不思議ではない。この事実関係については、筆者らの文献調査は不充分であるが、こうした可能性を考慮して本文では「ほぼ必然的に」という表現にとどめた。

7. 注3でも触れたように、ヘボン第3版に出てくるのは「助動詞」ではなく「助働詞」である。『日本国語大辞典』もこの漢字表記の違いには言及していないが、この表記に何らかの意義を見出すべきかどうかは定かではない。この時期には、「動詞」「助動詞」という表記も「働詞」「助働詞」という表記も行なわれていたが、次のように、ヘボン第3版は「動詞」については「動」の字を用いている。

    Dōshi　ドウシ　動詞（*hataraki kotoba*）n.（gram.）
     A verb; also called *yōgen*, or *kwatsu-yōgen*.

ヘボンは序文において "With all his care and effort the author finds typographical errors have passed here and there undetected, especially among the Chinese characters." と述べ、特に漢字については印刷上のミスが残っていると述べているので、「助働詞」がこれにあたるという可能性も否定はできないが、積極的にそう考える根拠もない。

8. 日本における英語辞典の歴史は豊田實（1939）をはじめとする英学史に詳しい。英語の辞書史全般については、林哲郎（1968）が8世紀のラテン語写本からOEDまでを通観している。最近の研究書には三輪伸春（2011）がある。先行研究の情報も豊富であり、『薩摩辞書』などにも触れている。

9. 『英文鑑』については杉本つとむ (1993) を参照。杉本・編 (1993) は『英文鑑』の復刻である。

10. 斉木・鷲尾 (2010a, 2010c, 2012a, 2012d)、鷲尾・斉木 (2011) などに繋がる一連の調査。

11. 小笠原の『日本小文典』については、山東功 (2002) が「地方教育者の文法教科書」という視点で阿保友一郎などを取り上げた中に言及がある。同書 (pp. 118-119) には、〈明治前期洋式日本文典の品詞分類〉として、西周「ことばのいしずゑ」からチャンバレン「日本小文典」に至る 32 編の文典における品詞名の一覧表が掲げられており、それには小笠原の文典も含まれているが、本稿で問題にした「受身」「働掛」などには言及がない。

12. ただし、前節の最後でも述べたように、初出文献に関する記述は常に暫定的なものである。より古い用例が見つかる可能性は常に残されており、筆者らが見落とした文献もあると思われるからである。

第 5 章

那珂通世『國語學』の来歴

> "These relics have a history, then?"
> —Dr. Watson

> "So much so that they are history."
> —Sherlock Holmes

5.1. はじめに

　東洋史学の那珂通世に『國語學』という著作がある。明治時代に出版されたことはわかっているが、正確な刊行年は未だに特定されていない。

　書名に『国語学史』を冠する従来の研究書や概説書のうち、山田孝雄（1935b、1943）、小島好治（1939）、重松信弘（1939）、吉澤義則（1939）、時枝誠記（1940）、三木幸信・福永静哉（1966）、古田東朔・築島裕（1972）、此島正年（1976）などは記述が近代に及んでいるが、これらは那珂の『國語學』に一切言及していない。国語学会（編）『国語学辞典』（1955）、佐藤喜代治（編）『国語学研究事典』（1977）、北原保雄・他（編）『日本文法事典』（1981）、杉本つとむ・岩淵匡（編）『新版　日本語学辞典』（1994）、飛田良文・他（編）『日本語学研究事典』（2007）など、各種辞典・事典の類も同様である。

　このように那珂の『國語學』は、従来の国語学史ではほとんど取り上げられてこなかったため、現在では半ば忘れられた著作となっているが、本稿共著者は、いくつかの理由でこの著作に注目してきた。例えば、同書には日本

131

語のハ行子音が古くはP音であったとの記述があり、明らかに上田萬年の「P音考」を先取りしている。P音説が上田の論考以前に遡ることは、学史上の事実としてすでに知られている（濱田敦（1953）、東條操（1965）、古田東朔・築島裕（1972）、内田智子（2005）、安田敏朗（2011）などを参照）。比較的最近の内田（2005）は、この学史的問題を取り上げた周到な論考であるが、[1]『廣日本文典』など「P音考」以前の研究として内田が挙げる文献に那珂の『國語學』は含まれておらず、この点では上に挙げた他の研究史も同様であることから、国語学史の分野における同書の認知度（あるいは注目度）は、決して高いとは言えない。正確な刊行年が特定されていないとは言え、『國語學』が『廣日本文典』より早いことは確実であるから、同書は日本語ハ行子音をめぐる学説史においても注目されてよい文献なのである。[2]

P音説に関わる以上のような点については、本書第1章で詳しく述べたところであるが、筆者らは、大槻文彦の文法論を評価する過程において大槻と那珂の関係を明確にする必要があるとの認識に至り、那珂『國語學』と大槻『廣日本文典』などとの影響関係を調査してきた。その経緯は『日本文法の系譜学 〜国語学史と言語学史の接点〜』（斉木・鷲尾（2012a））でも略述したが、[3] 本稿では特に、『國語學』の刊行年をめぐる従来の矛盾した記述を取り上げ、『國語學』の来歴に照らしてどの記述に妥当性があるのかを考えてみたい。考察の過程では、筆者らが最近入手した「新資料」も紹介するが、これは明治20年代の教育雑誌に関わる新しい情報を提供するものであるため、純粋に書誌学的な観点からも興味深い資料となる。

5.2. 『國語學』刊行年の問題

従来の国語学史で那珂への言及があるものとしては、例えば東條操の『新修國語學史』（1948）を挙げることができる。同書（pp. 209-210）で東條は、日本に言語学が「輸入」されたことで国語研究も組織され、「體系的な國語學が樹立される」に至ったと述べ、国語学の分野でも「概論書」が書かれる

ようになったとして亀田次郎の『國語學概論』（明治四十二年）を類書の初出文献としている。亀田以前について東條は、

> 國語學の名を冠するものには明治二十三年に那珂通世の普通國語學、明治二十四年に關根正直の國語學があるがいずれも普通の文法書にすぎない。(p. 210)

と述べ、那珂の著作に言及している。那珂と關根の著書について、東條が「普通の文法書にすぎない」と述べているのは、上の一節が国語学の「概論書」と呼びうる著作の成立を論じた文脈に出てくるためであり、これらを概論書の先駆けと見なすことはできない、という趣旨である。

上の引用にある「普通國語學」は書名と理解するのが自然であるが、那珂が実際にそのような著作を残したのかどうか、筆者らは確認できていない。現存する資料から判断する限り、東條の言う「普通國語學」は本稿で問題にする『國語學』と同じものを指すと考えられる。東條が那珂と共に名前を挙げる關根正直には、明治二十八年刊の『普通國語學』という著書があるので、あるいはこの著作名との混乱があったのかも知れない。また、以下で詳しく述べるように、那珂の『國語學』は「普通教育」というものと深く関わっているため、これらが相俟って書名の記述に若干の混乱が生じた可能性もある。[4]

那珂『國語學』を取り上げた最も古い国語学史は、福井久藏の『日本文法史』(1907) かと思われるが、同書 (p. 239) は『國語學』の刊行年を「明治二十四年十一月」と明記している。東條の「明治二十三年」より一年遅い。一方、『日本文法史』の増訂版 (1934) では、『國語學』の刊行年は「明治二十二年九月」とされている。[5] 東條の「明治二十三年」より一年早い。

東條より後の文献では、佐伯梅友・他（編）『国語学』(1961) に次のような記述がある。

> ところで、「国語学」という名は、明治になってはじめて見られる。刊本としては、那珂通世の『国語学』（明治二十二年／一八八九）や關根正直『国語学』（明治二十四年／一八九一）な

どの書名に見られるものが最も古いもののようであり、それ以前にはまだ一般にはほとんど用いられていなかった。(p. 16)

那珂『國語學』の刊行年は『増訂日本文法史』と同様に「明治二十二年」とされている。

国語学会の『国語学大辞典』(1980) も「助詞」の項目で那珂の『國語學』に触れているが、その刊行年は「明治二十三年〈一八九〇〉」と記されている。その他、書名に「国語学」という「名を持つ最も早いもの」として那珂の『國語學』を挙げる清水康行 (2000: 12) は、『国立国会図書館蔵書目録』に依拠して刊行年を"1889-1891"としている。しかし、さほどの大部でもない単行本の刊行年が、なぜ三年間に亘っているのかは説明されていない。山東 (2002: 265) は「折衷文典」の定義を満たす文典の一つとして那珂の「『国語学』(明治二十二年)」を挙げている。ただし、「書目」については福井の『増訂日本文法史』を参照するようにと注記 (p. 305) しているので、あるいは福井「増訂版」の記述が刊行年の根拠となっているのかも知れない。

このように、那珂『國語學』の刊行年については、これまで様々な記述が見られる。簡単に整理すると次のようになる。

那珂通世『國語學』の刊行年をめぐる従来の記述		
明治22 (1889)	・福井久藏『増訂日本文法史』(9月) ・佐伯梅友ほか『国語学』 ・山東功『明治前期日本文典の研究』	1889-1891 ・『国立国会図書館蔵書目録』 ・清水康行「『国語学』という選択」
明治23 (1890)	・東條操『新修國語學史』(「普通國語學」) ・国語学会『国語学大辞典』	
明治24 (1891)	・福井久藏『日本文法史』(11月)	

【表1】

すべての記述が明治22年～明治24年の3年間に収まっているので、いずれにしても大差はないと思われるかも知れないが、明治22年 (1889年) は

『日本言海』の刊行年であり、その巻首に附されたのが「語法指南」であるから、那珂の『國語學』が同年の刊行である場合、両者の関係は微妙な問題となる。『國語學』には、西洋文法に由来するヴォイスの概念を日本語に適用し、「幇助言」なる品詞の下位類に「勢相（voice）」の幇助言を置くという、かなり行き届いた近代的記述が見られるが、これは「語法指南」における「相の助動詞」に繋がるものであり、『國語學』と「語法指南」が同じ年の刊行物であるとすると、現在「大槻文法」と呼ばれている日本文法の記述方式が、事実として大槻だけに遡るのか、という重大な学史上の問題さえ生じかねない。

明治22年説を採る先行研究のうち、福井の『増訂日本文法史』は「明治22年9月」とまで明記している。福井は「語法指南」の初出年月も「明治22年9月」[6]と記しているので、那珂『國語學』と大槻「語法指南」は同年同月に刊行されたとの記述になっている。しかし、以下でも指摘するように、『國語學』には「語法指南」からの直接引用が見られるため、これらが同年同月に出版されたとは考えられない。「語法指南」を所収した『言海』が出版された明治22年5月の時点で、『國語學』がまだ完成していなかったことは確実なのである。

5.3. 『國語學』の概要

那珂の『國語學』は現在、国内の図書館5箇所に蔵されている。

まず、国立国会図書館に2種類の資料がある。一つはケースに収められた和装本であり、ケースの内側にゴム印で小さく「亀田文庫」と押印されている。亀田次郎の旧蔵書であり、『亀田次郎旧蔵書目録』にも記載がある。以下、これを「国会図書館亀田本」あるいは単に「亀田本」と呼ぶ。

国会図書館蔵の別の資料は、マイクロフィッシュに収められている。これは合本であり、『國語學』の最終ページに続いて、上田萬年の「言語及び其教授法」という文章が収められている。第一講から始まる本編に先立ち、

「文學士　上田萬年識」という署名の入った序文がある（日付は「明治二十二年十二月二十五日」）。この序文の前のページは表題紙であり、そこには「明治廿三年一月十日」という日付が見られる。明治22年末に脱稿し、翌年の1月に刊行された文章であることを示すものであるが、この上田の文章は「四十三」ページで終わり、合本全体もここで終わる。奥付はない。以下、この合本を「国会図書館合本」と呼び、合本の本体である『國語學』を「国会図書館マイクロ本」あるいは単に「マイクロ本」と呼ぶ。

　国立国語研究所、東京大学文学部図書室、実践女子大学図書館にも一冊ずつ刊本がある。それぞれ独自に製本されており、手書きの表紙などが付けられているものもあるが、『國語學』の本体は、目次から本文の最後までレイアウトも内容もすべて同じであり、国会図書館の亀田本と同一である（マイクロ本も画像を見た限りでは同様）。

　名古屋市鶴舞中央図書館にも『國語學』を収めた合本がある。国会図書館のマイクロ資料と同様であるが、合綴されているのは上田萬年の文章ではなく、井上陳政の「支那歷史」である。以下、この合本を「鶴舞合本」と呼び、この合本に収められた『國語學』を「鶴舞本」と呼ぶ。鶴舞本『國語學』は、内容も割り付けも上で見た他の刊本と変らない。

　上で紹介した二種類の合本は、いずれも『國語學』を冒頭に置き、同書を主体としてそれに他の文章を合綴したように見える。これとは逆に、別の書籍を冒頭に置き、それに『國語學』を合わせたような合本もある。国会図書館蔵の『第十九世紀之教育』（金港堂編輯所譯）という本である。これも亀田次郎の旧蔵書であり、『亀田次郎旧蔵書目録』にも記載がある。『第十九世紀之教育』の後に新保磐次『源語時代之教育』が置かれ、さらに上田萬年「言語及び其教授法」、そして那珂の『國語學』が収められている（内容、形式とも他の諸本と同様）。この『國語學』を「亀田合綴本」と呼ぶ。

　以上の書誌情報を簡単にまとめたのが次の表である。

第 5 章　那珂通世『國語學』の来歴　　　　　　　　　　137

那珂『國語學』	所蔵図書館	合本の情報
亀田本	国立国会図書館	
マイクロ本	国立国会図書館	国会図書館合本 ・上田萬年「言語及び其教授法」
国研本	国立国語研究所	
東京大学本	東京大学文学部図書室	
実践女子大学本	実践女子大学図書館	
鶴舞本	名古屋市鶴舞中央図書館	鶴舞合本 ・井上陳政「支那歴史」
亀田合綴本	国立国会図書館	『第十九世紀之教育』

【表 2】

　すでに述べたように、『國語學』の諸本は割り付けも内容も同一である（サイズは縦横 20cm × 12cm ほど）。実践女子大学本は表題紙を欠くが、その他の諸本には印刷された同じ表題紙がある。表題紙をめくると目次があり、目次は裏のページまで続く。そして目次の 2 ページ目と見開きの左ページから本文が始まる。この本文からページ番号（「一」）が打たれ、最終ページは「一八六」である。刊本すべてが奥付を欠く。

　本文最初のページには「國語學」というタイトルがある。次の行に下寄せで「那珂通世」の署名、次の行に「發端」という節見出しがあり、改行一字下げで

　　　國語ハ、我等日本人ノ通常用フル言語ナリ

という本文が始まる。

　目次の冒頭にも「國語學」と記されているが、これには句点が付いているので、正確には「國語學。」という表記になっている。目次だけに見られるこの独特の表記は前掲の諸本すべてに共通しており、他の割り付けも諸本すべてに共通していることから、『國語學』の刊本は一種類しか存在しなかっ

たと考えられる。国内の図書館が所蔵する刊本すべてが奥付を欠くという事実は、この刊本のオリジナルには、そもそも奥付がなかったと考えれば説明が付く。

しかし、仮にそうであるなら、従来の文献に見られる『國語學』の刊行年——明治22年（1889年）〜明治24年（1891年）——は、どのような根拠に基づいて特定されたのであろうか。『國語學』単体の刊本にせよ合本にせよ、前掲の諸本は奥付を欠くばかりでなく、表題紙にも他のどの箇所にも刊行年月日は明記されていないのである。

5.4. 刊本の成立事情

『國語學』を通読して最終ページに辿りつくと、次の一文で唐突に終わる。

> 承体後置言ハ、他ノ承体後置言ト相連ナルコトナシ。只ノノ第二ノ用法ノミハ、時トシテ、ヘ、より、まで、とノ下ニ附クコトアリ。

これは第十九章「後置言」の「上」として始まる節の最後の文であり、『國語學』全体の最後の文でもある。つまり『國語學』は未完の書なのであるが、上の一文の後に、本文と区別するための縦線が引かれ、その後に本文よりも小さな活字で印刷された次のような付記がある。

> 本科の講師那珂氏は茲夏以來かはるかはる家族の重患に逢ひ看護苦心一方ならず、全く筆硯を癈せらる、遂に今や稿を終へずして已むの場合に至れり、講述者の不本意、編者の遺憾之に過ぎずと雖事情如何ともすべからず、よりて一言を陳して讀者に謝す。　　　　　　　　　　　　編者識す

『國語學』が未完に終わった事情の説明である。しかし、この文章はよくわからない。冒頭の「本科」とは何か。那珂がその「講師」であり「講述者」であるとはどのような意味か。そしてこの文章を書いた「編者」とは誰か。

国会図書館の亀田本には、こうした疑問を解く手掛かりになりそうな記載

第5章 那珂通世『國語學』の来歴

がある。表題紙と見開きの右側空白ページに手書きで記された次のような情報である。

> 本書は明治二十三年より同二十四年に亘りて金港堂発刊の講義録「普通教育」に連載せられたるものなり

筆書きの楷書で三行に亘って書かれている。やや大きめの字で黒々と書かれているため、相当に目立つ。誰が書き込んだのかはわからない。亀田次郎かも知れないが、断定する根拠はない。しかし、いずれにしても上の一文は、『國語學』が元々は連載記事であり、「普通教育」という「講義録」に連載されていたこと、その時期が明治二十三年から二十四年、すなわち1890年から1891年であったことを明記している。

上で紹介した『第十九世紀之教育』にも同様の記載がある。合本全体の表紙の裏に手書きで次のような書き込みがあり、『國語學』を含め、この合本に収められたすべての文章の初出年代を「明治二十三四年」と記している。

> 本書は明治二十三四年の交金港堂発刊の講義録「普通教育」に所載のものを集めたるものなり

亀田本の注記と同じ書体・筆跡であるから、以上二つの書誌情報は同一人物が書き込んだものと考えられる。

これらの記述が正しければ、刊本『國語學』の刊行年が1890年以前である可能性は低くなり、上で見た従来の記述のいくつかは不正確であることになるが、実際はどうなのであろうか。

福井久藏の『日本文法史』本文には、那珂通世に関わる次のような記述が見られる。福井はまず、「維新後十餘年」の学問的状況として、それまでの洋風からふたたび「國風」を志向する流れになってきたとして次のように述べている。

> 國文典に關しても「ピネヲ」若くは「クヮッケンボス」文典を直譯したる如きものに、滿足せざる時代は來りぬべし。(p. 158)

新たな文典編纂の動きとして、福井は大槻文彦に触れた後で、「蘭學に精通せし近藤真琴翁」も、その私塾「攻玉社」において、「西洋式によらで、詞の種類變化係結等」を教えたと述べ、さらに那珂の名前を挙げ、「那珂通世氏の如きも、東京女子師範學校にて、翻譯的の形式を離れて國文典を授けられたり」と述べている (pp. 157-158)。

那珂の「國文典」については、「氏は（明治）二十三四年の頃雑誌普通教育に國語學講義を載せ、文字及言詞論を序を追ひて説かれたり」(p. 246) と述べ、その内容を略述している。「文字」および「言詞論」を順を追って説いたという福井の記述は、次に載録した刊本『國語學』の内容と合致している。

　國　語　學。
　　　　　目　　　次
　　發　端 ……………………………………………………… 1
　　文字論 ……………………………………………………… 7
　　　第一章　　假名ノ種類 ……………………………… 7
　　　第二章　　漢字ノ音義 ……………………………… 10
　　　第三章　　假名ノ古今音 …………………………… 13
　　　第四章　　五十音及ビ也和ノ二行 ………………… 19
　　　第五章　　母韻ノ性質順序 ………………………… 23
　　　第六章　　發聲ノ種類性質 ………………………… 25
　　　第七章　　發音 ……………………………………… 29
　　　第八章　　促音 ……………………………………… 34
　　　第九章　　拗音 ……………………………………… 39
　　　第十章　　長呼音 …………………………………… 42
　　　第十一章　音便 ……………………………………… 51
　　言詞論
　　　第一章　　言詞ノ種類 ……………………………… 61
　　　第二章　　体言 ……………………………………… 65
　　　第三章　　代名体言 ………………………………… 71
　　　第四章　　用言ノ種類 ……………………………… 77
　　　第五章　　動作言ノ六格 …………………………… 79

第5章　那珂通世『國語學』の来歴

第六章	動作言ノ九種活用	82
第七章	動作言六格ノ用法	94
第八章	動作言ノ自動他動	107
第九章	形状言ノ五格及ビ二種活用	116
第十章	形状言五格ノ用法	119
第十一章	帮助言ノ種類活用	125
第十二章	動作ノ六時	130
第十三章	第一類ノ帮助言	135
第十四章	第二種ノ帮助言上	145
第十五章	第二類ノ帮助言下	151
第十六章	第三類ノ帮助言及ビ帮助言ノ接續	159
第十七章	文句の分解	166
第十八章	副言	171
第十九章	後置言上	176

【表3】

同じような内容の「國語學」を那珂が別々の場所で活字にしたという事実は確認できないなど、あらゆる状況証拠から、福井の言う「國語學講義」は、本稿で問題にしている『國語學』と同一のものと考えられる。

　亀田本および『第十九世紀之教育』にある手書きの記載と福井の『日本文法史』は、いずれも「普通教育」に言及している。亀田本はこれを「講義録」と呼び、福井は「雑誌」と呼ぶ。その時期についても、亀田本が「明治二十三年より同二十四年に亘りて」と明記しているのに対し、福井は「明治二十三四年の頃」と述べ、やや曖昧である。しかし、いずれにしても那珂の『國語學』は、「普通教育」というものと深く関わっているらしい。

　『國語學』と「普通教育」の関係は、次に載録した刊本『國語學』の表題紙からも窺える。

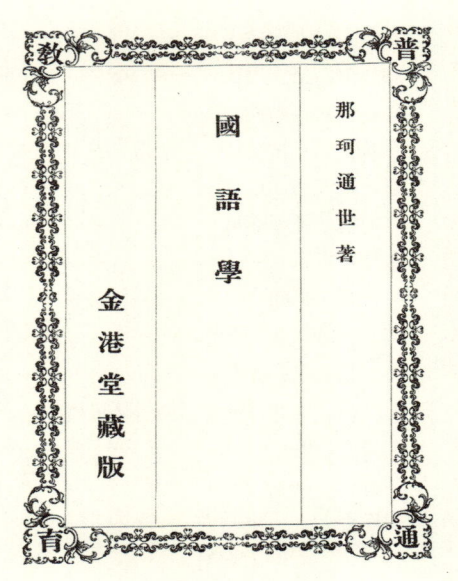

【写真1】

　縁取りが印象的なデザインであるが、縁取りの四隅には漢字が一字ずつ配置されており、それらを右上から辿ると「普通教育」と読める。

　このように、那珂『國語學』の来歴を調べていると、必ず「普通教育」に出くわすのであるが、このキーワードは、実は『國語學』の本文にも出てくる。那珂は助動詞を「幇助言」と呼び、その下位類として「ラルル、サスル、シムルの三言」からなる「勢相の幇助言」という一類を立てる。「勢相」とは西洋文法の"voice"に対する那珂の訳語であり、これは筆者らが『日本文法の系譜学』で注目した概念の一つであるが、勢相の幇助言に含まれる「ル・ラル」の可能用法を論じた文脈で、那珂は次のような作例を挙げているのである。

　　「普通教育は中中見らるゝ雑誌なり」(『國語學』p. 157)

文法を解説する際の用例であるから、当然ながら読者が「普通教育」という

「雑誌」を知っていることが前提となっている。現にこの雑誌を読んでいる読者に向けた文章であれば上のような作例も不自然ではないし、当時は一般の人々にもよく知られた雑誌であったのかも知れない。しかし現在では——少なくとも日本語学や言語学の分野では——ほとんど知られていないと思われる。そこでまず、「普通教育」とは何かを確認しておきたい。

5.5.　雑誌『普通教育』

『普通教育』とは、明治時代に金港堂から出版されていた「月刊誌」のようなものである。様々な学術・技術分野（「學科」と呼ばれる）をそれぞれの専門家が概説する、「誌上講義」を集めたような刊行物であり、「第壹册」と表記された創刊号は明治22年11月10日に発行されている。「第貳册」は同年翌月の12月10日に刊行されているが、創刊号が好評を博し、「毎月一回の發行にては待ち遠し」[7]などの声が寄せられたことから、「第貳册」以後、月二回発行する方式に変更され、月刊誌の倍のスピードで順次刊行されていく。

『普通教育』は、現在ではまったくの稀覯本となっている。以下でも触れるように、この雑誌には「第一集」（明治22年11月〜）と「第二集」（明治24年12月〜）があり、本稿との関連で特に重要なのは「第一集」の方であるが、全国の図書館で「第一集」のバックナンバーを所蔵しているのは東京大学の「明治新聞雑誌文庫」[8]だけである。『普通教育』がこれほどの稀覯本になってしまった理由は定かではないが、[9]このことが那珂『國語學』の刊行年あるいは初出年の特定を阻む最大の理由となっている（次節参照）。

『普通教育』第壹册の表紙をめくると、目次や刊行年月日などを記したページがある。このページと見開きの左ページから、「發行の趣旨」という三宅米吉の文章が始まる（pp. 1-4）。そこで三宅は次のようなことを述べている（以下は直接引用を交えた筆者らの要約）。

「我が國の教育を直接に利すべき第一のもの」は、自分で勉強して学識を広めようとする多くの人々に対して、「教師たる人人の見聞を廣め其の業務に關する知識」を得やすくする手助けをすることにある。書籍や雑誌は有益であるが、それぞれに不便な点、不十分な点があるため、「雙方の利益を取りて其不利なる所」を取り去った、書籍と雑誌の中間のような媒体を作り、それに講義録のような役割も担わせれば都合がよい。このように考え、『普通教育』を作り出した。ここに掲載されるのは、教育に関わる諸学科をはじめ、広く諸分野の「講義」、「講説」、「論説」、「講解」などであるが、それらはいずれも「知識と經驗」を備えた「學士の手に成れるもの」であるから、それぞれの「新案新説」も多く、『普通教育』には書籍、雑誌、講義録を兼ねた面がある。　　　　　　　　　　　（三宅米吉「發行の趣旨」より）

このような性格の刊行物であったために、『普通教育』はこれまで「講義録」（亀田本）とも「雑誌」（福井久蔵）とも呼ばれてきたのであろう。那珂『國語學』の最終ページにある「編者」の説明は、那珂が国語学という「学科」の「講述」を依頼された「講師」であり、そのために執筆されていたのが『國語學』であったことを示すものと思われる。『國語學』が未完に終わった事情を書いた人物は、あるいは三宅米吉本人であったかも知れない。那珂とは生涯の親友であり、「文學博士那珂通世君傳」も書いている三宅であるから、那珂の個人的事情を代弁した「編者識す」の文章は、三宅自身が書いたものであってもおかしくはない。[10]

5.6. 『國語學』と『普通教育』

『普通教育』には「第二集」という "second series" があり、その刊行は明治24年12月25日の「第一册」から始まっている。これ以前の、明治22年11月10日から始まる『普通教育』には、特に「第一集」という表記があるわけではないが、本稿では便宜上これを「第一集」と呼んでいる。すでに引用した亀田本の注記（次に再録）によれば、

第5章 那珂通世『國語學』の来歴

> 本書は明治二十三年より同二十四年に亘りて金港堂発刊の講義録「普通教育」に連載せられたるものなり

ということであるので、これを前提にするなら、那珂『國語學』は『普通教育』の「第一集」か、あるいは「第一集」から「第二集」にかけて連載されていたと考えられる。

「第二集」には1号から20号までの総目次が作成されているが、そこに那珂『國語學』の記載は見られず、明治新聞雑誌文庫所蔵のバックナンバー（「第二集」1号〜37号）をすべて調べても『國語學』は掲載されていない。岩手大学図書館所蔵のバックナンバー（「第二集」1号〜38号）も同様である。[11] したがって、仮に『國語學』が『普通教育』に連載されたものであるとすると、それは「第一集」でなければならない。ところが、「第一集」の1号（「第壹冊」明治22年11月10日）から13号（「第拾三冊」明治23年5月25日）まで——明治新聞雑誌文庫所蔵のバックナンバーすべて——を見ても、やはり『國語學』は掲載されていない。[12]

このように見てくると、仮に『國語學』が『普通教育』に連載されたものであるなら、それは明治23年5月25日発行の13号より後の号で、しかも明治24年12月25日の「第二集」1号より前の号、すなわち「第一集」の"14号"以降でなければならない。しかし、国立国会図書館をはじめ、全国の図書館が提供する書誌情報を網羅的に調査しても、『普通教育』の「第一集」は13号（第拾三冊）までしか確認できず、おそらく《第拾四冊》と表記されているはずの"14号"およびそれ以降の号が、そもそも存在したのかどうかさえ疑わしくなってくる。

『明治新聞雑誌文庫所蔵　雑誌目録』（東京大学出版会）は、『普通教育』について次のような書誌情報を載せている（請求番号はZ7-2-5）。

　普 通 教 育
　　東京　金港堂　月刊→半月刊
　　　1〜13冊（明22.11.10〜23.5.25）

この記載方式からは、「第一集」が13号で終わったのか、その後も発刊されたのかはわからない。実際に13号を見ても、これが終刊号であることを示す記載はどこにも見当たらない。しかし、明治新聞雑誌文庫所蔵の『普通教育』には、"14号"以降が発行されたことを示す証拠も残されていない。

ここまでの調査結果からは、さほど積極的な情報は得られていないが、我々に欠けている情報の種類と範囲は徐々に明らかになってきた。要するに、次の表で網掛けを施した期間の事実関係が不明なのである。

1889年（明治22年）	『普通教育』「第一集」第壹冊	（11月10日）
1890年（明治23年）	『普通教育』「第一集」第拾三冊	（5月25日）
1891年（明治24年）	『普通教育』「第二集」第一冊	（12月25日）

【表3】

那珂の『國語學』が『普通教育』に連載されたものであるとすると、その期間は上の網掛けの範囲でしかありえない。しかし、この網掛けの期間に『普通教育』が刊行され続けたことを示す書誌情報は存在しない。

一方で、『國語學』が雑誌『普通教育』と密接に関わっていることは、『國語學』の表題紙および那珂の作例からも明らかである。とりわけ後者（「普通教育は中中見らるゝ雑誌なり」既出）は、著者が『普通教育』への掲載を念頭において原稿を執筆していたのであれば、いかにも考えつきそうな作例である。

『國語學』以外に目を向けてみると、『普通教育』の連載記事が単行本のような形で残されている事例は、菊池熊太郎『物理學』、峰是三郎『物理學應用解説』、渡邊讓『化學』など、比較的容易に確認することができる。それらの多くは『國語學』と同じような装丁であり、表題紙の四隅に「普・通・教・育」という漢字を配したデザインになっている。書名が目次においての

第5章　那珂通世『國語學』の来歴

み句点を伴い、「物理學。」「化學。」などと表記されているのも、奥付を欠くのも、那珂『國語學』と共通する特徴である。

表題紙のデザインが微妙に異なり、奥付のある刊本も残っている。例えば倉田伋作の『幾何學』は「明治二十四年十二月廿八日出版」という奥付をもつ単行本であるが、これが『普通教育』第一集の連載記事であったことは、本稿末尾の「附録」を見れば明らかである（2号、7号、9号、11号、13号の目次を参照）。上に挙げた菊池熊太郎『物理學』、峰是三郎『物理學應用解説』、渡邊譲『化學』も第一集の目次に見えるので、元々は連載記事であったことがわかる。しかし後者には奥付がなく、表題紙も倉田伋作の『幾何學』とは異なるので、同じように連載記事を集めた単行本にも二つの系列があったのではないかと思われる。一方の系列では、奥付のある通常の刊行物が作られたように見えるが、他方の系列では、連載記事を単に一冊にまとめただけのような印象であり、那珂『國語學』は明らかに後者の系列に属する。

那珂通世の生涯を詳しく描いている窪寺紘一『東洋学事始』には、『國語學』に関する次のような記述がある。

> ［大槻文彦が『言海』四冊を刊行したのと］ほぼ同じ頃、通世もまた『支那通史』を執筆する傍ら、明治二十三年後半から二十四年夏にかけて、**金港堂発行の雑誌『普通教育』に「国語学」を連載している**（この掲載誌を残念ながら実見することができなかった）。しかし後述するように家族の病気もあって連載は中断され、**既載の講義録が金港堂により単行本『国語学』**（この冊子には奥付がないので、刊行年月や定価はもとより、市販されたかどうかも不明である）**としてまとめられた。**
>
> （窪寺（2009: 183）、強調は引用者による）

これが相当に詳しく調査した上での記述であることは、同様の調査を行なってきた筆者らにはよくわかる。『國語學』が「市販されたかどうかも不明である」というのは、上で述べたような理由で我々もその通りであると思う。しかし、太字で引用した箇所に見られる窪寺の記述は、筆者らの調査が及んだ範囲では可能性にとどまっていた。『國語學』が『普通教育』に連載されて

いたという亀田本の注記を筆者らは確認することができず、例えば那珂が執筆していた原稿を一回で刷って刊本にしたのが『國語學』であると考えても、我々が入手し得た情報とは矛盾を来さなかったからである。

　上で指摘した『物理學』、『物理學應用解説』、『化學』などの単行本が連載記事に基づいているという事実に照らせば、『國語學』もそうであったと考えるのが自然である。また、上に引用した『國語學』末尾の「編者識す」の文章（「全く筆硯を癈せらる、遂に今や稿を終へずして已むの場合に至れり」）にしても、書き溜めた原稿が未完である旨を述べたと解するよりは、連載を途中で止めた文章に附されたと理解する方が自然である。

　しかし、『普通教育』第一集の"14号"以降が存在した証拠が得られない限り、そもそも『國語學』の連載が物理的に可能であったのか、という疑問を払拭することができない。『普通教育』をめぐる我々の調査は、このような状態でしばらく停滞していたのであるが、その後『普通教育』の"14号"以降が存在したことを示す確実な証拠を発掘したので、以下、まずはこの点について報告したい。

5.7.　『普通教育』第五拾壹册および国研本『國語學』

　最も確実な証拠は、筆者らが仙台の古書店から入手した『普通教育』第一集の 51 号（第五拾壹册、1891 年）である（【写真 2】参照）。これが「第一集」であることは、刊行年月日が「明治 24 年 10 月 20 日」と明記されていることからも明らかである。すでに紹介した「第二集」の 1 号は「明治 24 年 12 月 25 日」の発行であるから、これより二カ月早い『普通教育』51 号は、「第一集」の終刊が近づいた頃のものである。

第5章　那珂通世『國語學』の来歴

```
　　　　　明
發　　　　治
行　普　　廿
所　　　　四
　　通　　年
金　　　　十
港　教　　月
堂　　　　廿
編　育　　日
輯　　　　發
所　　　　行
　　　　　（版權所有）
　　第五拾壹册
```

【写真2】

　前節で述べたような理由から、筆者らは『國語學』が連載記事であったという亀田本の記述を疑いはじめていた。"14号"以降の存在が確認できなかったため、『國語學』は那珂が執筆していた原稿を一回で刷って刊本にしたのではないかと考えはじめていたのである。しかし、『普通教育』の第一集が51号まで発行されていたという事実は、前節【表3】で網掛けにした期間に『國語學』を連載することが実際に可能であったことを示している。

　ただ、『普通教育』第一集の「51号」というのは不思議な号数である。第一集の2号以降、『普通教育』は月二回の発行であったから、【表3】で網掛けにした期間のうち、51号の発行年月日「明治24年10月20日」まで17カ月ほどしかない。したがって、月二回の発行であれば最大でも34冊しか発行できなかったはずであり、これを既刊の13号に足しても"47号"にしかならない。この疑問は、しかし、51号に「毎月三回　十日二十日三十日」という記載を見出したことで氷解した。次に載録した51号の「目録」ページで確認されたい。

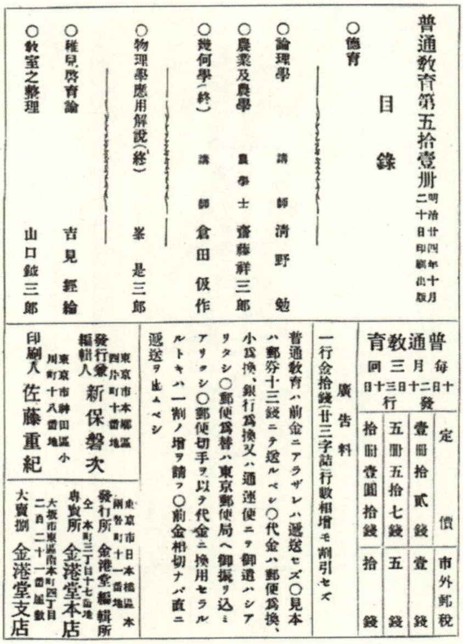
普通教育第五拾壹册 明治廿四年十月二十日印刷出版

目録

○德育

○論理學　講師　清野勉

○農業及農學　農學士　齋藤祥三郎

○幾何學（終）　講師　倉田伋作

○物理學應用解説（終）　峯是三郎

○稚兒啓育論　吉見經綸

○教室之整理　山口鉉三郎

普通教育　毎月三回　十日二十日三十日發行

定價	壹冊	五冊	拾冊
	拾貳錢	五拾七錢	壹圓拾錢
市外郵税	壹錢	五錢	拾錢

廣告料　一行金拾錢（廿三字詰）行數相増モ割引セズ

普通教育ハ前金ニアラザレハ遞送セズ○見本ハ郵券十三錢ニテ送ルベシ○代金ハ郵便爲換、小爲換、銀行爲換又ハ通運便ニテ御遣ハシアリタシ○郵便爲替ハ東京郵便局ヘ御振リ込ミアリタシ○郵便切手ヲ以テ代金ニ換用セラルルトキハ一割ノ増ヲ請フ○前金相切ナバ直ニ遞送ヲ止ムベシ

發行兼編輯人　東京市本郷區西片町十番地　新保磐次

印刷人　東京市神田區小川町十八番地　佐藤重紀

發行所　東京市日本橋區本兩替町十一番地　金港堂編輯所

專賣所　仝　本町三丁目十七番地　金港堂本店

大賣捌　大阪市東區南本町四丁目二百二十一番屋敷　金港堂支店

【写真 3】

これは、51 号の表紙の裏側のページである。横線で区切られた下段の右上に、「普通教育　毎月三回」云々と（横書きで右から左に）記載されている。つまり、当初は月刊誌として出発し、2 号から月二回の発行に変更した『普通教育』は、第一集の途中でさらに発行回数を増やしたのである。「發行兼編輯人」にも交代があったようであり、51 号では新保磐次と記されている（本章の注 10（p. 165）を参照）。

那珂通世について言えば、51 号には『國語學』も那珂に関係する文章も掲載されていない。上の「目録」で確認できる通りである。

国立国語研究所蔵の単行本（「国研本」）にも、『普通教育』第一集の“14 号”以降が存在したことを示す情報が含まれている。他の単行本と同様に、国研本も独自に製本されている。濃紺の紙に朱色で「那珂通世著　國語學」と手書きされた表紙が付いている。目次ページの右側には「見坊豪紀氏寄贈」と

第5章　那珂通世『國語學』の来歴

の記載がある。

　すでに述べたように、国研本は合本ではなく、『國語學』のみを独自に製本したものであるが、表紙から裏表紙までを見ていくと、『國語學』本体の前後に、『國語學』とは関係のない数ページが一緒に綴じられている。まず、表紙をめくると次のように印刷されたページがある（原文は縦書き）。

　　●心 理 學　　（第二十册ノ續キ）　　ドクトル;オブ;フヒロソフヒー　元良勇次郎

白紙ページの中央に、この一行だけが印刷されているのだが、これは『普通教育』を調べてきた我々には見慣れたスタイルのページである。この雑誌の連載記事には、各連載ごとに大体このような「表紙」のページがあり、それをめくった次の左ページ（奇数ページ）から文章が始まるという形になっている。右のページ（「表紙」の裏のページ）には、金港堂の出版物の広告が載っていることが多い。

　本稿の附録で確認できるように、元良勇次郎の「心理學」は、『普通教育』第一集の創刊号から第13号まで、一度も休むことなく連載されており、上の「第二十册ノ續キ」とは、これが第21号（あるいはそれ以降の号）に掲載された分の記事に付けられた「表紙」であることを示すものと思われる。すなわち、『普通教育』第一集は、少なくとも第21号までは続いていたことになる。

　国研本では、上の「心理學」の表紙をめくると薄いパラフィン紙のような半透明の紙が閉じてあり、それをめくると『國語學』の表題紙が現れる。国研本がさらに奇妙なのは、『國語學』本体の後にも、「心理學」とは別の連載記事の表紙だけが綴じられている点である。国研本全体の最後から二ページ目と三ページ目には、それぞれ次のように印刷された二種類の「表紙」が、見開きで綴じられている。

　　●農業及農學　　（第三十五册ノ續キ）　　農學士　齋藤祥三郎
　　●農業及農學　　（第四十七册ノ續キ）　　農學士　齋藤祥三郎

齋藤祥三郎の「農業及農學」は、上の第 51 号の「目錄」にも見える連載記事であり、51 号の本文にも次のような「表紙」が付いている。

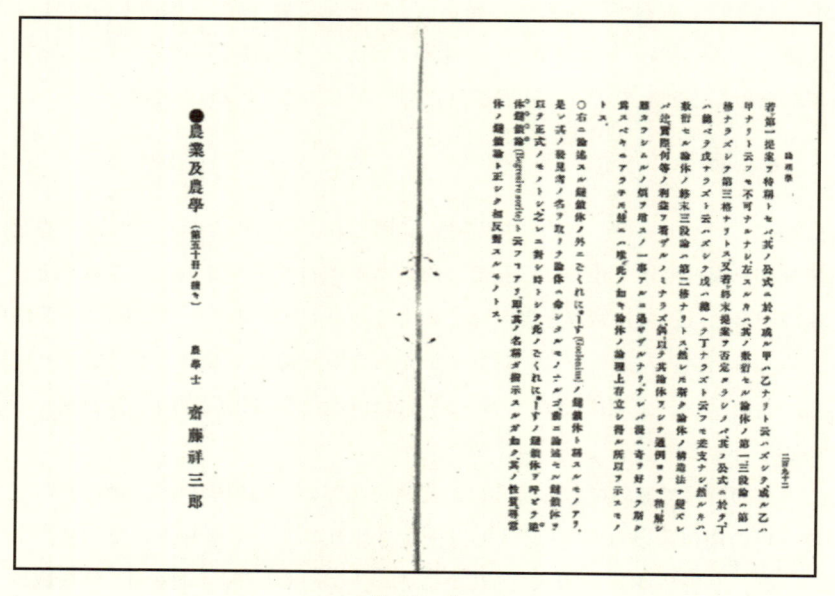

【写真 4】

国研本に綴じられているのも、この写真と同じ形式であり、齋藤祥三郎「農業及農學」を掲載した第 35 号と第 47 号、およびそれらに続く号が現に存在し、少なくとも第 51 号まで続いていたことがわかる。ただ、なぜこれらの連載記事の「表紙」だけが『國語學』と一緒に綴じられているのか、その理由は不明である。敢えて想像するなら、国研本を独自に製本した人物は、実は「心理學」や「農業及農學」の表紙ページに関心があったのではなく、むしろそれらの裏面に印刷された広告ページを綴じておきたかったのかも知れない。これらの裏面には、それぞれ次のような出版広告が印刷されている。

〔広告 1〕三上参次・高津鍬三郎『日本文學史』金港堂

〔広告2〕林吾一・山崎忠興・前川一郎（編）『全科教授法』五版、金港堂
〔広告3〕『國光』第貳巻　第十號、國光社

これら以外にも、国研本には次の広告が綴じ込まれている。

〔広告4〕『東京學士會院雜誌』十三ノ四、金港堂

この広告の裏面は、製本された『國語學』の表紙に糊付けされて一体となっているために、元々何が印刷されていたのかはわからない。

以上の出版広告については、以下でふたたび言及する。

5.8. 『國語學』連載記事と刊本の関係

前節で報告したように、雑誌『普通教育』の第一集は、少なくとも51号（第五拾壹册、1891年）までは刊行されていたことが明らかになった。つまり、那珂通世が『國語學』を『普通教育』に連載することは可能であったことになる。もちろん、これによって、書き溜めた原稿が一回で印刷・製本された可能性が排除されたわけではないが、『國語學』を何度も見ているうちに、この可能性が完全に排除されることに気づいた。

上の5.4節の【表3】に掲げたのは、刊本『國語學』の冒頭に附された「目次」であるが、この目次に印刷された情報は、実は『國語學』本文の情報と微妙に異なる。『國語學』本文に見られるいくつかの誤植が、目次では訂正されているのである。本文に見られる最も甚だしい誤植は、章番号が二箇所においてずれている点である。

「言詞論」の第三章は「代名体言」であり、その次の「用言ノ種類」は第四章のはずであるが、本文ではこれが「第三章」と記されている（つまり「第三章」が連続して二回出て来る）。その次の章（「動作言ノ六格」）は、本来なら「第五章」であるが、本文ではこれが「第四章」と表記されており、ここで生じたずれが本文では「第九章」まで続く。ところが次に期待される「第十章」

が、本文ではまた「第九章」と印刷されているため、本来の正しい章番号より二章分少なくなっている。これが「第十一章」まで続く。しかしその次の章は、予想される「第十二章」ではなく、それに二章分を加えた「第十四章」になっている。これが本来の正しい番号であるから、ここで間違いが訂正され、最後の「第十九章」まで正しい番号が続く、という形になっている。

　本文に見られる以上のような間違いは、雑誌に連載された記事であれば気づかれないこともありうるが、原稿をそのまま本にした場合には、少なくとも目次を作成する段階では気づくはずであり、気づいたからには本文を訂正するであろう。[13] それどころか、現に「第十四章」からは正しい番号に訂正されているのであるから、著者自身が途中で間違いに気づいたのは明らかである。これが原稿執筆中のことであるなら、当然その時点で「第三章」まで遡って訂正したはずであるが、それが訂正されずに本文に残っているのは、間違いに気づいた段階で「第十一章」までがすでに刊行されていたからであり、このことから、『國語學』が元々は連載記事であったことが確実となる。さらに、単行本『國語學』は、連載終了後改めて印刷されたものではなく、連載記事をそのまま使って製本したものであるとの推定も成り立つため、連載記事と単行本は、その内容も表記も一字一句違わないと考えられる。

　このように『國語學』が連載記事であったことが明らかになると、その表題紙および目次が作成された時期も推定できるようになる。『普通教育』に連載された他の記事に見られるパターンに照らしてみるならば、表題紙および目次は連載の最終回に、記事の冒頭に附されたものと考えて、まず間違いない。筆者らの手元にある『普通教育』51号でも、二つの記事が最終回を迎えているが、いずれもその冒頭に表題紙および目次が印刷されている。連載記事のページ番号は、記事ごとの通し番号になっており、それぞれ前号から続く番号が印刷されているため、いわゆる単行本は、既刊の連載記事を一つにまとめ、最終回に作成した表題紙と目次を付けて製本すれば出来上がる仕組みになっている。つまり、このようにして後から「単行本」を作ることを前提にして、雑誌『普通教育』は編集されていたものと考えられる。

5.9. 『國語學』刊行年の範囲

　『國語學』の刊行年については、これまで明治 22 年（1889 年）、明治 23 年（1890 年）、明治 24 年（1891 年）という記述があった（第 2 節【表1】）。これらは「単行本」の刊行年を記述しているように見えるが、こうした記述の根拠が不明であることは、これまで述べてきたとおりである。

　一方、『国立国会図書館蔵書目録』および清水康行（2000）には、"1889-1891"（明治 22 年〜明治 24 年）という刊行年の表記が見られた。第 2 節では「さほどの大部でもない単行本の刊行年が、なぜ三年間に亘っているのかは説明されていない」と述べたが、『國語學』と『普通教育』の関係を踏まえるなら、この刊行年表記は、『國語學』が雑誌に連載された期間を指すと理解することもできる。しかし、『普通教育』への連載は、第一集の "14 号" 以降であることが明らかになったので、明治 23 年（1890 年）6 月以前ではありえない。

　したがって、従来の記述に見られる明治 22 年（1889 年）への言及は、それが初出年であれ単行本の刊行年（作成年）であれ、これまでの考察によって自動的に排除されることになる。これに対して、「明治 23 年（1890 年）」は充分に可能であるが、それを直接的に裏づける証拠は皆無に等しい。

　例えば、上で触れた「国研本」に綴じ込まれた四つの出版広告のうち、〔広告 3〕と〔広告 4〕には発行年月日が明記されている（『國光』は明治 24 年 5 月 12 日、『東京學士會院雑誌』は明治 24 年 4 月 28 日）。〔広告 1〕には、三上参次・高津鍬三郎『日本文學史』の出版を「上巻十月中旬、下巻十月下旬」と予告した文章があり、「發兌の日を待ち陸續御購讀あらんことを」などと書いてある。広告に刊行年は明記されていないが、同書は明治 23 年に出版されたことがわかっている（下巻奥付に「明治廿三年十一月十一日出版」とある）。〔広告 2〕は、林・山崎・前川（編）『全科教授法　全一冊』の「五版出来」を知らせる内容である。分冊の「前編」が明治 20 年に出版された『小學全科教授法』が、その後「全一冊」の形でまとめられたものと思われるが、その第 5

版の発売を知らせる内容である。筆者らは第5版の出版年を特定できていない。

　以上のように、国研本に綴じ込まれた広告には具体的な刊行年が記載されているものもあるが、これらに基づいて『國語學』の刊行年を特定できるわけではない。これらの広告は、国研本を作成した人物が『國語學』本体と共に製本したものであるため、『國語學』の初出年・刊行年と広告に記された刊行年（次の【A】～【C】）は必ずしも一致しないからである。

- 【A】　「國語學」が雑誌に連載された期間
- 【B】　単行本『國語學』が作成（刊行？）された時期
- 【C】　単行本『國語學』を数種の広告と共に製本して国研本が作成された時期

国研本には、『普通教育』第一集の48号に掲載されたと考えられる齋藤祥三郎「農業及農學」の表紙が一緒に綴じられていることから、【C】は明治24年（1891年）9月かそれ以降である。よくわからないのは、この国研本作成時のほぼ一年前、明治23年（1890年）9月に『普通教育』に掲載されたと思われる元良勇次郎「心理學」の表紙が、『國語學』の表題紙の直前に綴じられているという事実である。「心理學」の表紙の裏面に印刷されているのが、上の〔広告1〕であり、明治23年10月刊行予定の出版物を宣伝したものである。ここに何らかの意図があるとすれば、元良の「心理學（第二十冊ノ續キ）」が掲載されたのと同じ号（おそらく21号（明治23年9月））に、那珂『國語學』の連載記事も掲載されていた、ということであるのかも知れない。

　筆者らは、『國語學』の連載は10回前後であったと考えている。印刷された文章の続き具合、章の切れ目などの調査に基づく推定であるが、仮に21号が特別な意味をもつとすれば、それは『國語學』の初回が掲載された号であってもおかしくはない。その場合、『國語學』の連載は明治23年9月から明治24年2月くらいまで、ということになり、「明治二十三年より同二十四年に亘りて」という亀田本の注記と合致する。しかし、これは筆者ら

第 5 章　那珂通世『國語學』の来歴　　　　　　　　　　157

が入手し得た情報と矛盾しない多くの可能性の一つに過ぎず、『國語學』の来歴をめぐる年譜には、筆者らが埋めきれなかった空白が広がっている。

　前節で述べたように、雑誌『普通教育』は月刊誌として出発したが、2 号からは月二回の発行に変更され、その後さらに月三回の発行へと変更された。新資料として紹介した『普通教育』51 号が明治 24 年（1891 年）10 月 20 日発行であることから逆算すると、月二回の発行パターンは明治 24 年の 5 月まで続き、6 月から月三回に増やされたとの想定が成り立つ。こうした想定を第 6 節【表 3】の網掛け部分に組み込み、これまでに論じた他の事実や推定と共にまとめると、次の【表 4】のような形になる。

明治 22 (1889)	5.15		大槻文彦「語法指南」（『言海』第一册刊）
	11.10	普通教育 1	
	12.10	普通教育 2	
	12.25	普通教育 3	
明治 23 (1890)	1.10	普通教育 4	
	1.25	普通教育 5	
	2.10	普通教育 6	
	2.25	普通教育 7	「國語學」の掲載なし
	3.10	普通教育 8	
	3.25	普通教育 9	
	4.10	普通教育 10	
	4.25	普通教育 11	
	5.10	普通教育 12	
	5.25	普通教育 13	
	6.	14, 15	
	7.	16, 17	・「國語學」が掲載された可能性があるのは左の網掛け部分
	8.	18, 19	
	9.	**20**, 21	
	10.	22, 23	
	11.	24, 25	・大槻文彦『語法指南』単行本（11.1 刊）
	12.	26, 27	
明治 24 (1891)	1.	28, 29	
	2.	30, 31	
	3.	32, 33	
	4.	34, **35**	
	5.	36. 37	
	6.	38, 39, 40	・発行回数を月三回に変更（推定）
	7.	41, 42, 43	
	8.	44, 45, 46	
	9.	**47**, 48, 49	・国研本が作成されたのはこの時期以降
	10.	**50, 51**, 52	・『普通教育』51（「國語學」の掲載なし）
	11.	*53, 54, 55*	・斜体の号数が刊行されたかどうかは不明
明治 25 (1892)	12.25	普通教育「第二集」1	「國語學」の掲載なし
明治 26 (1893)	1.25	普通教育「第二集」17	
明治 30	1.		大槻文彦『廣日本文典』、同『別記』

【表 4】

【表 4】の網掛け部分には、推定される『普通教育』の号数と発行回数が示してある。実際に発行されたことが確認できる号数は太字にしてある。号数を斜体にした『普通教育』52 号以降が発行されたことを示す証拠は得られていない。14 号から 50 号はほぼ確実に発行されたと考えられるが、全国の図書館が提供する書誌情報に記載はなく、もちろん筆者らも実物は見たことがない。ただし、上で紹介した資料（国研本）には、太字にした号数への言及が見られることから、これらの号およびその次の号の存在は確実である。51 号に「國語學」の掲載がないことから、連載に必要な回数が 10 回前後であったとすると、これ以降に連載された可能性は極めて低い。

以下でも述べるように、大槻文彦の『廣日本文典別記』(1897) には那珂通世への言及があり、『國語學』と思われるテキストからの直接引用が見られる。一方、那珂の『國語學』にも大槻への言及があり、那珂が引くテキストは「語法指南」に見出すことができる。「語法指南」には初出の『言海』版 (1889) と単行本 (1890) があるが、これまでの調査結果からは、那珂がどちらを参照したのかを特定することはできない（『言海』版の参照は常に可能であったが、連載の時期によっては単行本も参照できたはずである）。

5.10. 那珂通世と大槻文彦の関係

大槻の「語法指南」、『廣日本文典』および『廣日本文典別記』は、西洋文法に由来する「ヴォイス」の概念を大幅に拡張し、「脱西洋的ヴォイス」[14] と呼びうる新たな概念に変容させた。これが国語学史や言語学史で取り上げる価値のある優れた洞察であることを、筆者らは『日本文法の系譜学』（第 4 章）で指摘したのであるが、そこでは同時に、類似の洞察が那珂の『國語學』にも見られるという事実を指摘し、両者の影響関係が必ずしも明らかではないと述べた。

大槻と那珂が残した文章を検討すると、両者が互いに引用しているという事実がある。まず、『廣日本文典別記』には那珂に言及した次のような一節

第 5 章　那珂通世『國語學』の来歴

がある。段落冒頭の「(A)」は説明の便宜上本稿で付け加えた（以下の (B)、(C) なども同様）。

(A)　那珂氏は、勢相の字を、Voices, の總名としたり、此所にては、Potential voice に當てたり。　　　　　　　　　　　　　　　　（『別記』143 節）

『廣日本文典』は「る・らる」の可能用法を「勢相」と呼ぶ。この「勢相」という用語は、那珂が voice の訳語として用いたものであるが、大槻は Potential voice の訳語として用いる、と述べているのが上に引用した一節である。大槻がここで言及しているのが那珂の『國語學』であることは、上の一節の直前にある直接引用が、『國語學』の一節とほぼ完全に一致することからも明らかである。『別記』の一節をそのまま以下に載録する。

(B)　那珂通世氏云、「昔懷ばる」然思はる」の類は、可成の意、稍、輕くして、唯、其の動作の、自ら起りて、遏むべからざるが如き意味なり。
　　　　　　　　　　　　　　　　　　　　　　　　　　　　（『別記』143 節）

この直接引用は、『國語學』の次の一節に対応している（大槻の引用と一致する箇所は太字にしてある）。

(C)　「**昔懷ばる**」「行末の考へらるゝ」「**然思はる**」**の類は、可成の意稍輕くして、唯其の動作の自ら起りて遏むべからざるが如き意味なり**。
　　　　　　　　　　　　　　　　　　　　　　　　　　　　（『國語學』p. 157）

したがって、『廣日本文典』(1897) を執筆していた時期、大槻が那珂の『國語學』か、それと同種のテキストを見ていたことは確実である。

一方、那珂の『國語學』にも大槻への言及が見られる。上に引用したのとは別の文脈であるが、『國語學』には次のような直接引用がある。

(D)　大槻文彦氏、ぬるトつるトノ慣用ヲ論ジテ曰ク、「つハ、多ク他動詞ニ屬キ、ぬハ、多ク自動詞に屬ク、「暮らしつ」、「暮れぬ」、「明かしつ」、「明けぬ」ノ如シ、つノ音ハ、銳ニシテ、ぬノ音ハ、軟ナルガ故

> カ。サレド自動ニ、「鳴きつる」「有りつる」「來つる」ト連ネタルモアリ、或ハ他動ニ、「稱寐爲つらむ」トモ連ネ、「旅寐爲ぬべし」トモ連ネタルナドモアレバ、一定ニハ言ヒ難シ。先ヅハ概則ナリト知ルベシ。」
> 　　　　　　　　　　　　　　　（『國語學』p. 136、波線は本稿による）

　ここで引用されている一節と正確に対応する文章を大槻の著作に見出すことはできないが、同じ趣旨の記述は『廣日本文典』にも「語法指南」にも見られる。文の配列や使われている漢字などから判断すると、那珂が引用しているのは、ほぼ確実に「語法指南」の次の一節である（那珂の引用と一致する箇所は太字にしてある）。

> （E）　此語ハ、**多ク他動詞ニ屬キ**、次條ノぬハ、**多ク自動詞ニ屬ク**、「暮ラシつ」、暮レぬ」、「明カシつ」、「明ケぬ」ノ如シ。（つノ音ハ、鋭ニシテ、ぬノ音ハ、軟ナルガ故カ、）**サレド、一定ニハ言ヒ難シ、先ヅハ概則ナリト知ルベシ**。（「語法指南」『辭書言海』第一册、p. 37〔単行本 p. 64〕）

　那珂の文章（D）では、波線を施した「サレド」と「一定ニハ言ヒ難シ」の間に具体例が挙がっているが、大槻の文章では「サレド、一定ニハ言ヒ難シ」と一続きの表現になっている。しかし那珂が挙げている具体例およびその説明は、「語法指南」で（E）の直後に配置された次の一節と完全に一致する。

> （F）　自動ニ、「鳴キつる」「有リつる」「來つる」ト連ネタルモアリ、或ハ他動ニ、「稱寐爲つラム」トモ連ネ、「旅寐爲ぬベシ」トモ連ネタルナドモアレバ、…
> 　　　　　　　　　　　　　　　　　　　　　　　　　　（同上）

　要するに那珂の（D）は、大槻の（F）を（E）に組み込んで引用したものと考えられる。
　「語法指南」（E）の冒頭には、「他動詞ニ屬キ、…自動詞ニ屬ク」という表現がある。この「屬ク」は、「語法指南」で「ツク」と読ませている表現であるが、『廣日本文典』の当該箇所（第234節）では「他動詞ニ連リ、…自動詞ニ連ル」と表現されており、別の動詞が使われている。那珂の引用文に「屬

ク」が見られることからも、その引用元は「語法指南」であったと考えるのが妥当である。

以上のようなことから確実に言えるのは、(i)『廣日本文典』(1897) を執筆していた時期、大槻は那珂の『國語學』を参照していた、(ii)『國語學』を執筆していた時期、那珂は大槻の「語法指南」(1889) かその単行本 (1890) を参照していた、という大槻と那珂の関係である。

那珂は『國語學』において、①「昔懷(シノ)ばる」、②「行末の考へらるゝ」、③「然思はる」という三つの例文を挙げ、「る・らる」の自発用法について論じている（上の引用 (B) を参照）。『廣日本文典別記』(1897) は、那珂の名前を挙げた上でこの一節を引用しているが、例文は①と③のみを挙げている（引用 (C) を参照）。「る・らる」のこの用法は、次のように「語法指南」でも論じられているが、那珂への言及は見られない。

(G) ［ル・ラルは］又、己れが心より、己れに動作を起しかけらるる意をなすことあり、「昔し懷(シノ)ばる」「行末の考へらるる、」などの如し。
（「語法指南」『日本辭書言海』第一册、p. 31［単行本 p. 53］）

しかし、挙げられている用例は上の①と②である。結局のところ、①と②は元々大槻の例文であったのかも知れないが、仮にそうであるなら、大槻と那珂の相互引用は次のような順序で生じたものと理解することができる。

(1) 大槻「語法指南」(1889) は独自に①②の用例を挙げ、「る・らる」の自発用法を論じた。
(2) 那珂『國語學』は、そうと明記せずに「語法指南」から①と②を借用し、それに③を付け加えた。
(3) 大槻『廣日本文典別記』(1897) は、「那珂通世氏云」として (2) の一節を『國語學』から引用した。その際、①と③のみを挙げ、②は挙げなかった。また、①が「語法指南」の用例であることにも触れなかった。

これは充分にありうる可能性であるが、一方で、『國語學』から引用した (C) の一節などからは、①「昔懷ばる」、②「行末の考へらるゝ」、③「然思はる」などの用例が「る・らる」の自発用法を論じる場合の定番であったような印象も受ける。大槻が「語法指南」で①と②を挙げたのは事実であるが、「語法指南」以前から、学者の間では同じような用例が話題になり、①〜③などは那珂にとっても馴染みのある用例であったのかも知れない。『日本文法の系譜学』でも指摘した可能性であるが、筆者らはなおこの可能性は捨てきれていない。[15]

「語法指南」の刊行年は明治22年（1889年）であるが、『廣日本文典』の「例言」によれば、「語法指南」は『廣日本文典』の「原稿」を「摘録」したものであり、その「原稿」は「明治十五年に成れりしもの」という。つまり、「語法指南」がその「摘録」であるところの原稿は、すでに明治15年（1882年）には出来上がっていたことになるのだが、[16] これよりさらに早く、大槻は「文法會」というものを立ち上げ、横山由清や中根淑ら5名と共に、「語法指南」でも扱われることになる様々な問題について議論を重ねていた。大槻が毎回原案を作り、予めこれを会員に配布して、会合の当日にはそれを持ち寄って議論するということを、明治11年（1878年）から明治15年（1882年）の間に計56回行なった。そしてこの会には、明治12年から那珂通世も加わった（『廣日本文典別記』自跋）。

「語法指南」に示されている様々な考え方の中には、上のような活動を通じて練られたものも少なくないと思われる。筧五百里の「大槻博士傳補遺」には次のような一節がある。

> 博士の文典は、その草案は早くから出来てゐた様である。言海の卷首に附録してある語法指南は、その草案の摘要である。この草案は、文法會その他、諸家の説を参考し、また自らも大に研究して、次次に補訂を加へていつた。　　　　　　　　　　　　　　　　　　（筧 (1928b: 79)）

このようなことであるから、例えば西洋文法の「ヴォイス」という概念が

第 5 章　那珂通世『國語學』の来歷　　　　　　　163

「文法會」で議論されたとすれば、その議論から一つの方向性が出され、大槻と那珂がそれを共有し、それぞれが「語法指南」と『國語學』において具体的に論じた、ということも考えられる。同様に、「る・らる」の自発用法が話題になったとすれば、その場で上記①〜③のような作例が出され、それらを皆が共有した可能性もある。[17]

　国文学者の關根正直は「大槻博士を憶ふ」という文章の中で、「語法指南」の単行本が出た後に那珂が次のように語ったと証言している。

　　［大槻］博士が「言海」の卷首に附けられた「語法、指南」之を別册として發行された後に、故那珂通世博士（通高の養嗣子）の云はれたに、「昔の英學者に一時流行したピネヲの英文典・カケンボースの英文法を模擬して、撰著された日本文典が二三種ある事は、誰も知る通り。然る處、之を慊らず思ふ連中が四五人集つて、日本文法會を興した。其の中で大槻氏は終始熱心な研究者であつた。此の仲間で今殘つてゐる者は、自分と井上巽軒博士ぐらゐだらう。**今日、語法指南を見ると、其の時其の會に出た議案が、大分役立つてゐるやうだ。自分等は中途で止めたり忘れたりしたが、大槻氏は能くもこんなにまとめられた**」と語られた。

　　　　　　　　　　　　　　　（關根（1928: 73-74）、ルビおよび強調は引用者）

　この一節は『日本文法の系譜学』（p. 151）でも引用したが、本稿の調査結果を踏まえて改めて読むと、關根の証言する那珂の発言は、やや不可解である。単行本として出版された『語法指南』について、那珂は「文法會」にまつわる思い出を語りながら感想を述べているのだが、その口振りは『語法指南』を初めて見た人のようでもあり、自らの『國語學』など忘れてしまっているような雰囲気さえある。以前に参照した「語法指南」であっても、単行本を手にして感慨を新たにしたのか、あるいは単行本か『言海』版かは意識せず、単に《語法指南》という優れた文法書について感想を述べているのか、那珂の心情はよくわからない。一方で、上の発言にある「自分等は中途で止めたり忘れたりしたが」という一節は、「文法會」を中途で止めたと述べているようにも読めるが、「大槻氏は能くもこんなにまとめられた」に繋げれ

ば、『國語學』が未完に終わった事実を踏まえているようにも読める。連載記事『國語學』の最後の原稿が『普通教育』に掲載されたのは、単行本『語法指南』が出版された明治23年11月に近い時期であったと考えられるので、世間の強い要望に応えて華々しく単行本化された『語法指南』と、連載途中で擱筆せざるを得なかった自らの著作を対比させた当時の記憶が、關根の証言にある那珂の回顧的な発言の基調をなしているのかも知れない。

注

1. 明治時代にまで遡ると、福井久藏『日本文法史』（1907）などがP音説との関連で那珂『國語學』に言及している。福井の著作は以下でも取り上げる。

2. 内田（2005: 89）はP音説を論じた日本人学者の研究として、三宅米吉（1884）「蝦夷語ト日本語トノ関係如何」（『東洋学芸雑誌』36）を挙げている。那珂『國語學』は、この三宅論文よりは後の著作である。以下でも述べるように、三宅米吉は本稿とも関連の深い人物であり、P音をめぐる三宅と那珂、さらには大槻との関係なども、学史的には興味深いテーマである。従来の国語学史では、福井久藏の『國語學史』（1942）が那珂通世のP音説に言及している（以下の注6を参照）。

3. 第4章、§4.5「大槻文彦における『口氣』の概念」および§4.9「付記 —那珂通世の『國語學』—」を参照。

4. ただし、注6に引用した福井久藏も『普通國語學』に言及しているため、そのように表記された印刷物が存在していた可能性が完全に排除されるわけではない。

5. 『増訂日本文法史』「年表四　文法の部」。

6. 正しくは明治22年5月15日（『日本辞書言海』奥付）。これは福井久藏の『國語學史』（1942）では訂正されている。同書で福井は、那珂『國語學』の内容を次のように紹介している。

> 那珂通世は千葉師範學校長時代に仮名遣は發音的によつた程の進歩的な仕方を取つた人で、その普通國語學には音韻に關することも委しく、音韻の中のあ・い・うは原始のもの、え・おはその後に發生したものといひ、波行音は古くはP

第5章　那珂通世『國語學』の来歴　　　　　　　　　　　165

音であつたと述べて、てにはを幇助言と名づけ、これを重言格(清)につくもの、思料格につくもの、終止格につくものなど新しい分類などがある。

(福井（1942: 230））

　この一節は、大槻の「語法指南」から『廣日本文典』が出るまでの主要な研究を紹介した箇所（「現代」の第9節）に見られるので、『國語學史』の頃の福井久藏は、那珂『國語學』の刊行年をそのように位置づけていたものと思われる。ただし『國語學史』では、那珂『國語學』の刊行年は明記されていない。

7.　『普通教育』第貳册 (p. 1)。

8.　現在の東京大学大学院法学政治学研究科附属近代日本法政史料センター。この明治新聞雑誌文庫を別にすれば、玉川大学図書館に「第一集」の中の一冊（第12号）が残されている以外、国内のどの図書館にも「第一集」は所蔵されていない。
　明治新聞雑誌文庫が所蔵する『普通教育』創刊号（「第壹册」）の表紙には「第三刷」という表記があるので、創刊号が増刷されたことがわかる。一回に刷る部数を抑え、需要に応じて増刷する方式であったのか、あるいは出版社の予想以上に売れたために増刷したのか、事情はよくわからないが、いずれにしても、現在我々が手に取って見ることのできる『普通教育』創刊号は、明治新聞雑誌文庫所蔵の「第三刷」だけである。

9.　『普通教育』は「前金ニアラザレバ遞送セズ」（各号の目次ページ参照）という方針で販売されていたので、個人による購入が原則であったのかも知れない。個人が所有する雑誌は散逸してしまうことも多いが、どこかで保存されている可能性もあるので、今後、本稿の内容に関わる新たな情報が得られる可能性は皆無ではない。

10.　『普通教育』1号〜13号は「發行兼編輯人」として森孫一郎の名前を挙げているので、「編者識す」は森の文章であった可能性もある。

11.　岩手大学図書館は「第一集」を所蔵していない。

12.　本稿の末尾に、これら13冊の目次すべてを載録しておいたので、確認したい向きは参照されたい。なお、『普通教育』第一集の1〜13および第二集の1〜37（第一集、第二集ともに明治新聞雑誌文庫所蔵のバックナンバーと同じ号数）はマイクロフィルムになっている（『明治期教育関係雑誌集成』ナダ書房、1993）。このマイクロフィルム版は中京大学豊田図書館および文科省庁舎内の国立教育政策研究所教育研究情報センター教育図書館に所蔵されている。筆者らは後者「国教研」でマイクロフィルム版も調査したが、明治新聞雑誌文庫での調査と同じ情報しか得られなかった。

13.　同じことは、もう一箇所に見られる別の誤植についても言える。「言詞論」の本

文では、第二章の表題は「體言」と表記され、旧字の「體」が使われているが、次の第三章の表題は「代名体言」と表記され、新字の「体」が使われている。この不統一は、「目次」では両者を「体」と表記することで解消されているが、本文には「體」と「体」が混在している。

14. 鷲尾 (2010b, c) および斉木・鷲尾 (2012a) を参照。

15. 以下の論述は『日本文法の系譜学』第 4 章 (§4.9) に基づいている。

16. 筧五百里の「大槻文彦博士年譜」(1928a) にも、『廣日本文典』は 1878 年 10 月に起稿、1882 年 9 月に脱稿、と記されている。ただし同年譜によれば、大槻は 1896 年 1 月に『廣日本文典』の改訂を始め、8 月に改訂を終えたとのことなので、1882 年に「脱稿」した原稿には、さらなる改訂が施されたことになる。

17. ①〜③を指摘したのが那珂であった可能性さえ考えられる。上の引用 (C) において那珂が大槻に言及していないという事実、そして (B) において大槻が那珂の名前を挙げているという事実は、このように考えれば理解しやすいものとなる。ただし、(B) のポイントは例文自体にあるのではなく、「語法指南」で大槻が述べた説明とは異なる那珂の説明 (「可成の意稍輕くして」云々) が妥当であると述べることにあったと思われるので、『廣日本文典』執筆時の大槻には、いずれにしても那珂に言及する理由があったと言える。つまり事実関係が上の (1)〜(3) のようなことであった可能性は依然として残っている。

第 5 章　那珂通世『國語學』の来歴　　　　　　　　　167

【附録】『普通教育』「第一集」目次（第壹册～第拾三册）

普通教育 1（第壹册）明治 22 年 11 月 10 日印刷出版
　　　發行の趣旨　　　三宅米吉
　　　化學　　　渡邊譲
　　　手工科　　　中根明
　　　代數學　　　上野清
　　　倫理學初歩　　　能勢榮
　　　^{簡易}^{實驗}植物學　　　松村任三
　　　農學　　　齋藤祥三郎
　　　支那歴史　　　井上陳政
　　　心理學　　　元良勇次郎
　　　空氣ノ純不純ヲ試驗スル方法　　　中川謙二郎
　　　書牘文案　　　中川小十郎
　　　家庭教育原理　　　新保磐次
　　　小學算術教授法　　　佐久間文太郎
　　　小學理科教授法　　　森孫一郎
　　　教育話　　　森孫一郎

普通教育 2（第貳册）明治 22 年 12 月 10 日印刷出版
　　　倫理學初歩　　　能勢榮
　　　簡易化學器械　　　中川謙二郎
　　　心理學　　　元良勇次郎
　　　支那歴史　　　井上陳政
　　　幾何學　　　倉田伋作
　　　物理學　　　菊池熊太郎
　　　化學　　　渡邊譲
　　　^{簡易}^{實驗}植物學　　　松村任三
　　　教育學　　　大瀬甚太郎
　　　國史之必要　　　高津鍬三郎
　　　教育話　　　森孫一郎

普通教育 3（第三冊）明治 22 年 12 月 25 日印刷出版
  動物學 飯島魁
  倫理學初歩 能勢榮
  心理學 元良勇次郎
  農學 齋藤祥三郎
  教育學 大瀬甚太郎
  手工科 中根明
  支那歷史 井上陳政
  家庭教育原理 新保磐次
  書牘文案 中川小十郎
  學校作文の標準 高津鍬三郎
  小學理科教授法 森孫一郎

普通教育 4（第四冊）明治 23 年 1 月 10 日印刷出版
  心理學 元良勇次郎
  化學 渡邊譲
  代數學 上野清
  教育學 大瀬甚太郎
  動物實驗初歩 飯島魁　飯
  物理學 菊池熊太郎
  簡易化学器械 中川謙二郎
  植物學 松村任三
  小學算術教授法 佐久間文太郎
  教育話 森孫一郎
  　附錄
  言語及び其教授法 上田萬年

普通教育 5（第五冊）明治 23 年 1 月 25 日印刷出版
  倫理學初歩 能勢榮
  動物實驗初歩 飯島魁
  支那歷史 井上陳政
  心理學 元良勇次郎
  簡易實驗植物學 松村任三

第 5 章　那珂通世『國語學』の来歴　　　　　　　169

　　手工科　　　中根明
　　化學　　　　渡邊讓
　　教育學　　　大瀬甚太郎
　　簡易化学器械　　中川謙二郎
　　指數器ノ用法　　田口虎之助
　　巴加氏地學教授論　　内田嘉一
　　教育話　　　森孫一郎

普通教育 6（第六册）明治 23 年 2 月 10 日印刷出版
　　倫理學初歩　　　能勢榮
　　心理學　　　元良勇次郎
　　^{簡易}^{實驗}植物學　　松村任三
　　手工科　　　中根明
　　化學　　　　渡邊讓
　　教育學　　　大瀬甚太郎
　　支那歷史　　井上陳政
　　簡易化学器械　　中川謙二郎
　　指數器ノ用法　　田口虎之助
　　巴加氏地學教授論　　内田嘉一
　　教育話　　　森孫一郎

普通教育 7（第七册）明治 23 年 2 月 25 日印刷出版
　　心理學　　　元良勇次郎
　　倫理學初歩　　能勢榮
　　支那歷史　　井上陳政
　　動物實驗初歩　　飯島魁
　　物理學　　　菊池熊太郎
　　幾何學　　　倉田侃作
　　簡易化学器械　　中川謙二郎
　　家庭教育原理　　新保磐次
　　國史を學ぶ心得　　高津鍬三郎

普通教育8（第八冊）明治23年3月10日印刷出版
  倫理學初步 能勢榮
  心理學 元良勇次郎
  教育學 大瀬甚太郎
  代數學 上野淸
  支那歷史 井上陳政
  動物實驗初步 飯島魁
  農學 齋藤祥三郎
  化學 渡邊讓
  巴加氏地學教授論 內田嘉一
  家庭教育原理 新保磐次

普通教育9（第九冊）明治23年3月25日印刷出版
  教育學 大瀬甚太郎
  倫理學 能勢榮
  心理學 元良勇二郎
  支那歷史 井上陳政
  物理學 菊池熊太郎
  化學 渡邊讓
  幾何學 倉田伋作
  巴加氏地學教授論 內田嘉一
  小學算術教授法 佐久間文太郎
  疑問法ノ秘訣 永江正直

普通教育10（第拾冊）明治23年4月10日印刷出版
  倫理學初步 能勢榮
  心理學 元良勇二郎
  動物實驗初步 飯島魁
  教育學 大瀬甚太郎
  巴加氏地學教授論 內田嘉一
  物理學應用解說 峰是三郎
  疑問法ノ秘訣 永江正直
  家庭教育原理 新保磐次

第 5 章　那珂通世『國語學』の来歴　　　　　　　171

普通教育 11（第拾壹册）明治 23 年 4 月 25 日印刷出版
　　倫理學　　　能勢榮
　　心理學　　　元良勇二郎
　　幾何學　　　倉田伋作
　　支那歷史　　井上陳政
　　物理學　　　菊池熊太郎
　　化學　　　　渡邊譲
　　指數器ノ用法　　　田口虎之助
　　巴加氏地學教授論　　　内田嘉一
　　家庭教育原理　　　新保磐次

普通教育 12（第拾貳册）明治 23 年 5 月 10 日印刷出版
　　心理學　　　元良勇二郎
　　倫理學　　　能勢榮
　　教育學　　　大瀬甚太郎
　　動物實驗初歩　　　飯島魁
　　代數學　　　上野清
　　物理學應用解説　　　峯是三郎
　　化學　　　　渡邊譲
　　小學算術教授法　　　佐久間文太郎
　　疑問法ノ秘訣　　　永江正直

普通教育 13（第拾三册）明治 23 年 5 月 25 日印刷出版
　　簡易實驗植物學　　　松村任三
　　幾何學　　　倉田伋作
　　倫理學　　　能勢榮
　　心理學　　　元良勇二郎
　　物理學　　　菊池熊太郎
　　巴加氏地學教授論　　　内田嘉一
　　簡易化学器械　　　中川謙二郎
　　家庭教育原理　　　新保磐次

第6章

大槻文彦と Chamberlain の系譜
〜受動使役をめぐる記述の歴史〜

"Queer grammar!"
—Sherlock Holmes

6.1. 助動詞の相互承接

　芳賀矢一は『^{中等}_{教科}明治文典』において、「助動詞の重なり合ふには自から一定の順序あるものにて、其上下の順序は左の如し」（巻之二、p. 47）と述べ、次の連結順序を挙げている。[1]

　　(1)　㈠**使役**　㈡**受身**　㈢**敬語**　㈣**打消**　㈤**完了の時**　㈥**普通の時**　㈦**指定**　㈧**法**

語幹として「書く」を用いた場合、「書か㈠せ㈡られ㈣ず」、「書き㈢給ひ㈤たり㈥き」、「書か㈠せ㈢給は㈣ざり㈥し㈦なる㈧べし」などが具体例となる。同書（巻之二）の巻末には「活用連語表」なるものが掲げられており、動詞に後続する様々な要素の組み合わせが整理されている。

　芳賀は活用連語を「用言と助動詞との連結せるもの」（巻之二、p. 47）と定義し、助動詞が連語を構成する際の配列順序を (1) のようにまとめたのであるが、この記述は、いわゆる「助動詞の相互承接」をめぐる研究に先鞭をつけたとの評価があり、例えば橋本進吉は、助動詞の組み合わせに「一定の

順序」があることに気づき、「その法則を明にせられたのは芳賀博士である」と述べている（橋本 (1969: 251)）。「法則」という言葉によって橋本が何を意味したのかは必ずしも明らかではないが、その後の研究が、現象の背後にある原理の解明に向かったことは確かである。すなわち、(1) の「使役」から「法」に至る要素配列の順序が、何らかの包括的原理によって支配されているのではないかと考え、その原理の解明を目指すという研究の方向である。渡邊實 (1953、1971) や阪倉篤義 (1966) が代表的なものであるが、それによれば、助動詞の承接順序は「叙述の詞的素材性が薄れつつ、陳述の色彩が次第に濃くなる順序」（渡邊 (1953: 280)）、あるいは「上から辿れば感情的性格の濃くなってゆく順序であり、下から辿れば論理的性格の濃くなってゆく順序」(p. 281) であり、阪倉 (1966: 71) に従えば、

 (2) より詞的な性格のものから、次第に辞的性格をこくして行くものへ

という連続的な関係を認めることができる。使役や受身の助動詞は「もつとも詞的性格のつよい」ものであるから、これらが動詞に近い位置に生じるのは、(2) の一般原則からすれば当然のこととなる。

 北原保雄 (1981: 65) は、この「詞的性格の強い要素から辞的性格の強い要素へ」という承接順序が、大局的に見れば妥当であると認めた上で、これだけでは説明のつかない承接現象があるとして、

 (3) たとえば、使役の助動詞は一般に受身の助動詞に上接するのであるが、使役が受身と比較してより詞的性格が強いということは、容易には納得できない

と反論している。すなわち、現代日本語には、「させ＋られる」は存在するが「られ＋させる」は存在しないという事実認定を前提とし、助動詞承接の理論はこの「事実」を説明しなければならないとの主張である。

 本稿は、この「受動使役」の適格性をめぐる記述の歴史を概観するもので

あるが、日本語学で「助動詞の相互承接」と呼ばれてきた現象には、言語の普遍性と個別性が混在しているように思われる。そこで、言語理論の上位レベルで捉えるべき普遍性の高い現象と、普遍性を捨象した後に残る下位レベルの現象とを区別しておく必要があることを、まずは確認しておきたい。

日本語の助動詞配列とも関わる普遍的傾向は、例えば Bybee (1985) の形態論研究で指摘されている。日本語文法で一般に助動詞と呼ばれる接辞の類は、諸言語では様々な度合いで語幹と融合するが、語幹に対する接辞の「関連性」(relevance) の度合いと、接辞が語幹に融合する度合いとの間に相関関係があるというのが、Bybee (1985) の基本的な主張となっている。Bybee の言う「関連性」とは、次のように定義される意味的概念である。

(4)　A meaning element is relevant to another meaning element if the semantic content of the first directly affects or modifies the semantic content of the second.　　(Bybee (1985: 13))

「関連性」をこのように理解した上で Bybee (1985) は、VALENCE（結合価）、VOICE（態）、ASPECT（相）、TENSE（時）、MOOD（法）のような範疇について次のように述べている（強調は本稿による）。

(5)　... the categories of **valence, voice, aspect, tense, mood** and agreement are ranked for relevance to verbs in that order. **From this ranking we can predict** the frequency with which categories have lexical, derivational or inflectional expression in the languages of the world, **the ordering of affixes**, as well as the extent to which the stem and affix have a morpho-phonemic effect upon one another.　　(Bybee (1985: 4-5), emphasis added)

すなわち、語幹に対する接辞の意味的関連性の度合いによって、接辞の「相互承接」の順序も予測できると Bybee (1985) は主張しているのであるが、上の引用にもあるように、その順序とは次のようなものである。

(6) Valence — Voice — Aspect — Tense — Mood ...

　この仮説は、系統的にも地理的にも偏らないように配慮された50の言語サンプルに基づいて検証されている。サンプルに日本語は含まれていないが、(6) と前掲 (1) の太字箇所の配列が、偶然に一致したと考える者はいないであろう。

　(6) の先頭に位置する VALENCE（結合価）とは、述語が要求する項の数であり、典型的には自他交替が生じる位置であるが、日本語でも自他交替はヴォイスに先行する位置で生じるため、この「結合価」も含めて、(6) は基本的に日本語にも当てはまる。

　芳賀の一般化 (1) や、その後提案されている多くの「承接表」は、大局的に見れば (6) と矛盾するものではない。したがって、大雑把にせよ (6) が諸言語を貫く一般化を捉えている限りにおいて、例えば古典語の「見つけられにけるかな」(『枕草子』) や現代語の「食べさせなかっただろうね」などが示す配列順序を、殊更に「日本語の特質」として強調する理由はない。日本語の助動詞配列は、言語の普遍的傾向を反映した大枠の中で、日本語に特徴的な要素がさらに配置された姿であると考えられるからである。[2]

　大野晋は「日本人の思考と述語様式」(1968) という論文において、助動詞の相互承接を「日本人の思考」と結びつけて論じている。大野 (1968) に従えば、次の①→②→③→④→⑤のような配列順序は、「日本人の思考」あるいは「物の見方」の反映である、ということになる。

　　(7)　食べ—①させ—②なかっ—③た—④だろう—⑤ね

しかし、このような助動詞の配列は他の言語にも見られるものであり、例えば朝鮮語でも、(7) と同じ意味を表わすのに (8) のような表現を使う。

　　(8)　먹이지 않았겠네 (요).
　　　　 mek—① i.ci—② anh—③ ass—④ keyss—⑤ ney(-yo).
　　　　 食べ—①させ—②なかっ—③た—④だろう—⑤ね

第 6 章　大槻文彦と Chamberlain の系譜　　177

意味的・機能的に対応する形態素が日本語と同じ順序で配置されているのは明らかであるから、(7) のような要素配列を日本人の思考と結びつける議論は、日本語の特質に関するそもそもの前提が疑わしいと言わざるを得ない（鷲尾 (2010a)）。大野説は北原 (1981) も詳しく論じているので参照されたい。

　日本語における助動詞の承接順序について、《詞的要素から辞的要素へ》という一般化が提案されたことについてはすでに触れた（前掲 (2)）。独創性に富む優れた一般化であるが、上で述べたような観点からすれば、これを日本語に固有の原則と見る理由はない。むしろ、Bybee (1985) が指摘する言語横断的な傾向を日本語に基づいて一般化し、詞と辞の概念を使って述べれば (2) のような表現になる、と理解した方が、より説明力のある理論の構築に繋がるように思われる。[3]

　あるいは逆に、《詞》と《辞》を一般言語理論に属する概念として厳密に規定した上で、《詞的要素から辞的要素へ》という原則の定理として Bybee (1985) の一般化を導出する、という方向も考えられる。後者は充分検討に値する可能性であるが、この原則に真の予測能力を持たせるためには、《詞》と《辞》の概念規定のみならず、両者の《連続性》という概念を、例えばプロトタイプ理論などの観点から明示的に述べる必要がある。筆者らはこうした可能性についても検討してきているが、[4] いずれにしても、本稿にとって重要なのは (6) のような形で記述できる強力な普遍的傾向が存在するという事実、そして日本語の助動詞配列にも明らかに同じ傾向が見られるという事実である。

6.2.　全体的順序と局所的順序

　Bybee の (6) は、Voice (Ⓥ)、Aspect (Ⓐ)、Tense (Ⓣ)、Mood/Modality (Ⓜ) のような範疇のレベルでは、[5] その配列順序に普遍的傾向 (Ⓥ→Ⓐ→Ⓣ→Ⓜ) が見られると主張したものであるが、芳賀の一般化 (1) に

おける「使役→受身」という順序は、VOICE の内部で生じる下位レベルの現象であるから、Ⓥ がⒶⓉⓂ に先行するという事実と、Ⓥ の内部における使役と受身の承接順序とが、同じ原理によって支配されていると考える先験的な理由はない。(6) のレベルにおける一般化を「全体的順序」(global ordering) と呼び、それぞれの範疇の内部における要素配列を「局所的順序」(local ordering) と呼んで区別するなら、(1) の「使役→受身」は局所的順序の例となる。

全体的順序と局所的順序が同じ原理によって支配されているのかどうかは、純粋に経験的な問題であるが、経験的な事実はどうかと言えば、多言語比較から浮かび上がってくるのは、(1) の精神を踏襲した次の (9a) ではなく、ⒶⓉⓂ と同じレベルに Ⓥ を置いた Ⓥ→Ⓐ→Ⓣ→Ⓜ、すなわち (9b) である。

(9) a.　**使役→受身→相→時→法**
　　 b.　　　態　→　相　→　時　→　法
　　　　　‾‾‾‾‾‾‾
　　　　　（使役・受身）

すでに述べたように北原 (1981) は、《詞的要素から辞的要素へ》という原則の一般的妥当性を認めた上で、これだけでは説明のつかない現象があるとして、「使役の助動詞は一般に受身の助動詞に上接するのであるが、使役が受身と比較してより詞的性格が強いということは、容易には納得できない」(前掲 (3)) と反論した。

しかし、上に述べたような観点からすれば、《詞的要素から辞的要素へ》という原則が捉えているのは、(9b) における上位レベルの生起順序である可能性が高く、これとは異なるレベルに属する「使役→受身」という順序は、必ずしも上位レベルの一般化に対する反例とはならない。

日本語研究の歴史においても、(9b) に似た記述には繰り返し言及が見られるが、それは助動詞が「意味」に基づいても分類されてきたためであり、

線形的な助動詞の配列に意味分類を重ね合わせれば、多かれ少なかれ (9b) のような図式にならざるを得ないからである。芳賀矢一にしても、後の著作では次のようなことを述べている (『口語文典大要』1913: 66-67)。

(10) 大體に於ては敬語、相、式、時、法の順序である。法の助動詞の中で、希望の助動詞た゚い だけは式の上に來る。それ故た゚い のない連語では**全く相、式、時、法の順序になるので、決して紊れる**ことは無い。

この引用にある「相」は、(9b) の「態」に当たる。いずれも voice の訳語であるが、近代と現代では、訳語としての「相」と「態」が入れ替わったり、「態」という用語の意味が大きく異なっていたりするため、研究史を論じる場合には、用語について若干の注意が必要となる。本稿で引用する近代の文献では、「相」は基本的に《ヴォイス》を意味するので、本稿でもその意味で「相」という用語を用いることが多いが、現代用語としての「態」を同じ意味で用いることもあり、その場合、「相」は《アスペクト》の意味で用いる。[6]

使役・受身の相互承接と、これらが他の助動詞に先行するという事実を区別し、両者を別次元の現象として捉える立場は、学説史の観点からは芳賀の『中等教科明治文典』(1905) と『口語文典大要』(1913) の間の時期に生じたと考えられる。山田孝雄『日本文法論』(1908) である。同書 (p. 367) における「屬性の作用を助くる複語尾」と「統覺の運用を助くる複語尾」の区別は、間接作用を表わす複語尾の下位類たる「る・らる」「す・さす・しむ」を前者に含め、相、時、法に関わる複語尾を後者に含めるものであるが、この区別はまた、複語尾の承接順序をめぐる重要な一般化の基礎をなすものでもある。すなわち、『奈良朝文法史』の言う次のような一般化が、日本語では上代から成立しているという事実が一方にあり、「属性の作用」「統覚の運用」に基づく複語尾の二大別は、この事実を捉えるための有効な概念となる。

(11) 屬性の作用を助くる複語尾は統覺の運用を助くる複語尾の下につ

くことなし。之に反して統覺の運用を助くる複語尾は悉、みな屬性の作用を助くる複語尾のすべてに接しうるものゝ如し。

(山田孝雄 (1913: 331))

山田は他方で、上代語史料の綿密な考察に基づいて次のように述べている。

(12)　間接作用をあらはす複語尾は相互に承接しうべき樣に思はるれど例を知らず。　　　　　　　　　　　　(山田孝雄 (1913: 332))

すなわち、「る・らる」と「す・さす・しむ」が相互に承接してもよさそうなものであるが、実例が見つからない、と述べているわけである。(11) を上位レベルの一般化として提示した上で、「屬性の作用を助くる複語尾」の内部における相互承接を別の次元で検討しているのであるから、山田孝雄の立場が (9a) とは相容れず、むしろ (9b) と調和することは明らかであろう。

6.3. 局所的順序と言語間の差異

日本語における助動詞の相互承接を、(9a) ではなく (9b) のように捉える立場は、現象の背後にある普遍性と個別性を区別しようと試みる際には不可欠なものとなる。まず、(11) の前段で述べられているように、日本語では (9b) の「態」を「相」や「時」と入れ換えることができないが、この一般化は日本語のみならず他の言語にも当てはまるので、例えば Bybee の一般化と関連づけることができる。これに対して、「態」の内部における「使役」と「受身」の可能な組み合わせは、両者の相対的な位置関係も含め、個別言語の特性によって異なるので、この局所的順序を支配する原理は、全体的順序を支配する原理とは別に考えなければならない。

例えば日本語、トルコ語、モンゴル語、朝鮮語において、「態」の接辞が生じる位置 (Ⓥ) と「時相」の接辞が生じる位置 (仮にⓉと表記[7]) を比較してみよう。現象を (13) のように単純化してみれば明らかなように、ⓋとⓉの

第6章　大槻文彦とChamberlainの系譜

相対的な位置関係はいずれの言語においてもⓋ→Ⓣであり、ⓋとⓉの入れ換えは許されない。

(13) a.　食べⓋさせⓉた
　　 b.　ye-Ⓥdir-Ⓣdi　　　（トルコ語）
　　 c.　id-Ⓥüül-Ⓣsen　　（モンゴル語）
　　 d.　mek-Ⓥi-Ⓣess-　　（朝鮮語）［먹이었다］

これは「使役」の例であるが、態を受身に変更する場合には、Ⓥの位置で接辞を入れ換える。次の（14）に示したとおりであり、この場合にもⓋは必ずⓉに先行しなければならない。

(14) a.　食べⓋられⓉた
　　 b.　ye-Ⓥn-Ⓣdi　　　（トルコ語）
　　 c.　id-Ⓥegd-Ⓣsen　　（モンゴル語）
　　 d.　mek-Ⓥhi-Ⓣess-　（朝鮮語）［먹히었다］

このように、《動詞—Ⓥ—Ⓣ》という形で抽象化できる連辞関係（rapport syntagmatique）が存在する一方で、使役接辞と受身接辞はⓋの位置で範列関係（rapport paradigmatique）を構成するように見えるのであるが、「態」に関わる接辞について興味深いのは、それらがまた連辞的に連続しうるという性質である。いま、使役接辞をⓒ、受身接辞をⓟと表記するなら、日本語は《動詞—ⓒ—ⓟ—Ⓣ》という連辞的配列を許容することになるが、厳密に言えば、動詞に後続するⓒとⓟは単なる線形的連続ではなく、一旦使役化された［動詞+ⓒ］を拡大語幹とし、この語幹全体をさらに受動化した拡大語幹［［動詞+ⓒ］+ⓟ］と見なければならない。

　ⓒとⓟの承接は、筆者らが「ヴォイスの複合」と呼ぶ現象の一部をなすものであるが（斉木・鷲尾（2012b））、諸言語は（i）生産的なプロセスとしてヴォイスの複合を許容するか否か、（ii）許容する場合にはどのようなヴォイス接辞の複合を許容するか、などの点に関して重要な差異が観察される。

現代朝鮮語の場合、ⓒとⓟを複合する生産的な仕組みは存在しないと思われる。日本語では、例えば「食べⓒさせⓟられ—る」のような《使役受動》はごく自然であるが、朝鮮語ではこれさえ成立せず、一般に、[[動詞＋ⓒ]＋ⓟ]（あるいは [[動詞＋ⓟ]＋ⓒ]）という形式を機械的に作ってみても、母語話者が一致して適格と判断する表現にはならない。[8]

朝鮮語とは異なり、トルコ語では [[動詞＋ⓒ]＋ⓟ] という形式の《使役受動》を生産的に作ることができる。ただし、この拡大語幹に基づく使役受動のシンタックスは、日本語とはまったく異なる。

例えば、動詞 aç-《開ける》に使役接辞 -tır- を付加して aç-tır-《開けさせる》を作り、これをさらに受動化すれば aç-tır-ıl-《開けさせられる》という適格な拡大語幹が得られる。次の (15a) は、拡大語幹 aç-tır- に基づく単純な使役文であり、日本語の (15b) に相当する。[9]

 (15) a. Mehmet Hasan-a bavul-u aç-tır-dı. [açⓒtırⓉdı]
    b. メフメトがハサンに鞄を開けさせた。 [開けⓒさせⓉた]

これらの使役文をさらに受動化する場合、日本語では (16b) のように「ハサン」を主語に昇格させることになるが、同じ操作を適用した (16a) は、トルコ語では不適格となる。

 (16) a. *Hasan (Mehmet tarafından) bavul-u aç-tır-ıl-dı.
     [açⓒtırⓟılⓉdı]
    b. ハサンが（メフメトによって）鞄を開けさせられた。
     [開けⓒさせⓟられⓉた]

一方、(15b) の「鞄」を主語にした次の (17b) は、日本語ではまったく不可能であり、何を意味しているのかさえよくわからない。

 (17) a. Bavul (Mehmet tarafından) Hasan-a aç-tır-ıl-dı.
     [açⓒtırⓟılⓉdı]

b. *鞄が（メフメトによって）ハサンに開けさせられた。
　　［開け©させⓅられⓉた］

ところが、トルコ語において適格な (17a) は、まさに (17b) に対応する形式である。日本語の母語話者にとっては理解しがたい形式であるが、(16) を許容せずに (17) を許容するというパターンは、チチェワ語やマラヤーラム語などにも見られることが知られている。

　トルコ語と日本語は、［［動詞＋©］＋Ⓟ］という複合体を許容する点では同じであるが、この複合体が惹起する統辞論的プロセスが異なるため、ヴォイスの複合に関する理論は、諸言語に見られるこのような差異を予測できるものでなければならない。本稿でこの問題を論じる余裕はないが、例えば Baker (1988) の研究は、80年代における一つの到達点と見なすことができる。

　トルコ語は、上のような性質を備えた［［動詞＋©］＋Ⓟ］を生産的に作ることができるが、使役と受動を入れ換えた［［動詞＋Ⓟ］＋©］の形式は基本的に存在しない。『日本文法の系譜学』（斉木・鷲尾 (2012a: 217)）でも触れたように、19世紀に書かれたトルコ語の文法書（Wells (1880: 44)）を見ると、受動形 "sev-il-" をさらに使役にした "sev-il-dir-mek"《愛さ・れ・させ・る》のような例も出てくるが、これはごく例外的な固定化した表現であり、使役接辞の前に受動接辞を配置する「動詞＋受動＋使役」という組み合わせは、現代トルコ語では一般に許されない。

　日本語の「〜られさせる」に相当する受動使役を許容しない言語は多い。Vitale (1981) が取り上げているスワヒリ語もその一つであるが、Vitale はさらに進んで "... perhaps in all languages, no causativization of passive constructions is possible" (p. 172) と述べ、受動構文の使役化は「おそらく**すべての言語で不可能である**」との見通しを立てている。しかし、筆者らの知るところでは、例えばモンゴル語における受動使役（［［動詞＋Ⓟ］＋©］）の存在については、実は古くから記述が散見される。いくつか例を挙げるな

ら、例えば Poppe (1970: 112) には、/bari-/ 'to seize' を受動化した /barigdə-/ 'to be seized' を、さらに使役化した /barigduul-/ 'to cause to be seized' が挙げられている。Sanzheyev (1973: 87) にも、"алагдуул- 'to let oneself be killed', 'to be killed by accident' from ал- 'to kill'" などの記述がある（алагдуул- のローマ字表記とグロスは alagduul- "kill-pass-cause-"）。この種の例は話者によって判断が分かれるようであり、身近なインフォーマントに尋ねても明確な判断は得られていないが、Poppe や Sanzheyev のインフォーマントのように、これらを許容する話者は存在するものと思われる。Street (1963: 84) に至っては、モンゴル語の受動接辞 (-gD) と二つの使役接辞 (-ĭǧ/-uul) について、「**これらは自由に相互承接する**」("... there are three suffixes that are fully productive, and that occur freely after each other") とまで述べており、"мэдэгдүүлэх ← {med.gD.uul-ax} 'to report, make known; to allow someone to take charge of'" という具体例も挙げている（グロスは "know-pass-cause-pres"）。このような記述からも、モンゴル語は——少なくとも文法的な仕組みとしては——受動と使役をこの順序で複合することを許している可能性がある。[10]

　すでに触れたように、トルコ語では使役接辞と受動接辞の生起順序が固定されているが、同じチュルク系の言語でも、キルギス語は受動接辞＋使役接辞の組み合わせを許容する。大﨑紀子 (2006: 25-26) には、受動接辞、再帰接辞、共同・相互接辞による第 1 次派生語幹に使役接辞が付加された例が挙げられているが、これらのうち、動詞 say-《刺す》に受動接辞を付加した say-ïl-《刺される》に、さらに使役接辞を付加した say-ïl-t-《刺されさせる》が、本稿で言う受動使役の例となる。

　以上のようなことであるから、受動使役は「おそらくすべての言語で不可能である」という Vitale の見通しが事実に反するのは明らかである。「多くの言語で制限されている」(Dowty (1979: 293)) という記述でさえ、そこに明らかに存在する含意（「制限されていない言語は少数である」）については、なお慎重に調査する必要がある。

日本語を中心に考えてしまうと、「～させられる」（使役受動）と「～られさせる」（受動使役）の許容度があまりにも違うとの印象が強いため、後者は許すが前者は許さない、というタイプの言語は想像しにくいかも知れない。しかし我々の調査では、例えば中国語のヴォイス構文がこのタイプに属する。

中国語の使役文と受動文は、いずれも補文を含む統辞構文と分析できるため、これらを「複合」するということは、すなわち一方を補文として他に埋め込むことを意味する。主文と補文がそれぞれ独立の領域を構成しているとすれば、使役と受動の組み合わせは自由であると考えるのが自然であるが、実際には、日本語では問題のない「使役＋受動」が中国語では厳しく制限され、逆に「受動＋使役」が容易に成立する、という傾向が認められる。具体例は斉木・鷲尾（2012b）に譲るが、例えば日本語では可能な《兵士が将校に子供をぶたせられた》が中国語では不可能であり、逆に《将校が子供を兵士にぶたれさせた》を中国語は許容する。同じパターンは朝鮮語でも観察される。すでに述べたように、朝鮮語にはヴォイス接辞を複合する生産的なプロセスは存在しない。しかし、接辞によるヴォイス表現とは別に、朝鮮語学で言う「補助動詞」を用いた迂言的な使役構文（～게 하다）や受動構文（～지다）もあり、これらは中国語の「讓」や「被」と同様に、統辞論的には補文構造をなす。そしてこれらを複合する可能性を調査してみると、基本的には中国語と同じパターンが観察されるのである。朝鮮語の具体例についても斉木・鷲尾（2012b）を参照願いたいが、我々が調査した受動使役文の中には、日本語でも不可能とは言えないものがある。次のような例は、中国語や朝鮮語で許されるだけでなく、日本語でも多くの母語話者が許容する。

(18)　母親は子供を蚊に食われさせてしまった。

したがって、日本語の文法組織が「受動使役」を一律に禁じているとも言えないことになるが、仮にそうであるなら、これまでの日本語研究は受動使役をどのように扱ってきたのであろうか。

筆者らは、共同研究の過程で上のような問題意識に基づく文献調査を行なったことがある。先行研究を把握するための、もっぱら私的な調査として始めたのであるが、実際に調べてみると、受動使役を可とする記述の系譜と、これを明確に不可とする記述の系譜が、近代から現代に至るまで、互いに交わることなく併存し続けていることが明らかになった。これまで指摘されたことがなく、研究史それ自体としても考えさせられる意外な結果であったため、以下に調査の一部をまとめ、言語記述・研究史の両面から若干の考察を加えてみたい。

6.4. 受動使役をめぐる記述の歴史

すでに述べたように、日本語は「使役受動」を許容するが「受動使役」は許容しないとの主張がある。事実関係をこのように認定することについて、北原（1981: 102）は「まず問題ないであろう」と述べ、受動が使役に後続しなければならない理由を構文論的に考察しているのであるが、本稿の表記法によって言い換えるなら、これは要するに、[[動詞＋ⓒ]＋ⓟ]（～させられる）が適格であるのに対し、[[動詞＋ⓟ]＋ⓒ]（～られさせる）は不適格である、という一般化である。

このような事実認定は広く行なわれており、助動詞承接の研究では標準的な了解のようにも見えるのであるが、厳密に言えば、日本語学の主流をなしてきたのは、「受動使役」の可否については言及を避ける、というスタンスである。北原のようにこれを明確に否定している研究は、伝統的な国語学、日本語学ではむしろ稀であり、前後の論述から推察しておそらく認めていないのであろうと思われるものも含め、多くは何も言わないという立場に徹しているように見える。このような記述方式の歴史は古く、例えば明治時代の口語文法として知られる金井保三の『日本俗語文典』（1901）を見ると、動詞の「態」として6種を認める中に「普通態」「受働態」「使役態」に加えて「被使役態」というものがあり、「子供が泣かせられる」などが挙げられている

第6章　大槻文彦と Chamberlain の系譜　　　　　　　　187

が、「られさせる」という組み合わせには言及がない。

『中等教科明治文典』も同様である。同書巻之二第八章は、「受身の相」（書かる）、「使役の相」（書かす、書かしむ）に加え、「使役の受身の相」というものを認め、「書かせらる、書かしめらる」など多くの組み合わせを挙げている。それぞれ口語の「書かれる」「書かせる」「書かせられる」に対応するとの記述もある。しかし、論理的には考えられる《受身の使役の相》には言及がないため、この組み合わせは実質的に存在しない——少なくとも学習者が使うべき（あるいは使いうる）形式ではない——という消極的な含意を読み取ることはできるのであるが、そのように明記しているわけではない。

同様に、臼田寿恵吉『日本口語法精義』（1909）は「被令態」を設定し、「起きさせられる」などの例を挙げているが、「受動＋使役」の可否には言及していない。

明治から大正にかけての時期には、例えば保科孝一が『日本口語法』（1911）や『実用口語法』（1917）を出版しているが、いずれにおいても「使役の助動詞が受身の助動詞に連続すると、使役を受ける意になる。即ち、被役の助動詞になるのである」（1911: 192-193）と述べるのみであり、受動使役の可能性については沈黙を守っている。「させられる」が可能なのはわかるが、「られさせる」の可能性については明示的な記述がない。これが日本語学における典型的な記述方式として、今日まで続いているように思われる。

6.5. 大槻文彦の系譜

しかし、日本語における受動使役の存在については、調べてみると古くから記述が見られる。我々の調査では、大槻文彦の記述が最も古い部類であるが、橋本進吉（1969）をはじめとする相当に詳しい研究史にも指摘が見られないので、以下、『廣日本文典』第197節の全文を引用しておく（変体仮名は現行の表記に改めた）。

(19) 使役相ニ、所相ヲ連ヌレバ、亦、能相、所相ヲ成ス。「行か、しむ、」(使レ行)「撃たしむ、」(使レ撃)ハ、能相ナリ「行か、しめ、らる、」(被レ使レ行)「撃た、しめ、らる、」(被レ使レ撃)ハ、所相ナリ(以上ノ「らる」ハ、勢相ニモ適用スベシ。)又、所相ニ、使役相ヲ連ヌルトキハ、「撃た、れ、しむ、」(使レ被レ撃)ナドトモナル。

ここで大槻は、使役相と所相(使役態と受動態)の連続として「撃たしめらる」などを挙げた上で、逆の組み合わせも可能であるとして、「撃たれしむ」を挙げている。上の一節には、さらに次のようなコメントが付く。

(20) 凡ソ、右等ノ用法ハ、第七表ノ、助動詞ト助動詞トノ連續圖ニ據リテ知ルベシ、各助動詞、互ニ、連用法ヲ以テ、相重畳ス、幾語、重畳ストモ、個々ニ分解シテ、語毎ニ、固有ノ意ヲ求メバ、解セラルベシ。

助動詞がいくつ重なっていようとも、「個々に分解して」、それぞれに「固有の」意味を求めることによって全体の意味が解釈できる、と述べられている。意味解釈の「合成性」(Compositionality)を前提としているようで興味深い記述であるが、この引用にある「第七表」とは、『廣日本文典』に三つ折で綴じられている表の一つであり、その一部を再録したのが次の【表1】である。この表はさらに「打消」「過去」「未来」「推量」「詠歎」と続くが、ここでは省略してある。[11]

第6章　大槻文彦と Chamberlain の系譜

【表1】

第七表　助動詞ト助動詞トノ連續

「なり」ノ下ニ＊アルハ、詠歎、無キハ、指定

	所相	勢相	使役相
第一活用	(1)るる (2)らる	(3)る (4)らる	(5)す (6)さす (7)しむ
	らむ、なり、めり、べし、まじ、らし＊		
第二活用	るる、らるる	るる、らるる	する、さする、しむる
	なり		
第三活用	るれ、らるれ	るれ、らるれ	すれ、さすれ、しむれ
第四活用	れ、られ	れ、られ	せ、させ、しめ
	ず、ぬ(ね)、む(め)、じ、まじ	らる、らるる、らるらめ、ね	
第五活用	れ、られ	れ、られ	せ、させ、しめ
	つ(て)、ぬ(な、に)、たり、けり、けむ、き(し、しか)		

　大槻の言う「勢相」とは、いわゆる「可能相」に相当するが、第四活用の欄に、「勢相＋使役」（れしむ、られしむ）が挙げられている点など、この表自体について言うべきことは少なくない。[12] しかし、本稿との関連で重要なの

は、大槻が第四活用の右欄に「所相＋使役」（れしむ、られしむ）を可能な組み合わせとして挙げている点である。その左側の欄には「使役相＋所相」（せらる、させらる、しめらる）が挙げられている。

　第四活用の「所相＋使役相」を見ると、受動の「れ」「られ」に続く使役の形としては「しむ」のみが挙げられており、同じく使役相の助動詞とされる「す」「さす」は挙げられていない。「す」「さす」「しむ」については、第191節に「上ノ三語ノ意、相違ナラズ、共ニ動詞ノ第四活用ニ連ル」とあるので、受動と「す」「さす」の組み合わせが意味的な制限を受けると考えていたわけではないようにも思われるが、受動使役を構成する使役形は「しむ」のみであると読めるような表になっている。以下でも触れるように、同様の記述はその後の文献にも見られる。

　ところで、『廣日本文典』が記述対象としているのは「中古言」、すなわち、「桓武の朝より後三條の朝まで」の日本語であるとされているが、[13] 大槻の「撃たれしむ」が中古の用例であるとは考えられないので、以下、この点に少し触れておく。

　上の「勢相」とも関連するが、『廣日本文典』には「敬相」というものがあり、「勢相、使役相、ノ助動詞ハ、全ク其意義ヲ變ジテ、他ノ動作ヲ敬ヒ言フ語トナルコトアリ、コレヲ、敬相、マタ、敬語トイフ」（第198節）と定義されている。この意味での敬相——いわゆる尊敬用法——が、使役や受動と複合することはよく知られている。例えばロドリゲス『日本大文典』は、17世紀の段階ですでに次のように記述している（土井忠生訳、p. 376）。

> (21)　受動動詞は往々尊敬の助辞 Saxeraretamai（させられ給ひ）、Saxetamai（させ給ひ）をとる。例へば、Vyamauaresaxeraruru（敬はれさせらるる）、Agameraretamo（崇められ給ふ）。

　大槻も「あはや、法皇の流さ、れ、させ、おはしますぞや。」（平家物語、三）などの例を挙げ、「上ノ一語ハ、眞ノ所相ニテ、下ハ、皆、敬相ナリ」と述べ、「御笛賜びて、吹か、せ、られける。」（宇治、十）などについては、「上

ハ、眞ノ使役相ニテ、下ハ敬相ナリ」と述べている（『廣日本文典』第199節）。平家の例は、形式的には「動詞＋れ＋さす」であるが、もちろんこの「さす」は事象構造に影響を与えないので、ヴォイスの複合を「ヴォイス**転換**の連続適用」と理解するなら、古典語に見られる上のような事例は、この狭い意味での「ヴォイスの複合」には当たらないことになる。[14]

　日本語におけるヴォイスの複合は、「敬相」との関係で興味深い通時的発達を遂げたらしいが、いま、山田孝雄による一連の観察を簡単にまとめてみると、奈良時代については、すでに引用した次のような記述がある（前掲(12)）。

(22)　間接作用をあらはす複語尾は相互に承接しうべき様に思はるれど例を知らず。

受動と使役の相互承接は例が見つからないという記述である。平安時代になると、「れ＋させ」「られ＋させ」「しめ＋させ」の実例が確認できるようになるが、いずれの場合も必ず一方が「敬意」を表わす、と述べているのが次の引用箇所である（『平安朝文法史』pp. 211-212）。

(23)　状態性の複語尾は下に發動性の複語尾を伴ふことあり。この時は「しむ」はその例を見ず。而、その「さす」も敬意をあらはすものに限れり。[…] 發動性の複語尾は「しむ」のみ、状態性の複語尾を下に伴ふ例あり。但下なる「らる」は又敬意をあらはすに用ゐらる。

要するに、純粋な「ヴォイスの複合」は確認できないということである。

　現代日本語でも、受動使役「られさせる」の実例を見つけるのは至難の業であるから、この組み合わせが古典語に出てこないと聞かされても、さほどの驚きではない。しかし、使役受動「させられる」は、現代日本語では普通の表現であり、実例も容易に見つかるので、中古に使役受動の例を見ないとの観察は極めて興味深い。これが偶然の空白でないとすれば、日本語には

ヴォイスの複合を許容しない共時的段階が継続的に存在していたことになり、現代の日本語は、この継続が断ち切られた後の段階に属していることになる。

さて、以上を踏まえて『廣日本文典』の「撃たれしむ」に立ち戻ると、これが大槻の作例か、少なくとも比較的新しい時代の用例に基づくものであることに気づく。『廣日本文典』が記述対象とした「中古言」の時期に「れしむ」の実例が見当たらないことは、上に引いたように山田孝雄が指摘しているからである。したがって、『廣日本文典』の「撃たれしむ」は、大槻自身の適格性判断を反映している可能性が高いのであるが、[15] 同様の判断は、近代から現代に至る国内外の文献にも散見される。

『廣日本文典』以降では、山田孝雄『日本文法論』(p. 976) が複語尾の相互承接を論じた文脈において、「見られさす」「撃たれしむ」を挙げている。三矢重松『高等日本文法』も「被使相」という言葉を使い、次のような例を可能な表現として挙げている（増訂改版 1926: 200）。

 (24) 父子を（して）母に抱かれさす。／味方を救はずして敵に討たれしむ。／母不注意にて子を蚊に食はれさす。

『日本文法論』と『高等日本文法』は、いずれも 1908 年に刊行されている。和暦で言えば明治 41 年であるが、この時代に刊行された外国人学者による日本文典の類を調べてみると、かなり古くから受動使役への言及が見られる。日本人学者の多くが受動使役への言及を避ける傾向にあったことはすでに指摘したが、欧米の学者はこれと好対照をなす。多くの場合、受動使役は存在しないと明記しているからである。

6.6.　チェンバレンの系譜

『廣日本文典』と同じ時期の文献では、Courant の *Grammaire de la langue japonaise parlée*（『和語文典』）に次のような記述が見られる。まず、

第6章　大槻文彦と Chamberlain の系譜　　　　　　　　　　　193

Courant は「知ラセラレル」を具体例として挙げ、「こうした複雑な形式は稀であるが」("mais ces formes compliquées sont rares")との但し書きを付けつつも、使役の受動形あるいは可能形（"potentiel du causatif"）は可能な形式であると説明している。その上で、逆の組み合わせについては、次のように「存在しない」と述べている (Courant (1899: 92))。

(25)　Il n'existe pas de causatif du potentiel.

Courant の言う "potentiel" とは、「れる・られる」の受動用法と可能用法を包含する用語と理解できるので、(25) は要するに「(ら) れさせる」という組み合わせは、尊敬用法を別にすれば存在しない、という一般化である。

　同様の記述はその後の文法書にも見られる。Weintz の *Hossfeld's Japanese Grammar* もその一つである。次に引用した一節では、「受身の使役形は用いられない」と明記されている (Weintz (1904: 108))。

(26)　It must be noted that although there are passive forms of causals, **no causal forms of the passive are employed**. Thus such constructions as "to cause to be seen," "to cause to be eaten," are inadmissible; the corresponding active being used instead.

この引用箇所には、「見られさせる」「食べられさせる」に相当する英語の例が挙げられているが、それらは日本語では "inadmissible" すなわち「許容されない」との記述である。

　Plaut の *Japanese Conversation-Grammar* も「使役動詞は受動態になりうる」と述べ、「食べさせられる」「待たせられる」などを挙げているが、次のように逆の可能性はないと指摘している (Plaut (1905: 232))。

(27)　They [= Causative verbs] are derived from transitives and intransitives, **but not from passive and potential forms** ...

使役動詞は他動詞や自動詞から派生される、しかし受身や可能の形からは派生されない、という記述であり、要するに受動使役は存在しないと述べていることになる。

　西洋人学者による上のような記述の歴史はさらに古く、我々が調査しているところでは、B. H. Chamberlain の *A Handbook of Colloquial Japanese* が次のように述べているのが最も古い部類に属する (Chamberlain (1888: 193))。

> (28) Observe that though Japanese [...] has passive forms of the causative, **it has no causative forms of the passive**. It never uses such idioms as the English "to cause to be done," "to cause to be arrested," "to cause to be altered," but always employs the corresponding active instead ...

チェンバレンはここで、日本語には「使役の受身形はあるが受身の使役形はない」という事実に読者の注意を促し、このような場合には能動形を使うと述べている。

　以上のように、明治20年代から30年代にかけての文献である Chamberlain (1888)、Courant (1899)、Weintz (1904)、Plaut (1905) などには、使役と受動の組み合わせに関する記述が見られる。チェンバレンの影響を受けた記述も多いと思われるが、いずれにしても、日本語は「受動使役」を許容しないという事実認定で一致している。日本人学者では、上谷宏『中等教科新體日本文典』(1898) に同様の記述がある。

　すでに述べたように、受動使役を認める『廣日本文典』は1897年刊であるが、その基礎をなす「語法指南」は1889年刊であるから、チェンバレンの *Handbook* (1888年刊) とほぼ同じ時期の文献である。そして「語法指南」には、すでに受動使役を認める記述があり、「打タれしめよ」などの例が挙げられている。

　したがって、日本語における受動使役の可能性については、これを認める

大槻文彦、山田孝雄、三矢重松のような系譜が存在する一方で、"causative forms of the passive"を明確に否定するチェンバレンのような記述の伝統も存在し、この点については明治時代から矛盾する記述が並存していたことになる。

　本稿の冒頭で取り上げた芳賀矢一の『中等教科明治文典』(1905) は、『廣日本文典』(1897) と『日本文法論』(1908) の狭間の文献であるが、これは使役受動の存在を明記しながらも、逆の組み合わせの可否には触れないというスタンスであるから、大槻ともチェンバレンとも異なる第三の記述方式であると言える。この第三の方式が主流をなす傾向は、明治・大正・昭和を通じて変らない。

　こうした中で、吉岡郷甫の『日本口語法』(1906) は特筆に値する。その第9章「助動詞」では、助動詞の用法を「相」「法」「式」「時」の順で、方言差などを交えながら解説した後に、第5節「助動詞と助動詞との連續」において、助動詞の様々な組み合わせを示した一覧表を掲げている。すでに引用した『廣日本文典』の「第七表」と似た雰囲気の表であるが、使役相「せ・させ」の未然形（吉岡は否定形と呼ぶ）に続く助動詞には「られる」が含まれている。この「られる」という表記は「所相・勢相・敬相」の機能を担う形式であることを示し、もっぱら「敬相」のみを表わす「れる」と区別される。後者は敬譲相「あそばす」に「れる」が続いた「あそばさ＋れる」に現れる形であり、この場合の「れる」に、例えば受身の解釈がないことが示されている。一方、「られる」は上の三機能を担いうる形であるから、例えば「食べさせ＋られる」は、受身、可能、尊敬いずれにも解釈できるという記述である。

　さて、吉岡の表で所相「れる・られる」の未然形に続く助動詞を見ると、そこには否定の「ない」や「まい」が挙げられているのみであり、使役相の「させる」は挙げられていない。受動使役は存在しないとの記述であるが、使役受動を解説した箇所には、次のような但し書きがある（『日本口語法』第9章第1節、pp. 96-97）。

(29) 所相に使役相の助動詞を連ねて「太郎を叔父の家に養われさせる」のようにいえる筈であるが、こういう言い方わ普通にわ用いぬ。

使役相に所相を連ねることができると記述するのであれば、読者に対する当然の配慮として、あるいは、少なくとも記述の完結性のために、逆の組み合わせについても何らかの解説をすべきであるが、具体例を挙げた上で (29) のような解説を附すという態度は、近代の日本語文法では極めて珍しい。「普通にわ用いぬ」ということであるから、日本語の受動使役は、文法的な仕組みの問題として禁じられているわけではない、という含意を読み取ることもできる。しかし一方で、「助動詞と助動詞との連續」をまとめた一覧表には、受動使役に相当する組み合わせは載せられていない。したがって、吉岡の『日本口語法』に示された記述の趣旨を酌むなら、日本語の受動使役には表に載せるほどの生産性はなく、実際に使われることもめったにないが、不可能な形式とまでは言えない、ということになろう。同じ書名であっても、保科孝一の『日本口語法』(1911) が受動使役に一切触れないのとは対照的である。

大正 2 年には芳賀矢一の『口語文典大要』(1913) が出ているが、受動使役に触れないという方式は変っていない。同じ大正 2 年の序文がある國語調査委員會編『口語法』(205 節、p. 63) には、「使役の助動詞でわ、この形が、また「られる」(受身、可能、敬譲) にも續く」との記述があり、例文も挙げられているが、逆の組み合わせについては何も述べていない (ただし、以下の (35) をめぐる議論を参照)。

昭和では橋本進吉の「助動詞の研究」(東京帝国大学における昭和 6 年の講義案) や『新文典別記　上級用』(1935) などが第三の方式を受け継ぐものであり、芳賀から橋本を経てその後に続く、いわば主流の系譜が形成されている。

しかし、大槻の系譜が消滅したわけではない。『口語文典大要』と同じ大正時代では、Élisséèv (1924: 247–248) に次のような記述が見られる。

(30) Le verbe japonais a les voix suivantes : une forme passive *utareru* « être battu », qui a aussi un sens actif de « pouvoir battre », puis une forme causative *utaseru* « faire battre », et **même une forme passive causative *utaresaseru*** « se faire battre ». De plus le verbe japonais a une forme désidérative en -*tai* : *kakitai* « vouloir écrire » et une forme « de vraisemblance » en *rašii* : *kaku rašii* « (il) paraît écrire ».

日本語には受動態（「打たれる」）と使役態（「打たせる」）があり、前者には「可能」の意味もある。さらに受動使役の形 "une forme passive causative" さえあるとして、「打たれさせる」が挙げられている。外国人による記述で「受動使役」を認めたのは、この Élisséèv が最初であると思われる。[16]

エリセーフとほぼ同じ時期、日本では松下大三郎が「動詞の自他被使動の研究」を『國學院雑誌』（1923）に発表している。松下はそこで使役と受動の組み合わせについて触れ、使役＋使役、使役＋受動、受動＋使役、さらには受動＋受動さえ可能であるとして、受動使役については次のような例を挙げている。[17]

(31) 教師、某生に上京を其の父に許されしむ。／父、子を他京に出して浮世の波にもまれしむ。

このように見てくると、「受動使役」を認める系譜は、大槻文彦・山田孝雄・三矢重松から松下大三郎にまで至ることになり、近代日本文法研究における巨人の系譜といった様相を呈する。

6.7. 口語と文語

本稿では、上の系譜を『廣日本文典』（あるいは「語法指南」）で代表させているため、これを「大槻文彦の系譜」と呼んでいるのであるが、大槻が挙げ

ているのは「受動＋しむ」の例だけであるから、厳密に言えば、口語におけ
る受動使役の可能性を大槻がどのように考えていたのかを、『廣日本文典』
や「語法指南」から判断することはできない。大槻の時代、使役の「しむ」
は文章語として広く用いられていたが、もちろん口語に属する語彙ではな
かった。したがって、受動使役の用例として「しむ」のみが挙げられている
場合、当該時点における日本語の共時的事実として「受動使役」が可能で
あったのかどうかは、実際には不明とせざるを得ない。「受動＋しむ」の用
例は、文語に通じた知識人が頭で考え、適格であろうと判断したにすぎない
からである。

　過去の言語記述から当時の共時的事実を探る場合、上で述べた点には注意
しておく必要がある。本稿との関連では、四宮憲章の『時文正誠新解日本文法』
(1899) や『国語文法提要』(1906) に見られる記述が格好の具体例を提供す
るので、[18] 以下、後者の本論第7「自他、受令」(pp. 131-138) を少し検討し
てみよう（原文の変体仮名は現行の表記で引用する）。

　四宮は動詞の自他を区別した上で、「これらの動詞に更に他の助動詞の添
りて、彼我主客の別の種々に変轉するもの」があるとし、これを「自他轉用
法」と呼び四種に分ける。すなわち、（一）受動（「呼ばる」「載せらる」）、（二）
令動（「書かす」「死なしむ」）、（三）受令動（「書かしめらる」「落ちさせらる」）、そ
して第四の用法「**令受動**」である。これが本稿の受動使役に相当するもので
あり、その用法については次のような説明がある。

(32) （四）令受動　前法と反對にて、（一）の令動を重用せる一種の令
　　　動にして、第一の主人公が第三者をして、第二者よりの動作を受
　　　けしむるか、（他動詞の場合）或は第二者の動作に對せしむる（自
　　　動詞の場合）ものをいふ。例へば、「突かれ しむ」「泣かれ しむ」
　　　の如し、

具体的には次のような用例が挙げられている。

(33)　雷鳴母親をして小兒に泣か れ しむ／法王平氏をして頼朝に平げ られ しむ

　令動［＝使役］の助動詞としては「す・さす・しむ」が挙げられているが、令受動［＝受動使役］の作り方を説明した箇所には「受動の第一変化に『しめ、しめ、しむ、しむる、しむれ』の各変化を連接す」と記されているので、受動使役を構成するのは「しむ」のみであり、「す・さす」は受動の助動詞と結合しない、という記述かと思われる。

　上の点は『国語文法提要』から我々が読み取った一般化であり、四宮自身が明確に述べているわけではない。しかし、「受動＋使役」の配列順序は文語「しむ」においてのみ可能であり、「す」「さす」あるいは口語では許されない、という趣旨の一般化は、明治時代の他の記述からも、また大正以降のいくつかの文献からも読み取ることができる。『廣日本文典』の「第七表」自体がそのように読めることにはすでに触れたが、別の文献には、例えば藤澤倉之助『文語法と口語法との対照』(1908) などがある。同書第5章の「助動詞と助動詞との連結表[19]」というものを見ると、文語の欄には使役＋受動「せらる」「させらる」「しめらる」に加え、「れしむ」「られしむ」という受動使役の組み合わせが挙げられているが、口語の欄には、「せられる」「させられる」という使役＋受動のみが挙げられ、「所相」の助動詞「れる」「られる」に続く助動詞のリストに使役相の「させる」は含まれていない。

　このように、文語に関する記述と口語に関する記述を可能な限り区別してみると、受動使役を口語レベルでも認める立場が誰の記述に遡るのか、容易には決められなくなってくるが、三矢重松『高等日本文法』の「口語助動詞連結表」には「れ・られ＋させる」の組み合わせが挙げられているため、三矢にとって受動使役は、口語においても可能な組み合わせであったと考えられる（前掲 (24) も参照）。

　山田孝雄『日本文法論』が「見られさす」を挙げていることには触れたが、その後の著作、例えば『日本口語法講義』(p. 292) では、

(34) 「れ」「られ」の受身の場合のものは「させる」で受けることがある

と述べ、「叱られさせる」という明らかな口語の用例を挙げている。こうしたことから、山田孝雄は自らの内省に照らして、当初から受動使役を可能な形式と判断していたのではないかと思われるが、実は大槻文彦も、口語の受動使役を許容する話者であったと考える根拠がある。

　國語調査委員會の『口語法』(1916) が、使役受動について解説しながらも受動使役を取り上げなかったことについてはすでに触れた。ところが、翌年に出版された『口語法別記』(1917) には、次のような記述が見られる (pp. 219-220)。

(35) 使役の助動詞わ、稀に、受身の助動詞に附いて、「撃たれさせる」など、云うことがある。

この「撃たれさせる」は、『廣日本文典』が挙げた「撃たれしむ」に対応する口語表現であるが、『口語法別記』が実質的に大槻文彦の手になることは、「本書ハ、別冊口語法ノ附錄ニシテ、主査委員文學博士大槻文彦ノ擔任編纂セシモノナリ」という同書の諸言からも明らかである（緒言の日付は大正2年6月、署名は國語調査委員會）。

　したがって (35) は、大槻の判断を反映した記述である可能性が高く、山田孝雄や三矢重松と同様に、大槻文彦も受動使役を不可能な口語形式とは見なしていなかったと考えられる。大槻が『廣日本文典』において「撃たれしむ」を挙げた際、口語の「撃たれさせる」についても内省を働かせ、これを容認可能と判断していた可能性さえある。しかし、この点は別にしても、『廣日本文典』と『口語法別記』を併せてみれば、日本語の文法組織が受動使役を禁じているわけではないという記述の流れは、大槻文彦に遡ると言って差し支えないと思われる。

6.8. 山田廣之『國語法新論』など

　大正から戦前の昭和にかけても、第三の記述方式が主流をなす状況は変っていない（例えば橋本進吉『新文典別記　上級用』p. 346 などを参照）。もちろん松下大三郎は受動使役を認める立場であるから、大正末期の『標準日本文法』(1924) でも「子女を世間に出して人に揉まれさす」「惜しき勇士を敵に打たれしむべからず」という例を挙げ、これらは『改撰標準日本文法』にも持ち越されている。基本的に文語の用例であるが、松下が口語においても受動使役を許容していたことは、『標準日本口語法』(1930: 155) の次の用例が示すとおりである。

　(36)　かはいゝ子どもを世間へ出して人に揉まれさせる。

　終戦の前年には、山田廣之の『國語法新論』(1944) というものが出ている。助動詞関係の研究ではまず引用されない本であるが、これには次のような興味深い記述がある (p. 277)。

　(37)　られるの後續する所は、動詞未然形の末尾音がア音ならざるものの他に、せ・させがある。させるも、末尾音がア音ならざる動詞未然形の他にれ・られに後續することがある。

この引用の前段は使役受動のことであり、「一時間も立たせられる」「犬に吠えさせられる」が具体例として挙げられている。そして後段で述べられているのが本稿で言う受動使役であり、具体例として次の二例が挙げられている。

　(38)　瀧に打たれさせた。／彼に連れられさせた。

上の引用以外に何のコメントもなく、あたかも当然であるかのように例文が挙げられているのであるが、この「滝に打たれさせる」は、作例にしても相当に許容度の高い部類であり、斉木・鷲尾 (2012b: 22) が報告している最

近の実例にも出てくる（「家族たちを滝に打たれさせたい！」など）。

　佐伯哲夫（1983）は、もっぱら受動使役を取り上げたユニークな論考であり、山田孝雄や三矢重松を踏まえて「監督が女優をして男優に抱かれさせる」「滝に打たれさせる」「蚊に食われさせる」などを可能な例として挙げる。その一方で、受動使役の実例はめったに見られないと述べ、この事実を、「その稀なこと、生涯かかってそれの生きた一、二の用例に出会えるかどうかという程度である」(p. 96)と表現している。「滝に打たれる」は慣用句化が進んだ受動表現、「蚊に食われさせる」は不本意な気持ちを表わす受動表現であるとされ、こうしたタイプの受動文が使役の補文になりやすいのではないかと述べている。山田廣之の『國語法新論』は佐伯の調査に含まれていない文献の一つであるから、佐伯が独自に「滝に打たれさせる」を挙げていることからも、母語話者にとってこれが許容されやすい用例であることがわかる。ただ、この種の表現について、単に「慣用句化が進んだ」と述べるだけでは、現象の本質的理解には繋がらない。インターネット等に散見される次のような例は、「滝に打たれさせる」ほどではないにせよ、相当に許容度が高いが、これらには明らかな共通点がある。

(39) a. 長いものには巻かれさせてください。
　　 b. そよ風に吹かれさせてあげたいわ
　　 c. 大臣ゴッコで世間をあっけにとられさせたのは
　　 d. こんなかわいい子を世間の荒波にもまれさせたくないですね。

（斉木・鷲尾（2012b: 22））

すなわち、これらの例に含まれる「長いものに巻かれる」「そよ風に吹かれる」「あっけにとられる」「世間の荒波にもまれる」などは、「滝に打たれる」と同様に、**対応する能動形が成立しにくい表現**であるため、実はヴォイス転換が一度しか適用されていない可能性が高いのである。斉木（2010）は、現代日本語で成立しつつある、ある意味で「破格」の複合動詞について報告しているが、[20] 例えば「萌え殺す」という複合動詞の用例は「ヴォイスの形式」

に偏りがあり、ほぼ9対1の割合で受動形「萌え殺される」の方が多いという。こうしたことから斉木は、「『萌える』と『殺す』の複合は、まずは受動形として成立し、受動形から能動形への拡張が、今まさに進行している」(2010: 23) という可能性を指摘している。「滝に打たれる」などについても同様の分析が可能であり、ある種の受動表現が、独立の理由で不適格な能動表現の代替機能を担うという現象は、改めて考察すべき興味深いテーマである。

6.9. Block (1946) とその後の状況

『改撰標準日本文法』や『標準日本口語法』の頃、アメリカの言語学界は構造主義の時代を迎えていた。日本語については、いわゆる新ブルームフィールド学派のバーナード・ブロックが精密な記述を行ない、有名な4部作を発表したが、その第3部には、使役と受動の組み合わせに関する次のような記述がある (Block (1946: §2.5)——強調は本稿による)。

(40)　A causative verb itself underlies a passive formation with the suffix *-rare-*, hence with the compound suffix *-sase-rare-~-ase-rare-*, often shortened to *-sas-are-~-as-are-*. **But passives and potentials do not underlie further derivatives in these genera**.

チェンバレン同様、ブロックも受動使役の可能性を明確に否定していたことがわかる。

Block (1946) 以後、日本語文法については膨大な数の記述研究が出版されているが、受動使役への言及はあまり見られない。例えば Alfonso (1974) は、「使役の受動」(Passive of the Permissive) については特に一節 (32.2.4) を設けて説明しているが、「受動の使役」への言及はない。一方、サミュエル・マーティンの *A Reference Grammar of Japanese* は、使役と受動の組

み合わせについて次のように述べている（Martin（1975: 291）——強調は本稿による）。

(41) It is interesting to find a passive built on a causative **but not the opposite**.

使役に基づく受動は見られるが「逆はない」との記述であり、「*来られさせる」のような組み合わせは存在しないと述べられている。

マーティンの Reference Grammar は千ページを超す大著であり、英文で読める日本語記述文法として、とりわけ欧米世界に対しては少なからぬ影響を与えてきた。アメリカ構造主義の厳密さによって記述されたブロックの Studies in Colloquial Japanese も同様である。チェンバレンの Handbook が近代の日本語研究に与えた影響については、いまさら言うまでもない。チェンバレン、ブロック、マーティンと続く強力な記述の系譜において、日本語は受動使役を許容しないと明記されているのであるから、これが世界の常識となってきた可能性は充分にある。

世界の諸言語における受動構文の使役化については、すでに引用した「多くの言語で制限されている」（Dowty（1979））、「おそらくすべての言語で不可能である」（Vitale（1981））などの記述がある。こうした否定的一般化は、相当数の言語を調査した上でなければ提示できないのが普通であるから、文法記述が最も充実した言語の一つである日本語についても、一応の文献調査などは行なわれたであろう。その際、ブロックやマーティンが参照されたとすれば、上のような否定的一般化を補強する材料になった可能性もある。日本語で書かれた文献を調べたとしても、一般に流布している文法書を含め、多くは第三の記述方式であるから、使役受動に関する情報しか得られない可能性が高い。そしてここから、受動使役は存在しないという暗黙の含意を読み取るのは自然である。

第三の記述方式が圧倒的に多いという事実には、学者の規範意識が関係している可能性もある。特に国語の教科書として書かれた文典の場合、仮に

「られさせる」が不可能な形式ではないとしても、これを教室で積極的に薦める理由はなく、むしろ触れないで済ませた方がよいとの判断はありうる。しかし、自立した学としての言語研究は規範からの独立を前提とし、構造主義のブロックやその許で学んだマーティンが規範文法と無縁であるのは言うまでもない。その彼らが日本語における受動使役の存在を明確に否定する一方で、マーティンとほぼ同じ時期には、生成文法理論の文脈で受動使役に言及した研究も出ている。Aissen (1974: 355) は「*父が子供をぶたれさせた」などを非文として挙げるが、「？僕はわざとメアリを殴られさせておいた」などは "far better" であるとも述べ、日本語の受動使役は一定の意味的条件を満たせば許容されるとの立場を示している。井上和子 (1976: 152) も「受動文が使役文の補文にあらわれる可能性がある」と指摘し、母語話者の判断は分かれるとの条件付きながら、「隊長がその捕虜を兵士にぶたれさせた」を挙げている。別の箇所には「お前が友達を車にひかれさせたのだ」という例も見られる (p. 69)。いわゆる Principles and Parameters (Chomsky (1981)) の観点からも、Marantz (1984: 273) が "Some speakers of Japanese permit the passive affix to appear between the causative suffix and the root in a derived causative verb" との観察を示しており、Marantz の議論は Baker (1988) にも引き継がれている。

6.10. おわりに

このように、戦後の日本語研究という短い時間幅で見ると、受動使役の位置づけは構造主義から生成文法へのパラダイム転換を境に変容してきたと言えるのであるが、おそらくこれは偶然ではない。生成文法の掲げる言語研究の目標や次に引く Chomsky (1957: 14) 以来の方法論からすれば、「普通にわ用いぬ」（吉岡郷甫、前掲書）と言われる表現類の考察に本質的重要性が見出されるからである。

(42) In many intermediate cases we shall be prepared to let the grammar itself decide, when the grammar is set up in the simplest way so that it includes the clear sentences and excludes the clear non-sentences.

この方法論自体に疑問を抱く研究者には、上に紹介したAissen (1974) 以降の研究が「危ういデータに基づく理論構築の試み」と映るかもしれない。しかし、こうした見方が的外れであることは、本稿で報告した文献調査が明らかにしたとおりである。日本語の受動使役については、大槻文彦、山田孝雄、三矢重松、Éliséév、松下大三郎、山田廣之など、これを可とする記述の系譜が明治時代から続いているのであり、BlockやMartinの一般化は、純粋に記述レベルの問題としても強すぎると言わざるを得ない。

　一方で、スワヒリ語やトルコ語のように、受動使役を一律に禁じている言語が多いという事実もある。したがって、諸言語は受動使役の可否を基準として二つのタイプに大別されることになるが、任意の言語がどちらの類型に帰属するかは一般言語理論のレベルで予測できるのが望ましい。しかし同時に、日本語においても多くの受動使役は許容度が低いという事実は残るため、受動使役が厳しい制約を受けていることも確かである。この制約が日本語に固有のものであるのか、あるいは一般言語理論が許容する「受動使役」という概念に附随するものであるのかは、これまで明確に提起されたことのない問題であり、言語理論に対する日本語研究からの貢献が期待される重要なテーマになると思われる。

注

1. 以下の議論に直接的に関わる要素は太字(ゴチック)にして引用した。こうした観点からの記述は、芳賀(1913)から現在に至るまで数多くなされている。例えばShibatani (1990: 307) には " Vstem-causative-passive-aspect-desiderative-NEG-

tense"という記述が見られる。

2. 日本語に特徴的な要素とは、典型的には「給ふ」などの敬語に関わる諸形式であるが、これ以外にも、否定の構成などは個別言語の特性を反映しやすい。例えば、日本語との類型論的類似が著しく、助動詞連鎖についても日本語との共通点が多い朝鮮語を見ても、否定辞が動詞に先行する構文など、単純に日本語と比較できない形式がある。

3. 諸言語における要素配列については Sapir (1921) にも示唆に富む議論がある。

4. この点には、『中日理論言語学研究会』における口頭発表で触れる機会があった（斉木・鷲尾 (2009)）。

5. 日本語では文末の複合体が終助詞にまで及ぶため、動詞に続く要素配列に終助詞なども含めた記述をする場合には、Bybee (1985) の "Mood" よりも広い概念が必要になる。ここでは大雑把に "Mood/Modality" のような表記をしたが、具体的には様々な分析が考えられる。

6. 近代日本におけるヴォイス概念の受容については鷲尾 (2010b) や斉木・鷲尾 (2012a) に一般向けの解説がある。

7. ⓣは Tense を意図した記号であるが、日本語の「た」も含め、ⓣとして挙げる要素が（例えばアスペクトではなく）「テンス」であると積極的に主張するものではない。これらをアスペクトと見なしても、あるいは、ある言語ではテンス、別の言語ではアスペクトと分析するのが妥当であるとしても、ここでの議論には影響しない。

8. 南北朝鮮語の違いを踏まえた菅野裕臣 (1982) の研究にも、「使役の受動（…させられる）は分析的な方法を使ってしか表しえない」(p. 287) との記述があるので、上の点は現代の朝鮮語全般に当てはまるものと考えられるが、菅野は北朝鮮の文献から「bəs-gi-'u-（ぬがせられる）、'ib-hi-'u-（着せられる）」のような例を引用している (p. 290)。本稿のローマ字転写では、それぞれ pes-ki-wu-、ip-hi-wu- と表記される形であり、ハングルでは벗기우다、입히우다と表記されるが、韓国出身のインフォーマントに尋ねてみても明確な判断は得られなかった。微妙な方言差があるものと思われるが、これらの例に含まれる우 (-'u-) が北朝鮮の朝鮮語においても「使役」の接辞であるとすると、上の二例が全体として「受身」の意味を担うのは、合成的な意味解釈が施された結果ではありえない。換言すれば、これらは固定された形式である可能性が高く、ⓒとⓟの複合は、北朝鮮においても生産的なプロセスではないと考えるのが妥当かと思われる。

9. トルコ語と日本語は類似の言語類型に属するため、以下に掲げるトルコ語と日本語の用例は「文節」単位で対応している。以下、トルコ語に関する記述は Aissen (1974) による。

10. ただし、生産性や個々の事例の許容度に関する個人差などを別にすれば、という条件が付く。モンゴル語における使役と受動の組み合わせについては、梅谷博之 (2008) に有益な考察がある。

11. 第七表の末尾には注釈があり、「古書ニ、用例ハアレド、連續ノ稀有奇僻ナルハ、省ケルモアリ」と書いてある。

12. 斉木・鷲尾 (2012b) には、使役接辞および受動接辞の諸用法（受身、自発、可能、尊敬）の組み合わせ 25 通りについて、適格性判断を含めた多角的考察がある。

13. 『廣日本文典』冒頭の「例言」を参照。

14. したがって、次の点には若干の注意が必要となる。助動詞承接を扱った従来の研究は、その多くが古典語あるいは文語を対象にしてきたという事実がある。そのため、仮に先行研究が「る・らる＋さす」を可能な連鎖として挙げていたとしても、それが尊敬用法を念頭に置いたものであれば、本稿で言うヴォイスの複合としての「受動使役」には当たらないことになる。
　例えば徳田浄『國語法査説』(pp. 184-185) は、「助動詞と助動詞の重用における上下關係」において、「す・さす・しむ」と「る・らる」を「最上位」の助動詞とし、より詳しくは前者を「一位」、後者を「二位」と位置づけているが、これらは「上下位を交代し得る」と述べ、「る・らる」が「す・さす・しむ」に先行する可能性を認めている。しかし、これらの助動詞の具体的な用法（「受身」「可能」「使役」「崇敬」）が明記されていないため、本稿で言う「受動使役」を徳田が容認しているのかどうかは不明である。ただ、『國語法査説』の記述は山田孝雄と三矢重松の「所説」に基づいているとのことであり、以下で指摘するように、山田と三矢は二人とも「受動使役」を認めるタイプの話者であるから、徳田の記述に「受動使役」が含まれている可能性もあるが、具体例を挙げていないので明確なことはわからない。

15. この用例が文語であるという点については以下の議論を参照。

16. 本文に引用したのは、Meillet と Cohen を編者とする *Les langues du monde* 所収、"La langue japonaise" の一節である。*Les langues du monde* には、1924 年の初版と 1952 年の新版 Nouvelle édition があり、後者では日本語の執筆者がアグノエル (Ch. Haguenauer) に替わっている。初版にあった「受動使役」への言及は、1952 年版には見られない。初版には泉井久之助（編）の邦訳がある（『世界の言語』

1954年、朝日新聞社）。エリセーフの記述は金田一春彦（1982）が取り上げている。佐伯哲夫（1983）は、受動使役を扱った先行研究として山田孝雄、三矢重松と共に金田一を挙げる。ちなみに、本文の引用に続く箇所で Élisséèv は動詞と助動詞の承接順序にも触れ、次のように述べている。

> Le verbe japonais est toujours composé dans le même ordre : la racine + le thème + la voix + le temps + la négation ; si la négation est *naku* + verbe *aru*, les deux dernières parties changent de place et nous avons la négation + le temps *yom a re naku atta* « cela n'était pas possible de lire ». —Élisséèv (1924 : 248)

17. 日本語における「受動＋受動」（二重受動）の組み合わせは、主語昇格排他性との関連で Washio（1989-1990）も取り上げている。二重受動に関する松下大三郎の観察とその理論的意義については斉木・鷲尾（未刊行）を参照。松下文法における受動文の取り扱いについては斉木（2007、2008b）に詳細な議論がある。

18. 岡田正美（1900）も同様であるが、これについては別稿で論じる。

19. 巻末には附録として別の表が付いているが、これは第5章の表とは異なる。諸言によれば、巻末の附録は「芳賀博士の承認を得て参考の爲め録せるものなり」とのことであり、表の冒頭には「芳賀博士の國語活用聯結一覧に據る」との出典情報がある。

20. 斉木（2010）が扱っている「萌え殺す」や「笑い殺す」（三島由紀夫『金閣寺』の実例）は、日本語の複合動詞について提案されている従来の主要な制約に違反するものであるが、その点では、「君を咲き誇ろう」（浜崎あゆみのヒット曲の歌詞）も同様である。後者の意味を母語話者がどのように理解しているのかを調査すると、意味解釈に驚くべき個人差が観察される（斉木（2008a））。これは複合動詞研究における新たな問題提起に繋がるものと思われる。

第 7 章

言語の "Genius" と「國語の本性」
~個別言語の特性をめぐるいくつかの学史的問題~

> "A Frenchman or Russian could not have written that. It is the German who is so uncourteous to his verbs."
> —Sherlock Holmes

7.1. 研究の背景

　近代日本の国語学は、西洋言語学の受容を背景として成立したと言われる。従来の国語学史で繰り返し指摘されてきた点であるが、例えば東條操『國語學新講』(1937) はこれを次のように表現している。

> 明治三十年のころに上田萬年先生の御手で言語学の洗礼を受けて新しく生まれ出た国語学は、その後四十年の春秋を健やかに送り迎え、…
> 　　　　　　　　　　（東條 (1965) に載録されている「初版序」より）

国語学と呼ばれる学問分野の草創期は、このように上田萬年の名前と共に描かれるのが一般的であるが、文法研究の近代史など、本稿で考える諸問題について言えば、上田萬年を起点にしてもあまり意味がない。いわゆる四大文法に代表される日本文法論の系譜は、「上田言語学」以前の文法研究、とりわけ大槻文法に遡らなければ理解できないからである（斉木・鷲尾 (2012a)）。大槻文彦を起点として展開した日本文法研究も西洋言語学の影響を受けたことに変わりはないが、それは近代国語学成立の背景にあった 19 世紀の比較

言語学ではなく、より伝統的な西洋文典であった。大槻文法を和洋折衷の所産として厳しく批判した山田孝雄でさえ、『日本文法論』をまとめ上げるためには西洋文典の参照が不可欠であった。

山田孝雄の言語観を理解する手掛かりとして、筆者らは「國語の本性」という表現に注目してきた。この表現は、例えば『日本文法論』(p. 2) の次の一節に見られる。

> 現今の文典の制は**國語の本性**に適合せざるなり、殊に語論において最甚し、改訂を要する所以なり。

山田の「語論」は「句論」と区別される概念であり、大雑把に言えば、後者がドイツ文典式の Satzlehre (Syntax) に相当するのに対し、前者は Wortlehre に相当する。要するに、品詞論などを含む近代日本文法の主要なテーマをすべて扱うのが「語論」であるが、特にこの文脈では、「本性」に類似した「語性」という表現も用いられる。

> 語論の要旨は従來西洋文典の範疇を以て、説明したる一切の文典を否定せむとて説を立てたり。**語性**の異なれる國語を西洋文典の範疇によりて支配せむことの非理なることは吾人の研究の結果之を證せり。(同上 p. 10)

「本性」にしても「語性」にしても、その意味するところが厳密に定義されているわけではなく、それぞれの個別言語に備わった《本来の性質》、あるいは《生まれつきの性質》のようなものを想定した、きわめて直観的な概念である。金田一京助の『新言語學』にも「支那語の**語性**」という表現が出てくるが (1912: 423/1992: 177)、[1] これを Henry Sweet の原文で見ると "The Chinese **linguistic instinct**" (1900: 143) の訳語であることがわかる。原文も甚だしく直観的な表現であるが、《個別言語に見られる様々な現象の背後にあって、その言語を深いレベルで特徴づけている何らかの性質》を想定しているものと思われ、その点では、山田孝雄と同じようなイメージで個別言語を捉えていると言える。

「國語の本性」あるいは「語性」について、山田は品詞と語順の関係などを中心に具体的な議論を展開している。山田が指摘する日本語の事実を子細に検討してみると、それらは日本語の個別性を反映したものではなく、むしろ言語の一般的な傾向が日本語で実現した姿であると考えられるのであるが（以下、7.6 節を参照）、日本語の品詞組織をその「本性」の表出と捉える山田は、例えば普遍文法論を志向した松下大三郎との対比で見れば、明らかに「個別言語主義」であった。

個別言語の性格を根本で規定するものとしての「本性」には、エドワード・サピアの言う"言語の genius"に通じるものがある。しかし、東西の言語学史を振り返ってみると、これらの概念が論じられてきた歴史には決定的な違いがあることに気づく。山田の言う「本性」は、日本における国語学の伝統に発した概念ではなく、山田自身が試みた西洋諸語と日本語の比較から自然に生じたものであると思われる。敢えて山田以前の研究に類似の概念を探すなら、大槻文彦の言う「國語の天性」や、以下でも触れるヘンリー・スウィートの"genius"があるが、いずれも山田への影響を推定する具体的な根拠を欠く。一方、西洋言語学史に目を転じると、"genius"と言えばまずはサピアの *Language*（1921）を想起するが、サピアにおける"genius"の出処については、これをフンボルトおよびシュペングラーと結びつける渡部昇一の仮説がある。説得力に富む独創的な論考であるが、渡部説についてはなお考えるべき問題がある。

筆者らは、こうした問題意識を背景として、東西言語学史における「個別言語の特性」の捉え方を考察してきたが、本稿はその一部であり、まずは"genius"という表現の歴史を辿りつつ、サピアにおける"genius"の歴史的背景をめぐる基礎的問題を整理する。その上で、"genius"自体を説明する可能性について、サピアがどのような立場であったのかを確認し、それとの対比において、「國語の本性」に対する山田孝雄の説明方法を検討する。

山田孝雄にとって「國語の本性」は、日本人の「國民性」の反映として説明すべきものであり、この点では、チェンバレンやローウェルが「極東の精

神」に言及して日本語の特性を論じているのと同じような立場である。これに対して、言語の性質を文化や国民気質などに還元するタイプの説明に妥当性を認めないのがサピアの立場であった。[2] 現在に至るまで、サピアの立場を覆すほど強力な経験的議論は提出されていないと思われるが、このことから、山田やチェンバレンの議論が無意味であったと結論するのは早計である。彼らの還元的説明が成功しているかどうかは別にしても、議論の過程で指摘された様々な言語的事実は、現在でもなお注目すべき重要性を有するからであり、彼らの論述を紹介して来なかった従来の国語学史は、埋めるべき大きな「空白」を内包していると筆者らは思うからである（本書第 1 章 (§1.6) も参照）。

7.2. サピアにおける Genius の出処

　渡部昇一「サピアの『言語』のジーニアスについて」(1991) における議論の展開は、およそ次のように要約することができる。

　　ドイツ生まれでゲルマン語学を専攻していたサピアは、19 世紀ドイツの哲学者たちによる言語論に親しみ、影響を受けていたと考えられる。サピアの genius はフンボルトの Form に相当する。サピアが『言語』を執筆（口述）した時、「フンボルト的発想が自然に出てきた」と考えられる。
　　サピアの genius とは、要するに「ある言語の持つ潜在的、直観的、生得的な感じ方（フィーリング）」であるが、こうした個別言語の genius の起源に関するサピアの考えは、《過去のある時期に、その民族の潜在的な心が、経験するものについて大急ぎで一覧表のようなものを作り、十分に熟さない形態分類をやってしまって、もうその改変が出来なくなってしまったようなものである》(Language: 105、渡部訳) などの記述を手掛かりにして理解することができる。「つまりそれぞれの言語の持つ形態は一種の『刷り込み』である」。
　　サピアは「各言語の特質——それは理屈では説明できない——の起源を説明する時に、『刷り込み』という概念に到達していた」が、この考え方は、シュペングラーの『西洋の没落』からヒントを得たものと考えられる。

第7章 言語の"Genius"と「國語の本性」　　　215

　渡部の議論には、おそらくそういうことなのであろうと思わせる説得力がある。一方で、筆者らが行なってきた調査によれば、"言語のgenius"という表現は、英語圏では18世紀から用いられており、フンボルト（1767-1835）以前にも用例がある。渡部自身も *The Oxford English dictionary* (*OED*) に挙げられている Samuel Johnson の用例を引用している。

> Our language, for almost a century, has, by the concurrence of many causes, been gradually departing from its original Teutonick character, and deviating towards a Gallick structure and phraseology, from which it ought to be our endeavour to recal it, by making our ancient volumes the ground-work of style, admitting among the additions of later times, only such as may supply real deficiencies, such as are readily adopted by **the genius of our tongue**, and incorporate easily with our native idioms.
> 　　　　　　　　　　　　　　　　　　　(Preface, 1755, emphasis added)

ジョンソン博士は "Grammar of the English Tongue" でも、Wallis の文法に言及した文脈で "the genius of the English language" という表現を用いている。渡部は上に引用した一節について、「ジョンソン博士とサピアのジーニアスは全く同じ使い方をされています」(p. 94) と述べている。これはその通りであると思う。しかし、サピアの genius がフンボルトの影響を受けたものであるとすると、上の Johnson (1755) も含め、フンボルト以前の genius とサピアの genius はどのような関係にあるのかという疑問も生じる。サピアに対するフンボルトの影響についてはこれまで様々な指摘があり、渡部が新たに付け加えた議論にも充分な説得力がある。これを前提とした上で、筆者らはなお、サピアにおける "言語の genius" という表現が、西洋世界で脈々と受け継がれて来た一般的な語法でもあったことを、「グローバルな言語学史」（斉木・鷲尾（2012a)) における基礎的事実の一つとして確認しておきたい。

7.3 英語圏およびフランス語圏における "言語の Genius"

Johnson の辞典本文で genius を確認すると、第 5 の語義として "Nature; disposition" とあるものの、language についての用例は挙げられていない。これは、*OED* (あるいは Murray らの *A new English dictionary on historical principles* (*NED*), 1884-1928) が Genius の定義に "Of a language, law, or institution" という用法を明記しているのとは対照的である。以下の定義は渡部も引用している。

> Of a language, law, or institution: Prevailing character or spirit, general drift, characteristic method or procedure. (*NED/OED*)

要するに、(i) Johnson の辞典本文で定義された genius に language についての用例はない、(ii) しかし Johnson 自身の文章にその用例が見られる、(iii) そしてその Johnson の文章を *NED/OED* が用例として挙げている、ということであるから、これらを総合すれば、"genius of a language" という用法は Johnson に始まったという解釈もありうるような印象を受けるが、事実はそうではない。Johnson 以前の辞典類を調べてみると、*An universal etymological English dictionary* (Nathan Bailey 1721/1726³, Introduction) にも類似の表現が見られるため ("the Genius of our own Tongue")、英語におけるこの用法は、遅くとも 18 世紀前半には確実に存在していたことになる。

Murray、Johnson、Bailey と遡ったので、さらに古い John Kersey の *A new English dictionary* (1702) も調べてみたが、genius の上のような用法は Kersey には見出せなかった。

"言語の genius (génie)" という用法の歴史は、英語よりもフランス語の方が古いように思われる。*Le Dictionnaire de l'Academie françoise* (初版、1694) には言語についての génie の用法は挙げられていないが、第 4 版 (1762) にはこの用法が明記されている ("On appelle *Le génie d'une Langue,* Le caractère propre & distinctif d'une Langue.")。初版と第 4 版の間には、コンディ

ヤック (Condillac) の *Essai sur l'origine des connaissances humaines* (1746) が出ている。第2部 Chapitre xv のタイトルは "Du génie des langues"(「諸言語の génie について」)である。

"言語の génie" という用法について、リトレの *Dictionnaire de la langue française* (Émile Littré (1883)) は Voltaire (1764) や Chateaubriand (1802) からの用例を挙げている ("... génie d'une langue ..."; "Le génie de la langue française ...")。ヴォルテールやシャトーブリアンの用例はコンディヤック以後であるが、コンディヤック以前には、ポール・ロワイヤル文法に次の一節を見出すことができる。

> "Et qu'il dépend du genie des Langues de se servir de l'vne ou de l'autre maniere." (Lancelot and Arnauld (1660/1676: 70))

この箇所の邦訳を見ると「そして、このいずれの方法を用いるかは諸言語の特性いかんによる」(p. 82) とあり、genie (génie) は「特性」と訳されている。

ポール・ロワイヤル文法の影響を直接間接に受けた著作は多いが、それらを調べてみると、英語であれフランス語であれ、"言語の génie/genius" は普通の表現として用いられている。例えばイギリスの文献では、ポール・ロワイヤル文法の実質的な翻訳を含む、いわゆる "Brightland's Grammar" (1711) に "contrary to the Genius of the *English* Language" などの表現が見られる。[3]

フランスでは、ボゼ (Beauzée) の *Grammaire générale* (Vol. 1: 76) で "le génie de notre langue" などの表現が使われているが、Beauzée が引用している Charles Batteux の *De la construction oratoire* (1763) でも同様の表現が使われ、さらに Batteux が引用している du Marsais の *Exposition d'une Méthode raisonnée pour apprendre la langue latine* (1722) などでも "le génie de la langue française" などの表現が多用されている。

7.4. 19世紀と20世紀の状況

　以上のように、フンボルト (1767-1835) 以前の18世紀前半には、フランス語圏でも英語圏でも"言語の génie/genius"という表現は定着していたと考えられる。それにも拘わらず、"genius"と言えばサピアの *Language* を連想するほどに、言語学者にとって両者が強く結びついたのはなぜか。

　18世紀に多用されていた"言語の genius"という表現は、言語の科学的研究を標榜する19世紀の比較言語学とは基本的に馴染まなかったと思われるが、この種の概念は19世紀に一旦廃れ、それを20世紀になってサピアが復活させたために、学者たちはある種の意外性をもってこれを受け止め、印象深く記憶した、ということであろうか。

　必ずしもそうとは言えない。言語について用いられる genius は、かなり一般的な語彙として19世紀にも使われていたからである。例えば Max Müller (1861, 1866[5]: 328) は "... a conjugation like the Hindustani ... would not be compatible with **the genius of the Turanian languages**, because it would not answer the requirements of a nomadic life." などと述べているし、A. H. Sayce (1880: 346) にも "The result of false analogy may be regarded as an organic form, or a foreign word, conformed possibly to **the genius of the language** which has borrowed it, may be mistaken for a native." のような一節がある。Henry Sweet (1892: 207) も次のように述べている。

> The first thing in studying a language is to learn to look at its phenomena from the point of view of the speakers of the language—to understand what is called '**the genius of the language**,' that is, the general principles on which its grammatical categories are unconsciously framed by the speakers of the language.

スウィートの『新英文典』はハイゼの『獨逸文典』と共に、『日本文法論』に

第7章 言語の "Genius" と「國語の本性」

おける山田孝雄の立論に欠かせない西洋文典であったが、山田が「國語の本性」について語る時、"genius" を意識していたのかどうかは不明である。しかし、この点は措くにしても、スウィートが「いわゆる言語の genius」と述べているように——また、以下で引用するホイットニーも "we are accustomed to call" と述べているように——この表現は当時としても特に珍しいものではなく、広い読者を想定した辞書の定義にさえ使われていた。例えば *Webster's International Dictionary*（1900年版）の Analogy の項目には、第4の語義として文法用語の「類推」を挙げるが、その定義は次のようであり、"genius" という語が、当たり前のように語義の解説で使われている。

> **4.** (*Gram.*) Conformity of words to the **genius**, structure, or general rules of a language ...

一方で、19世紀から20世紀にかけての言語学界には、"言語の genius" という表現を批判的に見る機運も高まっていたのではないかと思われる。その急先鋒は、おそらくアメリカの William Dwight Whitney であった。ホイットニーは *Encyclopaedia Britannica* の第9版で Philology の項目を担当しているが、そこには次のような一節がある（American reprint, 1885）。

> It is this tendency on the part of the collective speakers of a language to approve or reject a proposed change according to its conformity with their already subsisting usages that we are accustomed to call by the fanciful name "**the *genius* of a language**."

ここでは、"言語の genius" という言い方が「空想的な」呼び名と形容されている。同じ趣旨の論評は Whitney (1875/1888: 150) にも見られる。

> ... what a language is in the habit of doing, it can do, but nothing else; and habits are of very slow growth; a lost habit cannot be revived; a new one cannot be formed except gradually, and almost or quite unconsciously. And the reason of this lies in the common preferences of the speakers.

We signify the fact popularly by saying that such and such a thing is opposed to the "**genius of the language** ;" but that is merely a mythological term; the German calls the same thing the *Sprachgefühl*, 'speech-feeling,' or 'linguistic instinct:' both are expressions of a convenient dimness, under which inexact thinkers often hide an abundance of indefinite or erroneous conceptions.

ここでは「神話的な用語」と表現されているが、英語の "genius of the language" にしてもドイツ語の "Sprachgefühl" にしても、要するに**不明確で不正確な概念を都合よく隠す用語にすぎない**、という位置づけである。

当時の言語学界におけるホイットニーの影響力を考えれば、ホイットニー以後、軽々しく "言語の genius" などとは言えない雰囲気が形成されたとしても不思議ではない。もちろん、ウェブスターからの引用でも見たように、20世紀前後にもこの表現は使われていた。ウェブスター辞典の定義も "Peculiar character; animating spirit, as of a nation, a religion, **a language**." というものであり、genius の適用対象に language を挙げている。これと対照的で興味深いのは、ホイットニーの *The Century Dictionary* (Volume III, 1889) である。*Century* で genius の項を見ると、第4の語義として "Prevailing spirit or inclination; distinguishing proclivity, bent, or tendency" と定義されているが、この意味での genius の適用対象としては "as of a person, place, time, institution, etc." と述べるのみであり、language は明記していない。用例を見ると、language を含む例が一つ挙げられているが、それは上に引用したホイットニー自身の *Britannica* の一節であり、"言語の genius" に対するホイットニーの見解が滲み出た編集になっている。

ホイットニー的な見解がアメリカ言語学に浸透していたとすると、サピアはその「時流」に抗して、敢えて "言語の genius" を多用したとも考えられる。そのような「時流」が現に存在していたのかどうか、筆者らの調査は不充分であるが、サピア直近の背景として、さらに調べてみる価値はあるのではないかと考えている。

より遠い時代の背景として、渡部昇一（1991）がフンボルトに言及し、サピアの genius はフンボルトの Form に相当すると述べていることはすでに紹介した。また、"言語の genius" をドイツ人は "Sprachgefühl" と呼ぶ、と述べたホイットニーの一節も紹介した。後者は一般に「語感」と訳されるが、サピアの genius とフンボルトとの関連では、池上嘉彦（1997: 26）が「フンボルトがある言語の 'Geist' といったことを語ったときにも、同じようなものが直観的に捉えられていたのではないかと思える」と述べ、一般に「精神」と訳される Geist に言及している。

フンボルトは、精神（Geist）と言語（Sprache）を対比しつつ同一視もする（"Die Sprache ist gleichsam die äusserliche Erscheinung des Geistes der Völker; ihre Sprache ist ihr Geist und ihr Geist ihre Sprache, ...," 1836: 42）。エネルゲイアとしての言語は、フンボルトによれば「ガイストの働き（Arbeit des Geistes）」であり（p. 46）、それを体系的に表わしたものが言語の形式（Form）であるとも言われるので（p. 47）、池上の Geist には渡部の Form に通じる面がある。

ところで、ラテン語から英語に入った "Genius" という単語は、同じ綴りでドイツ語でも使われる。「守護神」のような意味であるが、"der Genius der deutschen Sprache" のように「言語」について用いることもできる。要するにフランス語の génie や英語の genius と同じ用法である。そして "言語の Genius" という表現は、実はフンボルトの著作にも見られる（e.g., "Genius der Griechischen Sprache," p. 93）。サピアの "genius" を Form や Geist（あるいは Innere Sprachform）と結びつける視点は重要であるが、一方で、「ジーニアス」と「ゲーニウス」という最も単純な対応もまた認められるのである。

7.5. サピアの Genius: "Drift" との関係

以上、フランス語（génie）、英語（genius）、ドイツ語（Genius）を問わず、

西洋では古くから"言語の GENIUS"という表現が用いられてきたことを確認した。サピアの genius は、当然ながらこうした西洋的語法の延長線上にあると考えなければならない。しかしそうであるなら、この伝統的西洋概念がサピアに至って変容し、"サピアの genius"と呼ぶことを正当化する真にサピア的な革新があったのかなかったのか、上で触れたサピア直近の状況なども考慮しつつ、改めて考えてみる必要がある。

　直近の状況を把握するには、genius をめぐるホイットニーの批判的な見解が、サピアまでのアメリカ言語学にどのように影響していたのかを見極めなければならない。上でも触れたように、この点について筆者らの調査は不充分であるが、ホイットニーの影響がヨーロッパに及び始めていたことを示唆する事実がある。ホイットニーは、ソシュールが直接的な影響を受けた同時代人であるが、そのソシュールも"言語の génie"という概念は「無価値である」(Le « génie de la langue » pèse *zéro*...) と述べているのである。これは『一般言語学講義』にはない一節であり、ソシュールの手稿 (cf. *Écrits de linguistique générale*, 2002: 216) に書き残されている。この手稿はサピア没後に発見されたものであるから、このようなソシュールの立場をサピアは知る由もなかったが、ホイットニーの著作をサピアが読んでいなかったとは考えにくいため、ホイットニーの見解に対してサピアが何らかの印象を抱いた可能性は高い。*Language* がその印象を暗に語っているのかどうか──これがサピア直近の状況を調査する主要な目的となる。

　本稿でその一部を略述した言語学史的調査からは、さらに考えるべき問題が生じてくる。一例を挙げるなら、上に引用した *NED/OED* による genius の定義には、"Prevailing character or spirit, **general drift**, characteristic method or procedure" とあり、genius の定義に "drift" が出てくる。つまり英語の「語感」の問題として、GENIUS と DRIFT の概念的な距離は意外に近いと考えられるのであるが、個別言語の諸特性の背後にある何物かを、共時態のレベルで論じたのが genius であり、通時態のレベルで論じたのが drift である、という見方もあながち的外れではないかも知れない。渡部

第 7 章　言語の "Genius" と「國語の本性」　　　223

(1991) はこうした点に触れていないため、今後考察を深める必要があると考えていたが、日本エドワード・サピア協会の『ニューズ・レター』第 5 号に掲載されている渡部の講演要旨（英文、Watanabe (1991)）を調べてみたところ、次の一節を見出した。

> While I was studying under Prof. Peter Hartmann at the University of Minster in West Germany (1955-57), I wrote a paper which compared Sapir's notion of 'genius' in his *Language* (1921) with Humboldt's idea of 'Form' (singular) in his *Über die Verschiedenheit des menschlichen Sprachbaues und ihren Einfluß auf die geistige Entwicklung des Menschengeschlechts* (1836). In that paper I tried to prove both Humboldt's 'Form' and Sapir's 'genius' to be equated with Aristotle's idea of 'entelekheia' or 'energeia'. Accordingly, Sapir's notion of 'drift' is to be understood as temporal development of 'genius'.

最後の一文で渡部は、サピアの drift を genius の "temporal development" と理解すべきであると述べている。我々が思い至った可能性と明らかに類似した発想であるが、この 20 年前の講演から現在に至るまでの間に、こうした方向での考察が深められたのかどうか、改めて調査しなければならない。

一方、サピア自身は、drift と genius を同じ文脈で一度だけ用いている。

> The general **drift** of a language has its depths. At the surface the current is relatively fast. In certain features dialects drift apart rapidly. By that very fact these features betray themselves as less fundamental to the **genius** of the language than the more slowly modifiable features in which the dialects keep together long after they have grown to be mutually alien forms of speech.　　　(*Language*: 183-184, emphasis added)

特定の言語が備えている様々な性質の中には、その言語の genius にとって根本的なものもあれば、さほど根本的ではないものもあり、前者は変化が遅く、後者は変化が速い、と述べた一節である。サピアはこれを、言語の drift には深さがあり、深い流れは遅く、浅い流れは速い、というイメージ

で捉えているのであるが、この一節からは、"サピアの genius" と呼びうる独自の発想を読み取ることができる。すなわち、ある言語の genius にとって本質的に重要な性質とは、その言語が諸方言に分岐したずっと後になっても存続するようなものであり、逆に言えば、当該言語の歴史において実際に生じた変化を長いスパンで調査しなければ、実はその言語の genius を特定することはできない、という考え方である (cf. "By that very fact ..."). つまりサピアにとって "言語の genius" とは、通時的変化と不可分の概念なのであるが、これはポール・ロワイヤル文法以来の génie/genius/Genius にはない発想であると思われる。斉木・鷲尾 (2012a) で指摘したように、17 世紀以来の genius は、言語の《普遍性》を重視する学者によって用いられることが多く、通時的変化への耐久性という視点で論じられることはなかったと思われるからである。

冒頭で触れた「國語の本性」に立ち戻るなら、山田孝雄はそもそも普遍文法論を展開していないため、[4]「國語の本性」を特に普遍性との対比では論じていない。一方で山田は、「國語の本性」に適合した文法の枠組みによって、奈良時代、平安時代、鎌倉時代、そして明治大正時代の日本語を記述している。すなわち、過去 1500 年ほどの間、基本的には変化していない「國語の本性」を捉えた（と彼が信ずる）文法組織を仮定し、それによって各時代の共時態を記述しているのであるから、その記述の枠組みである『日本文法論』は、上で引用したサピアの表現を使うなら、日本語の genius にとって fundamental な、"the more slowly modifiable features" を捉えて体系化する試みであった、と言えるのではないかと思われる。

それでは、この「國語の本性」はどこから来たのか。次節ではこの問いに対する山田孝雄の立場を紹介するが、その際、そもそも日本語のどのような性質を山田が「國語の本性」の現れと見ていたのかを把握しておく必要があるので、この点も併せて紹介する。

7.6. 山田孝雄『國語と國民性』をめぐって

　山田孝雄に『國語と國民性』という著作がある。山田文法を解説した従来の文章でもあまり引用されない文献であるが、筆者らは『日本文法の系譜学』において、西洋と日本の言語優劣論を考える文脈で「国学と国語優秀説」（§5.3）という一節を設け、『國語と國民性』について次のようなことを述べた。

　日本語の優秀性を説きたがる傾向は、典型的には国学系の学者と結びつけて論じられてきたが、国学の伝統を重んじ、自らをその学統に位置づける学者であっても、言霊説や国語優越論などを言語研究には持ち込まない学者もいた。その代表例が、国粋主義で知られる山田孝雄である。山田の思想は思想として、彼が残した『日本文法論』、『日本文法学概論』、『奈良朝文法史』、『平安朝文法史』、『漢文の訓讀によりて傳へられたる語法』などの膨大な国語学関係の著作は、いずれも不朽の名著と呼ぶに相応しい独創的な研究であり、こうした著作に対する評価が現在でも揺るがない一つの理由は、大槻文法と同様に山田文法もまた、「価値からの独立」を前提とした厳密な言語研究であるという点に求められる。

　山田孝雄の著作には、上に挙げたような言語研究の系列の他に、『大日本國體概論』（1910）などを含む別の系列があり、こうした著作が山田の国粋主義的な立場と結びつけられてきた。しかし、山田文法を理解し評価するために、例えば『大日本國體概論』に言及する必要はないという意味において、山田が残した二系列の著作は、基本的に切り離して考えることができる。生成文法理論を理解するためにチョムスキーの政治的立場に言及する必要がないのと同じような関係にある。ところが、山田の二系列が交差したように見える著作も残されている。例えば、盧溝橋事件の翌年に文部省「思想問題小輯」の一冊として刊行された『國語と國民性』（1938）という冊子において、山田は**日本語の特質には国民性が反映されている**と指摘し、それが優れた特質であると論じている。明らかな国語優秀説が見られるのだが、こうした主

観的価値観が山田の文法論に影響を与えた形跡はないように思う。言語研究自体はあくまでも冷静かつ客観的に行ない、日本語を特徴づける様々な性質を指摘した上で、いわば後づけのような論理で、それらを優秀説に結びつけているように見える。これを「後づけ」と呼び、前段の言語研究から切り離して考えることは、おそらく山田自身の意図には合致していないと思われるが、山田が実際に行なった言語研究のスケールと体系性を見れば、それ自体を自立した学問的成果として扱うのは、むしろ自然であるとさえ言える。『日本文法論』のような著作の系列を『國語と國民性』などからは切り離して考えるのが、これまでの国語学史における山田文法の取り扱いであったと言えるが、それは理由のないことではなかったと筆者らも考えている。[5]

さて、このような性格の『國語と國民性』であるが、上でゴチックにした箇所にあるように、山田は同書で「日本語の特質には国民性が反映されている」と指摘し、いくつかの特質を具体的に挙げつつ、それらを国民性と結びつけて説明している。山田の言う日本語の特質は、語彙の意味論的性質から文の統語的性質にまで及んでいるが、個別言語の統語的事実までをも「国民性」のような概念と結びつけて論じるのはユニークな発想であり、「国語優秀説」を別にすれば、その着想自体は Wierzbicka (1979) の「民族統語論」などに通じるものがある。

語彙について山田は次のように述べ、

> わが國語の單語についても亦特異の性質と認めるべき點がある。**われわれの國語は外國の語に比べてみると、著しく分析的傾向を帯び頗る抽象的であるといふ特色がある。**今「見る」といふ語をとつて、之を漢語に比べてみると、國語には「みる」といふ語だけだが、國語で「みる」と読むべき漢語は甚だ多い。
> （山田孝雄 (1938: 23)、強調は引用者）

具体例として「見、視、觀、覽、覩、覿、䙝、目、看、相、眺、睇、矚、瞥」などの漢語を挙げている。これらは、日本語ではすべて「みる」と読むことができるが、漢語の場合、「それぞれが具象的の意味をそれに附帯して有し

てゐる」ため、日本語では「見かける、たしかに見る、一通り見る、懇に見る、心に期して見る、つらつら見る、心を注めて見る」などのように、「具象的の意義を添へる」必要がある。「馬」などについても同じことが言えるとして、山田は漢語（「馬、驄、騏、騅、驪、驢、駘、驛、騢、駛、驪、駮、騧、驥、騑、騖」）と英語（ox, bull, cow, cattle）の例を挙げている（山田（1938: 24））。

「見る」を例にして山田が述べている日本語と漢語の違いは、それぞれの言語で好まれる語彙化のパターンの違い、すなわち動詞の意味に《動作・作用》と《様態》を同時に取り込むか、基本的に《動作・作用》のみを取り込んで《様態》は別の仕組みで表現するか、という違いと見ることができる。この違いは日英語の間でも顕著であり、例えば様々な「光り方」を表わすのに、日本語では「光る」という動詞と「ピカピカと」「チラチラと」「ピカッと」などの様態表現を組み合わせるが、英語では動詞自体の中に様態を組み込んで様々な動詞を作る（flash; gleam; glimmer; glint; glisten; glitter; shine; sparkle; twinkle）。擬態語を多用するという日本語の特徴も、これと表裏の関係にある。

山田の議論は、Talmy（1985）の「動詞枠付け」（verb-framed）、「衛星枠付け」（sattelite-framed）のようなレベルの類型論に通じるものがあるが、日本語と漢語の動詞に見られるこうした違いが、「名詞」の領域にも見られると山田は指摘しているわけである。名詞における語彙化のパターンの研究は、動詞ほど盛んには行なわれていないので、諸言語における事実関係の調査と分析は、今後も取り組むべき重要なテーマである。

以上は「概念を具象的に有する語」についての観察であるが、山田は助動詞や前置詞などについても「似た傾向がある」と述べ、具体例として漢語の助字「可、當、應、須、宜、合」を挙げている。これらは「皆『べし』とよむのであるが、われわれの『べし』とは同じでなくて皆それぞれ、**具象的の意味があつて**、特にそれを明かに示す場合として『まさに……すべし』とか『すべからく……すべし』とか『宜しく……すべし』とかいふことになつてゐ

る」(山田孝雄 (1938: 25)、強調は引用者) と述べ、助字のような「関係語」においても日本語の分析的・抽象的な性質が見られると指摘している。同様に、西洋諸語の名詞に見られる性・数・格のような文法形態が日本語にはない、という事実も、「抽象的分解的の特性」が日本語の名詞に現れたものと解釈される。

さて、以上のような日本語の特性を山田は「國民性の反映」と捉え、次のように述べている。

> 要するに、國語がこのやうに分析的抽象的であるといふことはこれはわが國民性の反映であると考へねばならぬ。かやうな分析的抽象的な思考といふことを好まず、又はそれを爲し得ない國民の間にかやうな言語が生じ、又それを使用し發展せしめる道理が無いからである。さうしてこの分析的抽象的の言語が生じてゐるのはそれは偉大なる概括力の活動した結果であることは疑ふべきでない。この事實から推して行けば、日本國民は頗るみごとな論理的な性格を有してゐるものだといはねばならぬ。わが國語の法則が驚くべき高度の合理性を有してゐることは識者の認むる所であるが、かやうな有様のあらはれてゐるのはわが國民性からいへば當然の事といはねばならぬ。
> 　　　　　　　　　　　　　　　　　　　　　　(山田孝雄 (1938: 29))

下線を施した箇所を見ると、山田はそれぞれの言語の特性を国民性の反映と捉えているだけではなく、その「起源」についても考えていたようであり、例えば中国人や英国人は、そもそも「分析的抽象的な思考」を好まなかったので、彼らの言語もそれを反映したものとなっている、という論理である。言うまでもなく、ある民族や国民の「思考」あるいは「国民性」なるものを、その言語とは独立に記述し、しかも言語に先立つものとして提示するのは至難の業であり、両者を関係づける議論が往々にして説得力を欠くのはそのためである。以下でも紹介するように、言語と「国民気質」の関係を論じた中で、エドワード・サピアは両者を関係づけるのは不可能であるとの立場を明確にしている。おそらく、現代の言語学者の多くはサピアに同意するのではないかと思われるが、特定の言語の特徴と言えるものを、その話者たちの国

民性、気質、思考法などと結びつけて説明することが、最初から不可能と決まっているわけではない。この種の試みが昔から繰り返されてきたのは、何かそう考えたくなる理由があったからであろうし、そうした観点からの説明が不可能であるとは誰にも断言できないからである。現状では、筆者らもサピアの見解が正しいと思っている。しかし、それは先験的な見通しではなく、納得できる因果関係の立証を筆者らがこれまで目にしたことがないという理由による。山田孝雄による言語と国民性の論を検討しても、やはり因果関係の立証は皆無と言わざるを得ない。

　山田以前から行われている「言語と国民性」論の系譜に山田を含めて考察してみると、実際に目にするのは、同じ言語についての説明であるにも拘わらず、論者によって正反対の国民性が指摘されるような事態である。一例を挙げるなら、山田孝雄に従えば日本語は「分析的」「**抽象的**」な言語であり、それは「わが國民性の反映である」ということであったが、以下に引用したPercival Lowell (1888) に従えば、日本人の精神は「**抽象とは対極**」にあり、原始的と言ってよい程度に「**具体的**」である。

> ... the Japanese mind is quite **the reverse of abstract**. Its consideration of things is **concrete to a primitive degree**. The language reflects the fact. The few abstract ideas these people now possess are not represented, for the most part, by pure Japanese, but by imported Chinese expressions. The islanders got such general notions from their foreign education, and they imported idea and word at the same time.　(Lowell (1888: 106-107))

この引用の後半でLowellは、抽象概念を表わす語彙は大体が漢語であると述べているので、中国人の精神は抽象的であると考えていることになる。言語と国民性を論じた文献では、Henry Sweet も次のように述べ、中国語を「極めて抽象的」と表現している。

> The Chinese linguistic instinct is [...] **highly abstract** and generalizing, and this tendency, together with the desire of logical clearness, has led to

>   a great development of particles, which, like the Greek, are often untrans-
>   latable.   (Sweet (1900: 143))

これに対して、山田孝雄の言う「分析的抽象的な思考といふことを好まず、又はそれを爲し得ない國民」には、中国の国民も含まれると理解できるので、それとの対比においてなされた日本国民の抽象的な思考あるいは「偉大なる概括力」は、少なくとも Sweet や Lowell の論述とは相容れないように見える。山田の言う「概括力」が "generalizing ability" ほどの意味であるとすれば、上に引用した Sweet の一節で中国語が "generalizing" と特徴づけられていることとも、表面的には矛盾する。どちらが正しいのか、どちらも正しくないのか、あるいはどちらも正しいのか——こうした疑問に答えることが、「言語と国民性」論議を説明的理論にまで高めるためには不可欠なのであるが、これまでの文献にその答えを見出すことはできない。

　すでに触れたように、山田孝雄の議論は統語論の領域にまで及んでいる。上で紹介したような語彙の性質を論じた後、山田は「文法にあらはれた國語の特質を少しく顧みることにせう」と述べ、次のように続ける。

>   先づわが國語に於いては語の性質と、その文法上の職能とその排列上の
>   位置とが相並行して悖る所が無い。   （山田孝雄 (1938: 29)）

ここで山田が念頭に置いているのは、次に示した『日本文法論』の品詞分類が捉えようとしていた一般化である。

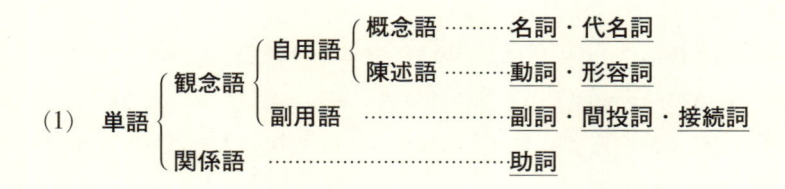

```
                      ┌ 自用語 ┌ 概念語 ……… 名詞・代名詞
            ┌ 観念語 ┤        └ 陳述語 ……… 動詞・形容詞
(1) 単語 ┤          └ 副用語 ………………… 副詞・間投詞・接続詞
            └ 関係語 ………………………………… 助詞
```

近代の模倣文典あるいは折衷文典、とりわけ大槻文法に対する代案として、山田は上のような品詞組織を示したのであるが、これは富士谷成章の洞察

(「名・装・挿頭・脚結」に基づく)を評価し、取り込んだものであった。山田の「副用語」は成章の「挿頭」に近い考え方であり、「概念語」「陳述語」はそれぞれ「名」「装」にあたる。山田の「関係語」は、基本的には成章の「脚結」から助動詞類を引いた残りと重なる。参考までに、山田が生涯批判し続けた大槻文法(「語法指南」(1889))の品詞分類を次に掲げる。

(2)　①名詞・②動詞・③形容詞・④助動詞・⑤副詞・⑥接続詞・⑦天爾遠波(＝助詞)・⑧感動詞

大槻が助動詞と呼んだものの多くは、山田文法では「複語尾」と呼ばれ、「用言の語尾が複雑に発達したもの」と見なされるが、これを自立性の高い英語やドイツ語の助動詞と同列には扱えないというのが山田の立場であった。より一般的に言えば、それぞれの言語で認定すべき語類の性質を、適切な名称と概念規定によって捉えなければならないという立場であり、これは要するに、個別言語それぞれの「本性」に適合する文法を組織しなければならないという信念の反映である。山田はこうした個別言語主義を背景として、『日本文法論』の品詞組織は「國語の本性」を適切に捉えていると主張するのであるが、その重要な論拠の一つが、上に引用した「語の性質と、その文法上の職能とその排列上の位置」に関する一般化であった。この点について、『日本文法論』(p. 157)は次のように述べている。

> 國語の特質は實に其の語の性質によりて語順一定せるなり。決して支那語英語などの名詞が動詞の前にあり、後にあり、殆(ほとんど)一定の規律なき類ならず。かれらの語には語の種類と語の配列との間に必然の關係あらず。國語にありては語の種類によりて語の配列殆一定せり。

日本語では、語の性質によってそれが生じる位置が決まっているが、中国語や英語はそうではない、と述べた箇所である。例えば「名詞」と呼ばれる語類は、それが「主語」であれ「目的語」であれ、日本語では必ず動詞の前に生じるが、中国語や英語では、同じ「名詞」であっても、それが担う文法関

係によって、動詞の前にも後にも生じる。中国語も英語も SVO 語順の言語であるから、例えば「主語は動詞の前に来る」という一般化は基本的に成り立つが、「名詞は動詞の前に来る」などの一般化は当然ながら成り立たない。同様に、英語では「副詞は動詞の前に来る」などの一般化も成り立たない ("He *quickly* recovered. / He recovered *quickly*.")。このようなことから山田は、日本語では「語の種類と語の配列」の間に相関関係が認められると考え、この関係を次のような一般化として捉えている。

(3) a. 関係語は必ず観念語の下にある。［例：格助詞は必ず体言の下］
    b. 副用語は必ず自用語の上にある。［例：副詞は必ず用言の上］
    c. 陳述語は、その本来の役割である陳述を表わすものとして使われる時は、必ず概念語の下にある。［例：用言は必ず体言の下］

日本語は、このような整然とした一般化が成り立つ言語であり、これは「國語の本性」の反映であるから、これを適切に捉える (1) のような分類は、「國語の特性に基づきたる類別としては必要にしてしかも十分なりといふ條件に適合するものといふべきなり」(『日本文法學概論』 p. 96) ということになる。

山田 (1938: 34) はさらに、日本語には (3) のような厳密な配列がある一方で、「観念語」相互の語順は「頗る自由」であると述べ、「犬が猫を咬む」「猫を犬が咬む」「犬が咬む。猫を」「猫を咬む。犬が」のように、観念語の間の論理関係を保持したまま語順を変えられるという性質を、中国語などには見られない日本語の特徴として挙げている。

語順を論じた文脈において、山田は「一延長性」という表現を用いている。これはソシュールが "le caractère linéaire de la langue"（「言語の線的特質」[6]）と呼んだ性質——いわゆる言語の線状性——を含む概念であるが、時間軸に沿って要素を配列していく、その配列の仕方が日本語では「井然たる一延長性を有してゐる」と山田 (1938: 33) は述べ、用言を中心に日本語の文を見れば、その上に観念部が展開し、その下に陳述部が展開という「見事な規式」

を見て取ることができるが、「支那語や英獨佛などの語では、この觀念部と陳述部とが入り乱れる」と言う。日本語は、したがって、厳密な要素配列を生み出す「見事な規式」と自由な語順を併せ持つ言語であることになるが、ここにも「國民性の反映が多少はある」と山田（1938: 35）は述べ、觀念部の配列が自由であるという事実を、日本国民の「寛大さ」と結びつけている。

さらに、「國語の思想的發表」を特徴づける、「西洋の文法學などでは説明の下しやうも無い著しい現象」として、山田（1938: 35-36）は次のような種類の表現形式を挙げる。

(4) a. 古池や蛙とびこむ水の音。
    b. 最後の姿を今一目みざりし事の悔しさよ。
    c. 浅緑絲よりかけて白露を玉にもぬける春の柳か。
    d. かくしつゝとにもかくにもながらへて君が八千代にあふよしもがな。

よく知られた「喚体句」の例であるが、山田（1938: 36）によれば、これらは「直感的思想をその直感的の姿のまゝに發表したもので呼格の形式を基としてゐるもので著しく感情的」であり、「主格も述語も無い」ために、「西洋風の文法學からは全然説明がつかなくて顧みられなかつたものである」。(4) の類を山田は「一元性の發表」と呼び、「理性の働きによつて生じた主格述格等の對立してゐる發表形式」である「二元性の發表」と区別し、対比している。[7] そしてこの「一元性の發表」について山田（1938）は次のように述べ、これを「國民性」の表出と捉えている。

> 上述の一元性の發表は明らかに國語の一大特色であるが、それが國民性の反映であるであらうし、又反對にそれらの發表形式が、國民性の上に反響を與へて来たものであらう。かくしてこの一元性の發表は主格をあげて他に對立せしめる思想發表の形式とは著しく違ふもので私はこれが、國民性の沒我的態度のあらはれであると共に、これにより沒我的態度をますます養ひ來つたものであらうと思ふのである。　　（『國語と國民性』p. 37）

この「沒我的態度」はまた、「第一人稱の文の主格をいはない」(p. 38) という日本語の性質にも表われていると言われるのであるが、山田はさらに、主格を省略することが多く、人称代名詞を用いることが少ないという、より一般的な日本語の性質について論じ、こうした省略が可能であるのは「敬語が組織的に發達」しているからであるとして、日本語の「敬語法」に議論を進めている。そして「敬語が世界に比類無く、秩序整然として發達してゐるのは、一方からいへば、わが國民の禮譲を尊ぶといふ國民性のあらはれである」(p. 45) と述べ、敬語法の背後にある「礼譲」あるいは「恭敬」の精神に言及している。

最後に、山田は『言海』の附録にある「採収語類別表」に基づき、日本語における語種の比率を大雑把に「固有語60、漢語38、その他の外来語2」とした上で、語彙全体に占める外来語の割合が四割にも達している——日本語は外来語をかなり自由に取り込んできた——という事実を指摘し、これもまた「寛大さ」という国民性の表われであると述べている。

以上、山田孝雄の『國語と國民性』(1938) に見られる論述を簡単に紹介したが、この文脈で指摘された「國民性」とは、要するに次のようなものである。

(5) a. 分析的抽象的な思考（偉大なる概括力）
  b. 寛大さ
  c. 沒我的態度
  d. 礼譲の精神

しかし、こうした「國民性」が「國語の特色」を生じさせたという因果関係の立証は、当然ながらなされていない。また、仮に因果関係を認めたとしても、上のような「國民性」が原因であることが最初から決まっているわけではない。「國民性」は、あるいは結果であるのかも知れないからである。後者は、サピア的な観点からすれば、むしろ積極的に考えてよい可能性であるが、実は山田自身も、国民性を「原因」として提示しつつ、それが「結果」

第 7 章　言語の "Genius" と「國語の本性」　　　235

でもありうると考えていたようである。例えば、「一元性の發表」について上で引用した箇所には、「これが、國民性の沒我的態度のあらはれであると共に、**これによりて沒我的態度をますます養ひ來つたものであろう**」という一節があり、国民性としての「沒我的態度」は、原因であると共に結果でもあると述べられている。

　ある特定の国民性 N と特定の言語的性質 L の関係において、N が L の原因であり、かつ結果でもある、という事態は、必ずしも自己矛盾ではない。L の具体的な中身にもよるが、言語の歴史において L が成立した背景に N があった可能性は充分に考えられる。一方で、L を特徴とする言語を習得し使用する何世代もの話者たちが、L を「鋳型」として物を考え、語り、伝え合うとすれば、その L によって N が養われるという可能性も考えられる。例えば N と L に、それぞれ「礼譲の精神」と「敬語の組織」を当てはめてみれば、こうした考え方もさほど不自然ではないような印象を受ける。実際、日本語の敬語と国民性を結びつける議論は、山田（1938）以前にも以後にも見られる。例えば松下大三郎も『改撰標準日本文法』において、「思い遣り」という国民性に言及して次のように述べている。[8]

　　□日本人の國民性の他國民と異なる點は思遣の深い點にある。上下互に對者の思はくを恐れる。相對すれば對者の威尊を傷けむことを恐れる。目上の人から失禮な奴と思はれることを恐れる。萬人平等だなどといふ平等觀は持つていない。目下の人に對しても相當の禮を以て對する。これが言語に現れて著しいものは尊稱である。外國語にも敬語は無いではないが其れは文學者の作つた修辭的敬語で時々氣紛れに遣ふのであつて、言語の構造に何等の關係が無い。**日本語の敬語は名詞にも動詞にも規則的に存する嚴正なものであつて、壯大なる體系に統一されて居る文法的敬語である。**これは思遣といふ國民性の發露であつて實に尊いものである。萬世一系とか忠君愛國といか云ふが、其れは上下の思遣といふ根本から出た一現象たるに過ぎない。此の貴重な國民性たる思遣の發露たる敬語を無用のものゝ樣に思ふ人が有るが、其れは思はざるの甚しいものである。

　　　　　　　　　　　　　　　　　　　　　　　（松下（1928/1930: 371））

このように、山田も松下も日本語における敬語の組織を国民性（「礼譲の精神」「思い遣り」）と結びつけて論じているのであるが、こうした議論は、まったくの誤謬であるから直ちに反論したいという気持ちを起こさせるものではない。しかし同時に、このように論じることで何かが説明されているのかと言えば、もちろん何も説明されていない。例えば、日本語のような敬語の組織を持たない言語の話者たちが、等しく「礼譲の精神」（あるいは「思い遣り」）を欠くという事実があるのかないのかが不明であるから、両者の相関関係の有無や、仮にあった場合の関係の性質も、当然ながら不明とせざるを得ない。また、文法組織の性質は通時的に変化するのであるが、国民性の発露と見なされる文法現象が通時的に変化した場合、その背後には国民性の変化があると考えるのか。これは文法現象に対する還元的説明の試みが、決して避けて通ることのできない問題であるが、この点を明確に論じている研究はきわめて少ない。本書第6章（§6.1）で触れたように、大野晋は「日本人の思考と述語様式」（1968）という論文において、助動詞の相互承接を「日本人の思考」と結びつける還元的説明を試みているが、古典語と現代語では要素配列にいくつかの違いが生じている。例えば否定の助動詞の位置が古典語と現代語では異なるのであるが、これについて大野（1968）は、「この辺を深く考えると、古典語の時代の思考と現代語の思考との間に、何かの相違の生じている姿と、その原因とを見うるのではないかと考えるが、未だこの点について私には未解決である」（p. 150）と述べるにとどめている。一方、「思い遣り」という国民性について松下大三郎は次のように述べている。

> □利益態は日本人の思遣の深いといふ國民性が國語の上に現れたものである。…利益態は實に純美なる國民性の發露である。**中古以前には利益態が不十分であつたのが近古以後十分發達したことは人情の向上である。**
>
> （松下（1928/1930: 396-397））

人情が向上したから利益態が発達した、とまでは明記していないが、話の流れからはそう読むのが自然である。しかし、ここに因果関係の立証があるわ

けではないので、言語と国民性をめぐる論議は、共時的にも通時的にも本質的な曖昧性を抱え込んだまま、決してそれを超えるレベルでは定式化されて来なかったと言える。

　また、国語の特質として挙げられる様々なLが、事実として「特質」であるのかという、より基礎的な問題もある。『日本文法の系譜学』(第3章、§3.7)で指摘した例を挙げるなら、日本語の語順に関する (3a) 〜 (3c) のような一般化は、実は日本語の特性ではなく、言語の一般的な傾向が日本語で実現された姿であると考えられる。例えば Greenberg (1966) の含意的普遍特性には次のような一般化が含まれている。

> **Universal 4**. With overwhelmingly greater than chance frequency, languages with normal SOV order are postpotional.

すなわち、基本語順が SOV である言語は、偶然を遥かに超える頻度で "postpotional" である、という一般化であるが、上に (3a) として挙げた山田の一般化(「関係語は必ず観念語の下にある」)は、Greenberg の Universal 4 と明らかに重複する。一方、山田の (3c)「陳述語は概念語の下にある」(用言は体言の下)は、「日本語は SOV 言語である」という一般化を含むため、Greenberg の含意的普遍特性を考慮するなら、山田の (3a) は (3c) からの帰結である可能性が出てくる。山田の (3b)「副用語は必ず自用語の上にある」(副詞は必ず用言の上)はどうかと言えば、Greenberg の論文には、これと関係する次のような一般化も挙げられている。

> **Universal 7**. If in a language with dominant SOV order, there is no alternative basic order, or only OSV as the alternative, then all adverbial modifiers of the verb likewise precede the verb.

すなわち、語順が SOV に固定されているか、別の語順として許されるのが OSV のみであるような言語では、動詞を修飾する副詞要素はすべて動詞の前に来る、という一般化である。Greenberg によれば、日本語はこのタイプ

に含まれるのであるが、Universal 7 が捉えている一般化が、山田の（3b）と無関係であるとは考えられない。

このように見てくると、山田が「國語の本性」に馴染むと見なし、それを一つの根拠として構築した（1）のような組織は、人間言語に見られる普遍的な傾向の一つの側面を、日本語に基づいて山田孝雄が切り取った姿である、と考えることができるのであるが（『日本文法の系譜学』p. 97）、そうであるなら、仮に「分析的抽象的な思考」あるいは「偉大なる概括力」が我々の国民性であるとしても、それらが我々だけの国民性であるとは到底言えないことになる。

（1）のような品詞組織について、山田が「國語の特性に基づきたる類別としては必要にしてしかも十分なり」と述べていることはすでに紹介したが、この「國語の特性」が、実は言語の普遍的傾向の一側面にすぎないことが明らかになると、そもそも（1）は何を捉えた一般化であるのか、という疑問が生じる。これも『日本文法の系譜学』で指摘した点であるが、日本語に限らず、個別言語に含まれる語彙を「観念語」や「関係語」といったレベルで分類しようとすれば、多かれ少なかれ（1）のような品詞組織に到達する可能性が高い。実際、西洋の文法論を遡ってみると、18世紀の普遍文法主義を代表する James Harris (1751) は、「それ自身で意味をもつか、他との関係で意味をもつか」("*significant from themselves, or significant by relation*," p. 31) という基準に基づき、すべての語を "Principals" と "Accessories" に二分している。これは山田孝雄が語を分類するにあたり、「獨立の觀念」を有する**観念語**と、「専ら觀念語を助けて其らの關係を示す」**関係語**の二大別を根本に据えたのと同じ観点からの分類であるが、このような観点からそれぞれを下位分類していけば、その下位分類自体が似通ったものになったとしても不思議ではない。Harris の "Principals" は、名詞、代名詞を含む "Substantives" と、動詞・形容詞・分詞・副詞・間投詞を含む "Attributives" に二分され、"Accessories" は、冠詞などを含む "Definitives" と、前置詞・接続詞を含む "Connectives" に下位区分されているが、この Harris の分類を

第 7 章　言語の "Genius" と「國語の本性」　　　239

(1) の山田の分類に重ね合わせてみると、次の (6) のような形になる (『日本文法の系譜学』p. 106)。

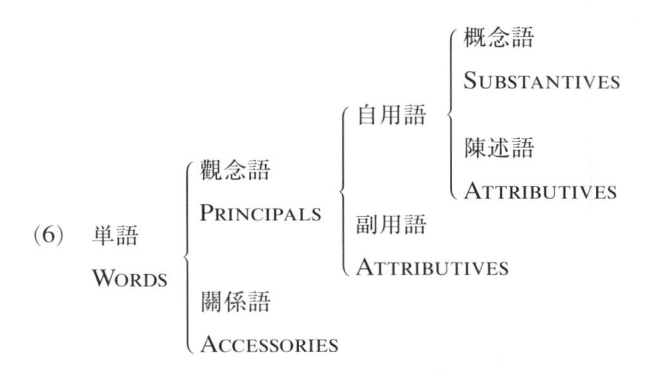

(6)　単語 WORDS ┫ 觀念語 PRINCIPALS ┫ 自用語 ┫ 概念語 SUBSTANTIVES ／ 陳述語 ATTRIBUTIVES ； 副用語 ATTRIBUTIVES ； 關係語 ACCESSORIES

　このような形で整理してみると、「國語の本性」を追求した個別言語主義の山田孝雄は、結局のところ 18 世紀イギリスの普遍文法論者 James Harris と同じような品詞分類に到達していたことがわかる。Harris と同様の観点からの考察はスウィートの英文典にもハイゼの独逸文典にも見られるので、山田がこれらの西洋文典から着想を得た可能性もあるが、いずれにしても、「國語の特性に基づきたる類別」として提示された (1) のような分類は、日本語以外の言語、とりわけ英語やドイツ語などの西洋諸語を分析しても充分に出て来るものであるから、上の語順をめぐる議論と同様に、山田はここでも、「國語の本性」を追求しながら「言語の普遍性」の領域に入り込んだように見える。

　以上のように、「國語の本性」を「國民性」と結びつける議論には、そもそも何を「國語の本性」と認定すべきかという根本的な問題があり、言語の普遍的傾向の現れにすぎないものを個別言語の特質と見なした議論においては、そこでなされる国民性への言及が説得力を欠くのは当然である。

　しかし、『國語と國民性』における山田の議論にまったく説得力がないとも言えない。山田が国民性の一つとして挙げる「沒我的態度」などは、諸言語と諸文化を類型論的に考察する際には、おそらく誰もが一度は考えるパラ

メータであろう。山田自身が考えた方向とは異なるにしても、例えば「スル型言語」「ナル型言語」のような類型を考える場合、「ナル型」の背後にある「物の見方」や文化的背景を考察するのは必ずしも無意味な試みとは言えず、そこに「人間」対「自然」のような対立を見出すのであれば、後者を基本とする認識のありようを「沒我的態度」と呼んで呼べないこともない。実際、これに類する考え方は山田以前にも以後にも見られるものであり、とりわけ有名な佐久間鼎の論考などは、現代言語学における「スル型言語」「ナル型言語」の類型論の先駆をなす研究として引用され、比較的高い評価を受けている。しかし、佐久間的な視点からの考察は、実は19世紀に遡る。これは従来の国語学史がほとんど取り上げて来なかった事実であるので、以下、研究史に関わる問題として、この点に触れておきたい。

7.7. 国語学史と言語学史の問題：チェンバレンの位置づけなど

　山田孝雄は明治、大正、昭和を生きた学者であるが、『日本文法論』(1908)以降の有名な著作は大正から昭和にかけてのものが多く、山田文法を代表する『日本文法學概論』(1936)、あるいは前節で取り上げた『國語と國民性』(1938) などは、いずれも昭和10年代の著作である。

　『日本文法論』が刊行された頃、ヨーロッパではソシュールが一般言語学について連続講義を行っていた。これが *Cours de linguistique générale* として出版されるのが1916年であるが、その頃のアメリカは、筆者らの関心事で言えばボアズ学派の時代であり、とりわけエドワード・サピアの時代であった。さほど長くはなかったサピアの生涯 (1884-1939) は、比較的長命であった山田孝雄の生涯 (1873-1958) に含まれる期間であり、彼らはまったくの同時代人であった。しかし、二人の人生に接点はなかった。諸言語の親族関係を世界規模で考えていたサピアは、アルタイ語族との関連で金澤庄三郎の『日韓兩國語同系論』(1910) などは知っていたと思われるが、[9] 特に日本語研究に携わっていたわけではないので、山田孝雄や他の国語学者について

はおそらく何も知らなかったであろう。一方の山田孝雄は、サピアの名前ぐらいは知っていた可能性もあるが、[10] *Language* (1921) などを読んでいた形跡はない（蔵書目録にもサピアの著作は見当たらない）。したがって、彼らは互いの研究を知らずに、言語と国民性あるいは国民気質の関係などについて考察していたことになるが、山田が言語を国民性の反映と捉える立場であったのに対し、サピアは山田とは正反対の見解を表明していた。言語と国民性——サピアの表現では「国民気質」("national temperament")——の間には、山田が想定したような関係は存在しないという立場である。

> It is impossible to show that the form of a language has the slightest connection with national temperament.　　　　　(Sapir (1921: 232))

サピアの議論は、広く「文化」と言語の関係に及ぶものであるが、「言語はいかなる深い意味においても文化を反映しない」(Language does not in any deep sense "reflect" culture (1921: vii)) というのがサピアの立場であり、*Language* の第10章では、この立場を支持する強力な議論が提示されている。かの有名な「マケドニアの豚飼い」の一節は、サピアの立場を象徴的に語るものである。

> When it comes to linguistic form, Plato walks with the Macedonian swineherd, Confucius with the head-hunting savage of Assam.
> 　　　　　(Sapir (1921: 234))
>
> 「言語形式ということになれば、プラトンはマケドニアの豚飼いと同列であり、孔子はアッサムの首狩り蛮人と同列である」　　　（安藤訳『言語』p. 379）

サピアの言語文化論においては「言語」とその「語彙」が一貫して区別されているので、上の一節でサピアが "linguistic form"（「言語形式」）に言及している点には注意が必要である。語彙と文化の間に密接な関係があることは明らかであり、サピア (1921: 234) もこれを否定するものではないからである（"It goes without saying that the mere content of language is intimately related to culture.")。サピアがここで「言語の単なる内容」と言うのは、語彙に反映された文化的要素は、言語および言語と文化の関係に対する本質的理解には繋がらないと考えていたからであり、上の引用に続く次の箇所は、サピアの言語文化論を理解する上で極めて重要な一節である。

> In the sense that the vocabulary of a language more or less faithfully reflects the culture whose purposes it serves it is perfectly true that the history of language and the history of culture move along parallel lines. But this superficial and extraneous kind of parallelism is of no real interest to the linguist except in so far as the growth or borrowing of new words incidentally throws light on the formal trends of the language. **The linguistic student should never make the mistake of identifying a language with its dictionary**. (Sapir (1921: 234))

山田孝雄はサピア (1921) の議論を知らずに『國語と國民性』(1938) を書いたものと思われるが、欧米における「言語と国民性」論議の歴史は古く、サピアが一章を設けてこの問題を論じたのも、そうした論議の歴史が彼の時代にまで続いていたからに他ならない。サピアも山田孝雄も、おそらく Henry Sweet の The History of Language (1900) は読んでいた。山田が同書およびその翻訳 (金田一京助『新言語學』(1912)) を所有していたことは蔵書目録で確認できる。山田にとってもサピアにとっても、スウィートの著作にみられる「言語と国民性」("Language and Nationality") をめぐる議論は、ほぼ同時代の重要な先行研究であったに違いない。

次の一節に見られるように、語彙の領域を超えたレベルにおける言語と国民性の関係については、スウィートもサピアと同様に慎重であった。

> That the vocabulary of a language not only can, but must reflect something of the character and environment of its speakers is evident. The question how far the morphological structure of a language does so, is more difficult. (Sweet (1900: 141))

第7章 言語の"Genius"と「國語の本性」　　　　　　　　　　243

しかしスウィート (1900: 142) は、例えばギリシャ人とローマ人の「精神」を対比的に論じ ("The contrast between the Greek and the less intellectual Roman mind ...")、両言語における語彙の性質の違いをその反映と捉えた上で ("The practical Roman was contented with a narrow concrete vocabulary, ...")、さらに文法的な発達の違いをも、異なる精神の発現として論じている。次の一節では、ギリシャ語の particles にギリシャ人の「分析的精神」("analytical genius") を見出すと同時に、particles の過度の発達に彼らの「知的気質」("intellectual temperament") の弱点を見出している。

> The analytical genius of the Greeks is most clearly shown in their particles, whose over-development at the same time reflects some of the weak sides of their intellectual temperament.　　　(Sweet (1900: 143))

この一節に続けて、スウィートは中国語の特徴について論じている（太字は引用者による）。[11]

> Chinese bears in its structure still more definite marks of intellectual power. It combines Roman brevity with Greek love of clearness and moderation of expression, **but shows none of the imaginative and poetical qualities reflected in most Aryan languages**.
> 　　　　　　　　　　　　　　　(Sweet (1900: 143, emphasis added))

やや本筋から外れる話になるが、金田一京助の『新言語學』では、この箇所は次のようにまとめられている（ルビ、下線および太字は引用者による）。

> <u>支那は、今日國情はあの情態にあるけれども、さすがに上代に於て驚くべき文化を發達させただけあって</u>、やはり其の言語は依然として知力の優勝な印しを有してゐる。羅馬人の適勁（しゅうけい）に希臘人の明晰・含蓄を併せ、**而かも其の神韻縹渺（しんいんひょうびょう）たる詩的性質に至っては、印歐語族の中の如何なる國語にも其の匹儔（ひっちゅう）を見出しがたい**。　　（『新言語學』p. 422、『全集第一卷』p. 177）

下線部に相当する表現は原文にはないので、金田一が付け加えたものと考え

られる。『新言語學』は原著の厳密な翻訳ではなく、「翻案」のような側面が目立つ書物であるから、原著にはない用例や表現は随所に見られる。下線部もそのような事例の一つであるが、上の引用で太字にした箇所は、これとは事情が異なる。原文を翻訳したと思われる個所が、結果的に原文とは正反対の意味を表わす訳文になっているのである。「神韻縹渺たる詩的性質」は、原文の "the imaginative and poetical qualities" を訳したものと思われるが、このような「想像力に富んだ詩的性質」は、**印欧諸語には見られるが中国語には見られない**、と述べているのが原文である。ところが日本語訳では、想像力に富み詩的であるのは**中国語の性質であり印欧諸語には見られない**、ということになっている。金田一がこのように訳した理由はよくわからないが、『新言語學』のように理解してしまうと、上の引用箇所とそれに続く次の一節が繋がらなくなる。

> It is characteristic of the Chinese mind that it never personifies: in such a collocation as that which is literally translated *his hand guide me*, where *hand* would otherwise be naturally taken as the subject, we must take it adverbially, and translate "with his hand he guides me."
>
> (Sweet (1900: 143))
>
> 支那人の著しき特徴は擬人法をしない事である。例へば、「手招ﾚ人」のやうな句があっても、「手」は主語ではなくって、副詞的なものである。即ち「手が人を招いた」意味では無くして、「手で以て人を招いた」意味なのである。
>
> (『新言語學』pp. 422-423、『全集第一巻』p. 177)

スウィートはここで、「擬人化しない」という性質を中国語（あるいはその話者の精神）の特徴として挙げているのであるが、これが前段（上掲箇所）の主張（中国語は想像力に富んだ詩的性質を欠く）と表裏の関係にあるのは明らかである。擬人法を想像力のなせる業と見なし、ある種の説明原理として用いるのは、西洋の言語論に古くから見られる馴染みの方式であるから、東洋語を研究した西洋人がその言語に擬人法を見出せなかった場合、その理由を「想像力の欠如」に求めるのは、彼らにとっては自然な流れなのである。

第 7 章　言語の "Genius" と「國語の本性」　　　　245

　スウィートは、印欧諸語との対比において中国語を「擬人化しない」言語と特徴づけたが、上の一節に見られる一例を除き、具体的な議論は何もしていない。また、ある特定の言語が擬人法を欠くということの意味も充分に考察されていない。これに対して、Sweet（1900）より古い時代の日本語論には、擬人法を欠くという性質が**日本語の重要な特質である**と指摘しているものがある。すでに触れた Lowell（1888）や Chamberlain の *A Handbook of Colloquial Japanese*（1888）に見られる指摘であり、とりわけ後者には、確かな言語事実に基づく優れた観察が含まれているのだが、これらの研究は、言語学史が取り上げる対象とはならなかったのみならず、従来の国語学史や日本語概説などにおいてもほとんど注目されて来なかった。例えば岩波講座『日本語』全 12 巻の中で、索引項目として「擬人法」を立てる価値があると判断されたのは、第 10 巻『文体』所収の「言文一致体」（山本正秀（1977: 328））のみであり、その論述も山田美妙との関連で擬人法に触れている程度である。ただ、岩波講座の索引は網羅的ではないらしく、第 1 巻『日本語と国語学』所収の「日本語研究の歴史 (2)」を見ると、チェンバレンを紹介した箇所で、

　　チェンバレンは日本語の文法的性格を的確に把握し、英語の文法上の基本的概念は日本語に合致しないものが多いと指摘している。例えば同じく受身とは言え日本語の受身は英語のそれと異ること、日本語には文に主語のないこと、擬人法がないことなど。　　（大野晋（1976: 242）、傍点は引用者）

と述べている。しかし、これ以上の論述は見られないので、大野論文のこの箇所は索引から参照させるまでもないと判断されたのかも知れない。索引を含む別巻『日本語研究の周辺』が刊行されたのは 1978 年であるから、少なくともこの段階における日本語研究の世界では、チェンバレンが指摘したことの意味を深く考える必要性は感じられていなかったように見える。
　もちろん、この時代にはすでに外山滋比古の『日本語の論理』（1973）などが出ていたので、次のような事実は一般に知られていたものと思われる（以

下の一節を含む文章の初出は 1971 年）。

> 日本語では、主語はだいたいにおいて人間、あるいは擬人化されたものにかぎられる。「明日が彼女に幸福をもたらす」というような、抽象名詞や無生物が主語になる文は、日本語では普通あり得ない。言いかえると、日本語の動詞は、いつも人間を主語にとることを予想している。人間動詞とも言うべきものである。　　　　　　　　　　　　（外山滋比古 (1973: 26)）

この一節に続けて外山は、「比喩が乏しい」という日本語の性質に言及し、次のように述べている。

> 　日本語は、西欧の言語にくらべて比喩が乏しい、という指摘が行なわれているが、日本語の動詞が人間の主語とはきわめて結合しやすくできていて、一般名詞を主語に迎えることに抵抗を示すことが、比喩の規模を小さくする有力な理由の一つであろう。このことと、日本では昔から比喩をあまり重視してこなかったことを考え合わせてみるとおもしろい。比喩こそ創造性へのきわめて重要な方法的エネルギーであることを、われわれは、ほとんど気づかずにいる。アナロジーと比喩との関係、比喩と想像力の関係などが認識されていないのも、日本語が動詞構文的であり、さらに、あるいは、したがって、日本語の動詞が人間動詞的であることと無関係ではあるまい。　　　　　　　　　　　　　　　　　　（外山 (1973: 26)）

引用にある「動詞構文」とは、「名詞構文」との対比において外山が用いている用語であり、「『この事実の認識が問題の解決に貢献する』というのが名詞構文なら『これがわかれば問題はずっと解決しやすくなる』とするのが動詞構文である」(p. 10) と説明されている。この意味において、日本語は「動詞構文的」と言われる。

　比喩を創造性のエネルギーと見なした上で、その比喩が日本語には乏しいと指摘し、それを日本語の「動詞構文的」あるいは「人間動詞的」な性格と結びつける外山の論述は、1970 年代前半の読者——とりわけ一般の読者——には、新鮮な指摘として受け入れられたはずであるが、学史的に見れば、こ

第7章　言語の"Genius"と「國語の本性」　　　　　　　　　　247

れはHandbook初版（1888）以来のチェンバレン的な視点の復活に他ならず、とりわけThings Japanese第2版（1891）以降に見られる次のような記述と軌を一にするものである。参考までに邦訳の当該箇所も挙げておく。

> Another negative quality is the habitual avoidance of personification, a characteristic so deep-seated and all-pervading as to interfere even with the use of neuter nouns in combination with transitive verbs. Thus, this language rejects such expressions as "the *heat makes* me feel languid," "*despair drove* him to commit suicide," "*science warns* us against overcrowding," "*quarrels degrade* those who engage in them." etc., etc. One must say, "being hot, I feel languid," "having lost hope, he killed himself," "on considering, we find that the fact of people's crowding together is unhealthy," and so on, — the idea being adequately rendered no doubt, but at the expense of verve and picturesqueness. Nor can any one fully realise how picturesque our European languages are, how saturated with metaphor and lit up with fancy, until he has familiarised himself with one of the tamer tongues of the Far East.
>
> 　　　　　　　　　　　　　　　　　（Chamberlain（1891[2]/1939[6]: 299-300））
>
> 日本語のもう一つの消極的な性質は、擬人法を習慣的に避けることである。これは深く根ざした特徴で、あらゆるものに浸透しているから、他動詞と結びつけて中性名詞を用いることすら避けるようになる。だから日本語では、「暑さが私をだるく感じさせる」「絶望が彼を自殺に追いやった」「科学はわれわれに狭い所に多くの人間が住みすぎることを警告している」「喧嘩は、やる人の品性を落とす」などの表現を嫌う。このような場合には、「暑くて私はだるい」「望みを失って彼は自殺した」「考えてみると、人間が大勢狭い所に住むのは不健康だ」などと言わなければならない。もちろん、これによって思想は充分によく表現されるが、文章の生き生きとした美しさが失われる。だれでも、極東の単調な言葉を一つ身につけて親しまないかぎりは、わがヨーロッパの言語がいかに絵のように美しいか、いかに隠喩にあふれ、空想できらびやかになっているか、充分に理解できるものではあるまい。
>
> 　　　　　　　　　　　　　　　　　（高梨健吉訳『日本事物誌2』pp. 19-20）

ここでチェンバレンが対比的に挙げている例文は、外山の言う「名詞構文」

と「動詞構文」の違いを示すものであるが、この違いが「擬人法」と深く関わり、それが「隠喩」に溢れた西洋語とそうではない日本語との違いにも繋がる、というのがチェンバレンの指摘である。外山 (1973) の論述について「チェンバレン的な視点の復活」と述べたのは、このような視点の平行性を重視したからであるが、『日本語の論理』でチェンバレンが紹介されることはなかったため、両者に見られる明らかな類似性が学問的系譜として認識されるには至らなかったものと思われる。

『日本語の論理』以前の文献では、國廣哲彌の『構造的意味論』(1967) に詳細な分析があり、「…日本語の基本的他動詞は主語に関しては選り好みをし、無生物主語を好まない傾向があるが、これは存在を表わす動詞がアルとイルに分かれている点と関係があるらしく思われる」(p. 166) などの指摘がある。「日英対照表現構造論：無生物主語表現」という所収論文（初出は1965年）の一節であるが、この論文は擬人法などとの関連を問題にしていないこともあり、チェンバレンへの言及はない。『日本語の論理』以後の文献では、池上嘉彦 (1981: 205-208) が *Things Japanese* から上の一節を引用し、英語と日本語における擬人法を対比的に論じているが、池上 (1981) の影響を受けたその後の多くの研究を見ると、チェンバレンの観察が注目された様子は窺えない。しかし、19世紀にチェンバレンやローウェルが行なっていた議論は、国語学史や言語学史において、[12] 一章を割いて取り上げる価値があるほど重要な意味を持つ。次に引用したのは、チェンバレンが *Handbook* の締め括りに入った最終盤 (§440) の一節である。

(7) ¶ 440. **Inanimate objects are rarely, if ever, personified**. Not only does Japanese idiom eschew all such fanciful anthropomorphic expressions as "the hand of Time," "old Father Christmas," "the spoilt child of Fortune," "Nature's abhorrence of a vacuum," etc., etc.; but **it goes so far as almost to prohibit the use of the name of any inanimate thing as the subject of a tran-**

sitive verb. For instance, a Japanese will not say "The rain delayed me," thus appearing to attribute an action to those inanimate things, the drops of rain; but he will turn the phrase intransitively, thus:

 Ame no tame ni ōi ni osoku narimashĭta.
 Rain 's sake in, greatly late (*I*) have-become.

I.e. "I am very late on account of the rain."

  Similarly it will not come into his head to employ such a phrase as "His diligence surprises me." He will say:

 Ano hiĭto no benkyō ni wa kanshin
 That person 's diligence at, admiring-astonishment
 shimasŭ.
 (*I*) do.

I.e., "I feel astonishment at his diligence."

          (Chamberlain (1888[1]/1898[3]: 279, emphasis added)

*Handbook*には第3版に基づく邦訳(1999)があるので、ここでも第3版から原文を引用した。冒頭の一文は、邦訳では「**無生物の目的語**が擬人化されることは、仮にあるとしても、極めて稀である」(p. 279)と訳されているが、原文"Inanimate objects"の"objects"は「目的語」を意味するわけではないので、「無生物は擬人化されない」というのが原文の趣旨である。その具体例としてチェンバレンは、英語の"The rain delayed me."のような表現を日本人は用いず、代わりに「雨のために大いに遅くなりました」のような自動詞文を用いると指摘している。同様に、"His diligence surprises me."のような言い方は日本人の発想になく、この場合にも「あの人の勉強には感心します」のような自動詞文が用いられると述べている。

 以上のような観察は、チェンバレンにとって「日本語の特質」として特筆すべきものであった。すでに引用した*Things Japanese*の"Language"の

項目は、Handbook の内容に基づく、ごく短い一般向けの紹介記事であるが、「擬人法を用いない」という特徴は、紙幅の限られたこの短いエッセイでも、主要なポイントとして紹介されているからである。Things Japanese の "The heat makes me feel languid."（「暑さが私をだるく感じさせる」）や "Despair drove him to commit suicide."（「絶望が彼を自殺に追いやった」）などの例は、Handbook の "The rain delayed me."（「雨が私を遅れさせた」）や "His diligence surprises me."（「彼の勤勉は私を驚かせる」）などと同様に、英語と日本語の間に存在する重要な違いを浮き彫りにするものであり、日本語に見られる無生物主語に対する制限は、確かに "deep-seated and all-pervading" な特質と呼ぶに相応しい (Chamberlain (1939: 300))。

　これまで述べてきたように、Chamberlain (1888) の重要な指摘が国語学史で取り上げられることはなかった。チェンバレンの業績を紹介した文章は多いが、それらを概観して気づくのは、『日本小文典』や Handbook の紹介が、基本的に狭義の文法論についてなされてきた、という事実である。Handbook については、明治時代の口語資料としての価値を評価するのが定番であり、この点のみに触れている紹介記事も少なくないが、内容に踏み込んだ解説を見ても、紹介されるのは日本語の品詞、活用、敬語、統辞法などに関するチェンバレンの立場や分析である。

　もちろん現在では、無生物主語の他動詞文をめぐる日英語の違いはよく知られている。(8a) のような他動詞表現を好む英語と、(8b) のような自動詞表現を好む日本語の違いは、いわゆる「スル型言語」「ナル型言語」という言語類型の文脈でも論じられるに至っている。

　(8) a.　暑さが私をグッタリさせた。
　　　b.　暑さでグッタリした。

しかし、「スル型、ナル型」という区別と、チェンバレン的な「擬人法を用いる、用いない」という区別が、実際のところどのように関係しているのかは、必ずしも明らかではなく、例えば「スル型、ナル型」を意味構造の「基

本スキーマ」の違いとして精密化している影山（1996）などを見ても、擬人法の位置づけは論じられていない。池上（1981）をはじめとする先行研究について、影山は次のように述べた上で、

> これまでの研究では、＜ナル型＞対＜スル型＞という対立は日英語の全体的な印象から述べられてきたに過ぎない。両言語の相違だけでなく、両者の共通性を見極めるためには、もっと細かく動詞の意味タイプを明らかにしていく必要がある。　　　　　　　　　　　　　　　　　（影山（1996: 9））

動詞の意味構造（「語彙概念構造」）を詳細に分析し、「概念構造における事態の展開において、どこを基準に据えて物事を見つめるかによって、言語間の違いが生じる」（p. 290）との結論に至っている。影山はこれを「言語による視点の違い」として次のように図式化している。

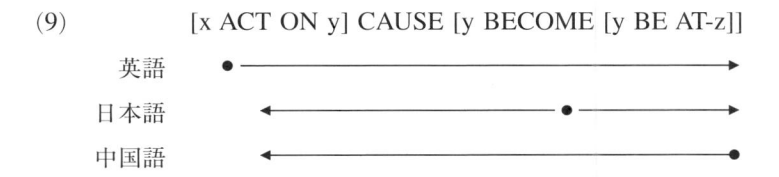

(9)　　　　　　　[x ACT ON y] CAUSE [y BECOME [y BE AT-z]]
英語　　　●─────────────────▶
日本語　◀────────────●────────▶
中国語　◀─────────────────●

このような「視点」の違いと「擬人法」に関わる違いとの間に、何らかの関係——たとえば含意関係——が成立するのかという問題は、影山（1996）では提起されていないが、同書に限らず、そもそもこのような問題の立て方をしている文献が少ない。おそらくその理由は、「スル型、ナル型」の類型論が、チェンバレンの時代から継続的に発展してきたものではなく、それとは独立に、外山（1973）、寺村（1975、1976）、池上（1981）、金田一（1981）などを通じて広く一般の関心を集めるに至った、という理由によるのではないかと思われる。すでに触れたように、外山や池上は擬人法と無生物主語の関係にも言及しているが、日本語学の世界では、こうした問題意識が広く共有されることはなかったように見える。影山（1996）が研究の背景として挙げている文献で最も古いものは、池上（1981）も引いている佐久間鼎『日本語の

特質』(1941)であるが、佐久間の具体的な観察は、例えば次の一節に見られる。

  ところで、日本語の表現にあつては、その邊に根本的な態度のちがひがあらはれてゐると思はれます。ヨーロッパ風の表現におけるこの點の特色を、かりに人間本位的といふならば、日本語におけるものは、むしろ自然本位的あるいは非人間的ともいへるものではありますまいか。一般にさういふ傾向を認めることが出來ます。たとへば次のやうなごく普通の日用語の例を比較してみると、ちがひがはつきりすると思ひます。
  とほくの方に舟が一つ見える。
  I see a ship in the distance.
  Ich sehe ein Schiff in der Ferne.
  何がきこえますか？
  What do *you hear*?
  Was *hören Sie*?   （佐久間（1941: 211））

この引用の冒頭で「**その邊に根本的な態度のちがひがあらはれてゐる**」と述べているのは、英語やドイツ語では「人間的な動作者と人間的な行動とを模型として表現機構を作り上げ」るのが基本であり、これを基本とするからこそ、これらの文法では「非人稱的」な表現が特別な扱いを受ける、と指摘した前段を指す。ここで佐久間は、「人稱的といふのは、主格にあたる者がそれぞれの程度で人格的で、それの動作が人間的な行動を原型としてゐることをほのめかす」(p. 210)と述べているので、「擬人法」という表現こそ使っていないが、何かそれに近いことを念頭に置いていたはずである。しかし、佐久間はこの文脈でチェンバレンを取り上げていない。『日本語の特質』には、別の文脈で *Handbook* からの直接引用が見られるので、佐久間が同書を読んでいたことは確実なのであるが、佐久間にとっては、チェンバレンの指摘が自らの立論に関係しているという意識はなかったのかも知れない。このように、無生物主語を擬人法の問題として捉え、そこに日英語の重要な違いを見出した Chamberlain (1888) の洞察は、佐久間 (1941) に至る先行研

究という位置づけにはならなかった。上の引用に続く次の一節などについても同様である。

> I am surprised (frightened, astonished).
> など、形の上からは他動詞の「ビックリさせる」から導いた受身で、つまり「ビックリさせられる」のいひまはしですが、それをいふ人の氣持は、「ビックリした」といふだけのことなのでせう。　　　　　（佐久間 (1941: 214)）

次に引用したように、日英語の差異に関する類似の観察はチェンバレンにも見られ、**"to be astonished"** などは英語においてさえ、必ずしも受身の意味を表わすものではないという判断も示されているが、佐久間はこの文脈でもチェンバレンには言及していない。

> ¶313. Many English passive verbs must be rendered by Japanese intransitives. This happens when the idea is one which does not necessarily imply the action of an outer agent, as in ***kŭtabireru***, "**to be tired**;" ***odoroku***, "**to be astonished**;" ***tasŭkaru***, "**to be saved**" [...]; ***yorokobu***, "**to be pleased**;" [...] **After all**, "**to be tired**," "**to be astonished**," "**to be pleased**," **are not necessarily passive ideas even in English**, as may be seen by comparing them with such synonyms as "to be weary," "to wonder," "to rejoice."　　　　（Chamberlain (1888: 181-182)，emphasis added）

ただ、この一節について言えば、チェンバレンは日英語の受動文の相違に関する記述のレベルにとどまっている。これに対して佐久間は次のように述べ、日英語の違いを《スル的、ナル的》と呼びうる大きな類型の問題として捉えている。

> こんな風に、日本語ではとかく物事が「おのづから然る」やうに表現しようとする傾を示すのに對して、英語などでは、「何者かゞしかする」やうに、さらには「何者かにさうさせられる」かのやうに表現しようとする傾を見せてゐるといふことが出來ませう。さうすると、日本語には、「自然にさうなる」ことをあらはすやうな成行についての動詞が多く必要ですし、事實上數

も多いと思はれます。[…]　　　　　　　　　　　（佐久間（1941: 214））

この一節は、すでに引用した「人間本位、自然本位」の一節と共に、池上が『「する」と「なる」の言語学』の冒頭で引用し (1981: 1)、それをさらに影山 (1996: 8) が引用している。後者では、日英語の表現法の違いを「人間重視型、状況重視型」という視点で捉える先駆的研究の一つとして、佐久間の上の一節が引用されている。研究史における佐久間 (1941) のこのような位置づけは、日本で現実に行なわれてきた研究のありように照らしてみれば、おそらく妥当なものと思われるが、筆者らの考える研究史においては、佐久間的な視点からの研究はチェンバレンの時代にまで遡らざるを得ない。佐久間が「おのづから然る」「何者かゞしかする」と表現して区別した日英語の違いは、チェンバレンの *Handbook* 初版と同じ年に出版されたローウェル (Percival Lowell) の『極東の魂』(*The Soul of the Far East* (1888)) において、ほぼ同じ形で指摘されているからである。佐久間と同様に、ローウェルも「出来事」(events) の捉え方が日英語で異なると指摘し、次のように述べている。

> (10)　... the Japanese conception of events is only very vaguely subjective. **An action is looked upon more as happening than as being performed**, as impersonally rather than personally produced.　　　　　　　　　　　　　　　　（Lowell (1888: 106)）

つまり、動作、活動、行為などは、「される」ものではなく「起る」ものであると見なすのが日本的な捉え方である、という指摘であるが、この引用に先立つ箇所では、"In Japanese estimation, the first place belongs to nature, the second only to man." (p. 105) とも述べられている。これは佐久間が、「人間本位的」な西洋語に対して、「日本語におけるものは、むしろ自然本位的あるいは非人間的ともいへるものではありますまいか」と述べたのと、基本的には同じ発想であるから、ローウェルの『極東の魂』における考察は、

佐久間 (1941) およびそれ以降の研究と共に、一つの学問的系譜をなすと言えるのであるが、筆者らの調査が及んだ範囲で言えば、これまでの国語学史や言語学史に Lowell (1888) への言及は見られない。日本文化論としての同書に対する全体的な評価は分かれるであろうが、少なくともその日本語論は、佐久間的視点からの考察が 19 世紀から行われていたことを示すものであり、国語学史や言語学史で取り上げる価値があると筆者らは考えている。[13] チェンバレンについても同様である。現時点で見ても Handbook の様々な観察は洞察に富み、佐久間 (1941) に繋がる自然な学問的系譜を再構成することができる。しかし、『日本口語文典』に対する従来の評価はすでに見たようなものであり、明治時代の口語資料として価値があるなどの評価ポイントが強調され、同様の記述が累積してきた感がある。そのため、チェンバレン的な観察やローウェル的な洞察を含む言語研究の領域は、実質的には佐久間鼎あたりから「再出発」した形となり、それ以前との断絶を残したまま現在に至っているのではないかと思われる。これもまた研究史における「空白」であり、この空白を埋めるような形で新たな研究史を書く意味は充分にあると思う。他の研究領域、例えば日本語における「動詞の自他」を扱った研究では、先行研究に本居春庭を含めることは珍しくないが、これは従来の国語学史が江戸時代の研究を徹底的に分析し、網羅的に紹介してきたため、春庭から現代に至る学問的系譜の存在が、分野全体の知識として定着しているからである。無生物主語をめぐる研究の源流をチェンバレンに求めるのが妥当であるとすれば、その系譜もまた研究史で明記されなければならない。そしてこのような学問的系譜の再構成は、Chamberlain (1888) の指摘を現代の問題として考え直す契機ともなる。例えば擬人法の問題がある。英語に見られるような無生物主語の表現を日本語が回避するのは、日本語が無生物を擬人化しないからである、というのがチェンバレンの説明であった。しかし、日本語は事実として擬人法を用いない言語であったのかと言えば、もちろんそうではない。チェンバレン自身、Handbook の第 4 版では、初版以来の一般化には例外があるとして、次のように立場を修正している。

> The chief exceptions to the above general rule are offered by certain proverbial expressions, wherein brevity perhaps has been the mother of picturesqueness. For instance,
>
> *Muri ga tōreba, dōri hikkormu.* "When folly passes by, reason draws back."   (Chamberlain (1907[4]: 279-280))

チェンバレンは *Handbook* 初版 (1888: 251) において、日本でも「最近数年」の間に、「**歴史がわたくしどもに～を教える**」のような "Europeanisms" が演説などで聞かれるようになったが、これはまだ定着しておらず、一般の人々にはほとんど理解されないであろうという趣旨のことを述べている。これに対して、上に引用した第4版 (1907) の一節では、「**無理が通れば道理引っ込む**」のような表現が例外的に存在することを認めているのであるが、これは西洋諸語のように想像力に裏づけられた擬人法ではなく、表現を簡潔にする必要から生じたものであろうとの立場になっている。

「無理が通れば…」は伊呂波歌留多（江戸）に見られる例であるから、これを明治の "Europeanism" と見なすことはできないとチェンバレンは考えたものと思われる。しかし、擬人法を用いた例は、実際にはさらに古くから見られる。古今集にさえ、「はちすばのにごりにしまぬ心もてなにかは露を玉とあざむく」(165) のような和歌があるので、仮にチェンバレンの一般化が日本語の特質の一面を捉えているとすれば、その厳密な通時的・共時的検証は、現代の重要な課題として残されているように思われる。池上 (1981: 205-208) は、日本語における擬人法の「自然さと不自然さ」を区別する要因を考察しているが、この研究を引き継いで発展させるのも一つの重要な方向性であり、これは外山 (1973: 26) が「アナロジーと比喩との関係、比喩と想像力の関係などが認識されていないのも、日本語が動詞構文的であり、さらに、あるいは、したがって、日本語の動詞が人間動詞的であることと**無関係ではあるまい**」と述べた、その「関係」を具体的かつ厳密に考察する道を拓くことにも繋がるのではないかと思われる。[14]

こうした方向での研究は、典型的には現代の認知言語学において継承さ

第 7 章 言語の "Genius" と「國語の本性」 257

れ、深められるものと期待される。池上（1981）などを踏まえた西村義樹「行為者と使役構文」（1998）には、この点に関わる一つの方向が示されている。西村は、"That reminds me."（「それで思い出した」）、"This key opens the door."（「（その）ドアはこの鍵で開きますよ」）、"That argument didn't convince her."（「その主張に（は）彼女は納得しなかった」）、などに見られる、無生物主語の使役構文に関する日英語の相違を、「使役構文の意味のプロトタイプがある方向へ慣習的に拡張される程度における違い」（p. 157）と捉えているが、これを使役構文の主語の観点から見れば、「英語は〈使役行為者〉のプロトタイプを…無生物へと拡張する傾向が日本語よりも強い」（ibid.）とも言えることになる。そしてこの「無生物への拡張」に関する違いは、擬人法に関する違いにも通じるとして、西村は次のように述べている。

　　この拡張はある種の無生物をプロトタイプ的な〈使役行為者〉という人間に見立てるという過程としても解釈できるから、英語ではこの種の擬人化の日常言語における慣習化が日本語よりも進んでいることになる。
　　　　　　　　　　　　　　　　　　　　　　　（西村（1998: 157））

ここで提示されているのは、使役文に無生物主語を用いるか否かは、見方を変えれば、擬人化するかしないかの違いと解釈できる、という両者の関係であると思われる。これに対して、チェンバレン、ローウェル、スウィートなどの論述からは、「擬人化するかしないか」をより根本的な違いと位置づけ、その帰結として、無生物主語その他に関わる違いが出てくる、という考え方を読み取ることができる。すでに見たように、ローウェルやスウィートは、無生物に性の区別を付ける言語と付けない言語の違いも、擬人化するかしないかの反映であると考えているので、彼らの議論において擬人法が果たす役割は、実は相当に根本的なものとなっている。性の区別にまで話を広げるのは行き過ぎであろう、と考える向きもあるかと思われるが、行き過ぎであるかどうかは、経験的事実に照らして判断しなければならず、この場合、検証可能な問題を設定することは可能である。[15] 19 世紀から続く無生物主語、性

の区別、そして擬人法の関係をめぐる論議は、現代言語学においてもさらに考察してみる価値があるように思われる。

　最後に、無生物主語と擬人法について、これまで Chamberlain (1888) を引用し、紹介してきたが、実際にはこれより早い Chamberlain (1886) *A Simplified Grammar of the Japanese Language* に、すでに次のような指摘がある。

> 12. Inanimate objects are rarely, if ever, personified. It is hardly permissible even to use the name of an inanimate object as the subject of an active verb. Thus a Japanese will not say or write, "The rain delayed me"; but "I have become late on account of the rain," *Ame no tame ni chikoku seri.* 　　　　　　　　　　　　　　　　　(Chamberlain (1886: 93))

日本語の "Syntax" の特徴を 13 の項目にまとめて論じた、その第 12 項である。Lowell の *The Soul of the Far East* と Chamberlain の *A Handbook of Colloquial Japanese* は同年 (1888) の出版であり、相互に引用は見られないが、Lowell (1888) が Chamberlain の *Simplified Grammar* (1886) を参照していたことは確実であり、Lowell の言語文化論で言及されている日本語の特質は、その多くが Chamberlain の観察に基づいていると考えられる。

7.8. 思考の鋳型と言語の Genius

　山田孝雄の『國語と國民性』を検討した 7.6 節では、「國語の本性」と「國民性」を結びつける議論には、そもそも何を「國語の本性」と認定すべきかという根本的な問題があると述べ、山田が「國語の本性」の表出と見なした現象は、言語の普遍的傾向が日本語で実現した姿である可能性が高いとも指摘した。これに対して、チェンバレンが指摘した無生物主語をめぐる一般化——前節における学史的考察から、これを「チェンバレンの一般化」と呼ぶことに、もはや問題はないと思われる——などは、現代言語学の水準で見て

第7章　言語の"Genius"と「國語の本性」

も、日本語と西洋諸語を区別する重要な性質である。同様に、英語の話者が"I hope your father is better today"と言うところで、日本語の話者は「お父さまはどうですか？」などの表現を用いるというチェンバレンの観察は、例えば「スル型、ナル型」などの文脈で現在でも検討に値すると思われる。山田孝雄は「國語の本性」を「國民性」と結びつけたのであるが、次の一節に見られるように、チェンバレンは「極東の精神」(the Far-Eastern mind)というものに言及している（太字は引用者によるが、例文のグロスが太字になっているのは原文のまま）。

> **Japanese thoughts do not run in quite the same channels as ours do**. ... If an Englishman wishes to make a polite remark to a friend about the latter's sick father, he will probably say "**I hope your father is better today**". In French, German, Italian, etc., the expression would be pretty nearly the same. In each of these languages the same kindly hope would be expressed. In Japanese it is quite different. The phrase must run thus:
> 　*Otottsan　　　　　wa,　dō　de gozaimasŭ ?*
> 　**Honourable-father-Mr. as-for, how　　is?**
> or, more politely,
> 　*Go　shimpu　　wa,　ikaga de irasshaimasŭ ?*
> 　**August real-father as-for, how　　deigns-to-be?**
> 　The idea of hoping or fearing does not present itself to the **Far-Eastern mind**, as it does so constantly to ours.　　(Chamberlain (1888: 4))

これは初版からの引用であるが、最後の一文にある"Far-Eastern mind"は、第2版では"Oriental mind"と表現されている (1889²: 4-5)。しかし第3版以降では、また"Far-Eastern mind"に戻され (1898³: 4-5)、その説明も次のようにやや詳しくなっている。

> The idea of hoping or fearing, which to us is so familiar, does not present itself with the same vividness and frequency to the less anxious, less high-strung Far-Eastern mind.　　(Chamberlain (1888¹/1907⁴: 4))

この「極東の精神」については、"the matter-of-fact Far-Eastern mind" (1888[1]: 251) という形容もされているので、European mind との対比で見た Far-Eastern mind とは、要するに、あまり不安がらず、神経質でもなく、無味乾燥で即物的な、想像力を欠く精神であり、こうした精神にとっては、何かを望んだり、恐れたり、という感覚は、西洋的精神にとってそうであるほどには鮮明ではなく、頻繁にも生じない、ということになる。

チェンバレンの指摘どおり、「お父さまはどうですか？」のような表現は単なる疑問文ではなく、これを尋ねることで、友人の父親を気遣う気持ちも同時に表わされている。これが「極東の精神」の反映かどうかはわからないが、チェンバレンが指摘する "hope" のような意味と用法をもつ動詞は、確かに日本語には見出しにくい。もちろん "hope" に限ったことではなく、同じくチェンバレンが言及している "fear" などもそうであり、さらには "like" なども含め、一般に他動詞の領域ではこうした事例が目立つ。英語で普通に用いる "I hope you like it." などを日本語に直訳できない理由は複雑であるが、一つには、日英語における語彙化の違いが関係しているので、ここに説明を要する重要な言語的差異を見出すのは自然である。最終的な説明の還元先を「文化」や「國民性」、あるいは「極東の精神」のようなレベルに求めることが可能であり妥当であると考えるのか、あるいは、説明はあくまでも「言語」の内部にとどめる以外になく、それでよいと考えるのかは、本稿で見た範囲で言えば、チェンバレン的見解とサピア的見解の対立と呼びうるものであり、この観点からすれば、少なくとも『國語と國民性』における山田孝雄の立場はチェンバレン的であったと言える。

上に引用した一節の冒頭で、チェンバレンは "Japanese thoughts do not run in quite the same channels as ours do." と述べている（第2版以降、最後の "do" は削除されている）。英語の "channel" は「水路」であり「経路」であるから、思考は一定の経路を流れるというイメージであり、その経路が西洋人と日本人では異なるということであるが、この「経路」の違いは、西洋と極東の「精神」の違いを反映しているとチェンバレンは考えているものと思

われる。一方、"channel" に似た "mold" という表現を用いて《言語は思考の鋳型 (mold) である》と述べるサピアの発想は、チェンバレンとは異なる方向に展開している。

> ... language, as a structure, is on its inner face the **mold** of thought.
> (Sapir (1921: 21))

これは、《言語と思考の溝は…同じものである》("Language and our thought-grooves are inextricably interwoven, are, in a sense, one and the same." (Sapir (1921: 232))) などと共に、サピアの考え方を示す一節として有名であるが、ローウェルもおそらく同じような考え方をしていたものと思われる。「極東の精神」の最も根本的な特性として、ローウェルは一貫して "Impersonality" というものを強調している。

> If with us the *I* seems to be of the very essence of the soul, then the soul of the Far East may be said to be Impersonality. (Lowell (1888: 15))
> われわれにとって「自我」が、心の本質を形作る魂とすれば、極東の民族の魂は「没個性」と言ってよいかもしれない。 (川西瑛子訳『極東の魂』p. 20)

ローウェルは『極東の魂』において、この「没個性」(Impersonality) という概念によって様々な文化的事実を説明していくのであるが、第4章に至って話は言語に及び、彼が考える日本語の特質をも Impersonality の反映として説明している。日本語は、西洋諸語のような人称代名詞を欠き、複雑な敬語法を用いる言語として描かれるが、敬語法の背後にある「礼儀正しさ」は Impersonality の結果であるという。これは山田孝雄が「没我的態度」と「礼譲の精神」を独立のパラメータとして提示したのとは異なり、前者を後者の要因と見る立場である(ローウェルに従えば、西洋人の会話に現れる「個性」は、日本人の会話では「礼儀正しさ」で置き換えられ、自己が抑制される代わりに他人への配慮がある、という関係が成り立つ)。日本人が事物を人格化せず、日本語が性の区別を欠くのも Impersonality のゆえであるとされる。

名詞に複数形のようなものがなく、"nothing" のような否定代名詞もなく、文は一般に主語を欠く、などの性質も、すべて Impersonality の表出として捉えられる。人間よりも自然を重視するのは、当然ながら Impersonality の反映であり、このことから、先に引用した "An action is looked upon more as happening than as being performed, as impersonally rather than personally produced." という性質も出てくる。最後に、"the impersonality of Japanese speech" を端的に示す事実として、ローウェルは英語の "thing" にあたる「モノ」という言葉が日本語では人間に対して用いられると指摘し、以上のような議論を踏まえて次のように述べている（太字にした mould は、綴りは異なるが、サピアが用いた mold と同じ単語）。

> Such, then, is the **mould** into which, as children, these people learn to cast their thought.　　　　　　　　　　　　　(Lowell (1888: 107))

要するに、Impersonality が色濃く反映された日本語は、それを母語として習得する子供たちにとっては「思考の鋳型」となり、その後の人生観に多大な影響を与える、という話になっている。上に引用したサピアを彷彿とさせる一節であり、言語と思考に関するこのようなメタファーが、サピア以前から行われていたことがわかる。

　言語の "genius" のようなものを想定し、それを「国民性」「国民気質」あるいは民族の「精神」「世界観」「ものの見方」「思考法」などと結びつける議論においては、概念的に区別される二つの時代あるいは段階がある。すなわち、①特定の言語がその "genius" を備えるに至った時代と、②そうした "genius" を備えた自立した言語の時代である。西洋諸語との対比における日本語論で必ず言及される特徴の一つに、前者に見られる「性」の区別が後者には見られないという事実がある。名詞に「性」の区別をつけないという日本語の性質を、事物を人格化しないという「発想」の問題として捉え、これを想像力の欠如、あるいは Impersonality のような「極東の精神」と結びつける議論があることは、すでに見たとおりであるが、上の②の段階（例え

ば19世紀のフランス語や日本語）を考えるなら、名詞に「性」の区別をつけるかつけないかは純粋に「言語」の問題でしかありえず、その言語社会に生まれ育ち、母語話者になってしまう世代にとっては、いかなる想像力をもってしてもそれを改変できるわけではない。フランス語で何か物を言う場合、生物であれ無生物であれ、すべてのモノを男性か女性かに分類しなければならないが、生物と無生物は日本語でも独特の仕方で分類されており、その分類を前提としなければそれらを数えることができない（「写真を一枚撮ろう」「鉛筆が三本置いてある」「会社員が二人来た」「犬が一匹走っている」）。サピアは、この類の例はいくらでも増やすことができる（"Such instances might be multiplied at will."）と述べた上で、次のように続けている。渡部昇一が翻訳引用したのはこの箇所であるが（本章7.2節、p. 214参照）、ここでは安藤訳を挙げておく。

> It is almost as though **at some period in the past the unconscious mind of the race** had made a hasty inventory of experience, committed itself to a premature classification that allowed of no revision, and saddled **the inheritors of its language** with a science that they no longer quite believed in nor had the strength to overthrow. (Sapir (1921: 105), emphasis added)
> あたかも、**過去のある時代に、民族の無意識の精神が**性急に経験の目録を作り、改訂をいっさい許さないような早まった分類に踏み切ったあげく、**その言語の継承者たちに、**かれらがもはや全面的には信じてもいないし、かといって捨て去る力もない、一つの科学を押しつけたようなものだ。
> （安藤訳『言語』p. 179、強調は引用者）

太字にした最初の箇所は、上の①の段階について述べたものであり、二番目の箇所は②の段階について述べたものと理解できるが、それぞれの言語に組み込まれた分類や概念は、この②の段階では、もはや "form for form's sake" (p. 105,「形式のための形式」) となっている。上に引用したローウェルの一節に、"the mould into which, **as children**, these people learn to cast their thought" とあるのは、サピアが「**その言語の継承者たち**」と述べてい

るのと同じことであり、ローウェルの論述も①と②を区別したものとなっている。

ちなみに、ローウェルの上の一節は、『極東の魂』では次のように訳されている。

> 以上のような発想が、これら**子供っぽい人たち**が自分の思想を表すために**用いた**鋳型である。　　　　　　　　　　（邦訳『極東の魂』p. 99）

原文の "as children" が「子供っぽい」と訳されているが、原文にはない「用いた」という表現も含め、この訳文からローウェルの意図を読み取るのは難しいのではないかと思われる。

サピアの論述にもあるように、①の段階（「過去のある時代」）について、「民族の無意識の精神」のようなものを想定するのは不自然ではない。佐久間鼎も次のように述べている。

> かうした表現における根本的態度の相異の由來するところは遠い、かつ深いものがあると思はれます。そもそも民族の世界観・人生観に淵源するのだといふ風にも、問題をおしつめていくことができるかも知れません。これは、廣汎な民族性の問題にかゝはりをもつて來る事がらですから、こゝで簡単に片づけるわけにはいきません。たゞ一言その點に觸れるだけにとゞめませう。　　　　　　　　　　　　　　　　（佐久間（1941: 214-215））

しかし、ここに「廣汎な民族性の問題」があるにしても、そこから学問的な仮説を提出し、その妥当性を経験的に証拠づけるのは至難の業であろうから、①の段階で形成された「言語の "genius"」について、渡部昇一が「理屈では説明できない」（本章7.2節、p. 214参照）と述べ、それをサピアの見解としたのは妥当であると思われる。それでは、②の段階において、「国民性」「国民気質」あるいは民族の「精神」「世界観」「ものの見方」「思考法」などの概念が、「言語の "genius"」を理解する道を拓くかと言えば、それもまたあり得ないというのがサピアの立場であった。

「国民性」などに言及した言語論がさほど不自然ではないと感じられるこ

第7章 言語の "Genius" と「國語の本性」

非情物がその補充たる時に限らゝなり。若有情物ならば直に之を轉換しうべきことは明なり。この故に、

　　Der Mann ist von einen Räuber erwordet.【原文のママ①】
は之を國文に譯して、
　　かの人は賊に殺されたり。
とすることをうべしといへども、
　　Die Brücke ist von meinem Freunde gebaut worden.【原文のママ②】
なる受身の式なる文は、之を譯して
　　かの橋は我が友人に作られたり。
とすべくもあらず。必働掛の式にて、唯其の橋を特示的語法に從ひて（句論參照）文の冒頭に持來し、次の如き文となすよりほかに手段なきなり。
　　かの橋は我が友人作りたり。
　かくの如き關係あるが故に濫にかれの受身をわが受身に譯すべきにあらざるなり。　　　　　　　　　　　　　　　（山田（1908: 373-374））

山田の議論の筋道は明快であるが、上に【原文のママ①】と書いたドイツ語の例文には誤植があり、このままでは意味不明である。文末の "erwordet" という語は、ドイツ語には存在しないと思われるが、この形態と山田の「殺されたり」という訳からは、これが "ermordet"（他動詞 ermorden《殺す》の過去分詞）の誤植であると推測できる。ただ、このように推測しても、この文には受動の助動詞 werden が含まれていないため、このままではいわゆる状態受動の形になる。この例文の次に挙げられているのが通常の動作受動の例であり、山田がここで状態受動を挙げる必然性もないことから、二つの例文を同じ構文にするなら、"ermordet" の例にも werden を補う必要がある。また、山田が「賊に」と訳している "von einen Räuber" の不定冠詞 "einen" も、"einem" の誤植と思われるので、仮にこうした推定に従って原文を修正するなら、山田が意図したドイツ語の例文は次の (11a) のようなものであったと考えられる。(11b) は "Die Brücke" を主語にした例文（【原文のママ②】）の再録である。[17]

(11) a.　Der Mann ist von einem Räuber ermordet [worden].

b.　Die Brücke ist von meinem Freunde gebaut worden.

　例文をこのように整理した上で改めて山田の観察を見ると、山田が指摘するとおり、(11a) を「かの人は賊に殺されたり」と訳すことはできるが、(11b) を「かの橋は我が友人に作られたり」と訳すことはできない、という事実関係が確認される。これが西洋諸語との対比における日本語の一般的性質であることは、その後多くの学者の論ずるところとなり、とりわけ松下文法における「人格的被動」の議論は、現代の日本語学にも多大な影響を与えている。

> 歐洲語などの被動は一般的被動であつて利害の意がないから何物でも被動の主體となるが、日本語では無生物は特に人格を附與して考へない限りは被動の主にしない。其れ故「月が人に見られる」「水が人に飲まれる」などといふと擬人であるから可笑しく感ぜられる場合がある。
> 　　　　　　　　　　　　　　　　　　　　　　　　(松下 (1928/1930: 353-354))

ここで松下は、「人格的被動」としての日本語の受動文について、無生物は主語にならないという特徴を挙げ、敢えて無生物主語を使う場合には擬人化の効果が出ると指摘している。[18] 山田孝雄にも同様の観察がある。

> 　かく論じ來れば、我が國語の受身は頗精神的にして、精神なきものが文主としてたてる場合には殆ど受身を構成すること能はざるなり。或は思ふに西洋語にては非情物をも受身の文の主となすことあるはかれは非情物に人格を與へたるものなればかへりて一層進みたる精神的のものならむといふ論も出づべし。然れども我にても非情物を擬人視する時は直に受身の文の主體となしうべきは論なき事にしてかれの如くいつにても無差別に擬人視（若ありとせば）するが如き比にあらず。而、彼にては自動詞にては受身をつくることなし。この故にかれの受身は他動詞の一方法にすぎず、われの受身は文主の性質によりて生じうべき文の一體なり。されば動詞の性質には必然の關係あるにあらざるなり。　　　(山田 (1908: 374-375))

山田は日本語の受身を「精神的」と呼び、精神なき非情物は受身の主語に立

第 7 章　言語の "Genius" と「國語の本性」

とはあるが、多くの場合、それは②を論じているように見えて実は①について述べている場合であるように思われる。言語学が扱うのは、基本的に②の段階における「言語」であるから、結局のところ、「国民性」や「極東の精神」などは、言語現象に対する説明の還元先にはなり得ないというサピアの立場を、筆者らは再確認して本稿を終えることになる。

　同時代人であった山田孝雄とエドワード・サピアは、以上のように対立する立場に基づく言語論を展開したのであるが、両者には、それぞれが「國語の本性」「言語の "genius"」と呼んだ、おそらくは「過去のある時代」の、「民族の世界觀・人生觀に淵源する」ような何物かが、それぞれの言語の特質として存在する、という立場は共通していた。個別言語の「天性」について語った大槻文彦にも同様のイメージがあったものと思われ、実際、我々にしても、「日本語の特質」について語り始めた途端に、無意識のうちに "genius" のようなものを想定してしまいがちである。

　しかし、すでに述べたように (pp. 219-222)、欧米の言語学者の中には、そもそも "genius" のような比喩的表現自体が、「不明確で不正確な概念を都合よく隠す用語」にすぎず、言語研究においては「無価値」であると主張する人々がいた。ホイットニーがそうであり、ソシュールもまた同じ立場であったことは、すでに指摘したとおりであるが、[16] 同様の論議は日本の国語学界や言語学界にも存在したのであろうか。大槻文彦、山田孝雄、金田一京助などが用いてきた「天性」「本性」「語性」などの概念は、欧米と同じように批判的考察の対象とされたことがあったのか、あるいは、こうした概念自体は特に問題にされてこなかったのか。筆者らが見てきた範囲で言えば、後者が事実に近いような印象であるが、仮にそうであるなら、なぜ現代の日本語学者・言語学者たちは「天性」「本性」「語性」などの表現を使わなくなったのか。これは西洋の言語学者たちが "genius" という表現を使わなくなったことと何か関係があるのか。仮に関係があるとすれば、それはこのような比喩的表現が現代の言語観と馴染まなくなったという事情によるのかも知れないが、仮にそうであるなら、西洋と日本に等しく影響を与えた、その「言

語観」とはどのようなものであったのか。ホイットニーやソシュールが、わざわざ"genius"の概念を取り上げて批判したことの意味も含め、「グローバルな言語学史」における一つの問題として、今後さらに考えてみたい。

7.9. おわりに 〜話は「言語」に戻る〜

前節（p. 265）で述べたように、「国民性」や「極東の精神」などの概念は、言語現象に対する説明の還元先にはなり得ないというのが、少なくとも現時点における筆者らの評価であるから、結局のところ本稿では、エドワード・サピアの立場を踏襲する以外の可能性を見出せなかったことになる。しかし、還元的説明が成功しているかどうかは別にしても、近代の日本語論で指摘された様々な**言語的**事実には、現在でもなお注目すべき重要性が認められるので、本稿のような概観を試みることによって、日本語研究や言語研究に資する新たな着想が生まれたり、論点が整理されたりするなどの望ましい効果も期待できるように思われる。

本稿では無生物主語と比喩あるいは想像力などとの関係をめぐるチェンバレンやローウェルの論述に触れてきたが、生物と無生物の区別は、言うまでもなく日本文法の様々な領域に顔を出す重要な区別であり、これまでも有情物・無情物などの呼び名で頻繁に論じられてきた。これに類する区別は、例えば『改撰標準日本文法』の次のような記述にも登場する。

> 口語では「ゐる」は「花が咲いてゐる」の如く無生物にも使ふが、文語の「ゐる」は無生物には使はない。　　　　　　　　　　（松下（1928/1930: 412））

西洋諸語との対比における日本語の特質については、受動文を論じた文脈で山田孝雄が次のような重要な観察を提示している（『日本文法論』「受身につきての論」）。

> 先、所謂他動詞のうちにて受身を構成しうべからぬものを見よ。そは、

第 7 章　言語の"Genius"と「國語の本性」

たないと述べている。松下と同様に山田も擬人化に言及しているが、山田は西洋語にも触れ、西洋語で非情物が広く受身の主語に立つのは、擬人化が進んでいるからであるとも考えられると指摘している。もちろん現代語の話者には、"Die Brücke" を主語にした受動文が擬人法の例であるという意識はないので、日独語における受動文の違いを単純に擬人法の問題に還元することはできない。「若ありとせば」という山田の慎重な言い回しは、こうした点を踏まえてのことと思われる。

　さて、無生物主語と擬人法をめぐる山田の論述は、日本語と西洋語（ドイツ語）における**受動文**の違いに関わるものである。一方、本章で取り上げて来たチェンバレンの議論は、日本語と西洋語（英語）における**使役文**の違いに基づいて、やはり無生物主語と擬人法が重要な論点となっていた。"The rain delayed me." を日本語に直訳することはできないという「チェンバレンの一般化」と、"Die Brücke ist von meinem Freund gebaut worden." を日本語に直訳することはできないという「山田孝雄の一般化」は、これまでの研究史で同時に取り上げられたことはなかったと思われるが、両者の関係は、当然ながら現代言語学における重要なテーマとなる。これを現代の問題として考える際には、それが明治の碩学たちによる問題提起の延長線上にあることを認識し、彼らの議論を充分に消化した上で、現代的視点から新たな立論を試みる必要があるのではないかと筆者らは考えている。

注

1. 『新言語學』（1912）は『金田一京助全集　第一巻』（1992）に再録されている。初版は参照しにくいと思われるので、引用に際しては全集の当該ページも記すことにする。

2. 言語と文化の関係をサピアがどのように捉えていたのか、その全体像を把握し、厳密かつ包括的に提示するのは至難の業である。サピアが残した膨大な文章の中には、

少なくとも表面的には相互に矛盾するように見える記述もあり、それらを的確に解釈する作業は、実は高度に専門的なサピア研究の一部となるからである。言語と文化の関係について、本稿では「サピアの立場」あるいは「サピア的見解」などの表現を用いているが、これは基本的にサピアの *Language* から読み取れる立場であり、サピア研究の観点からより慎重に述べるなら、これらは「Sapir (1921) の立場」あるいは「Sapir (1921) 的見解」などの表現になるかも知れない。以下、そのように読み替えていただいても構わない。*Language* 以外については Mandelbaum 編集の諸論文 (Sapir (1949)) などを参照。

いわゆるサピア・ウォーフの仮説は別にしても、サピアの言語文化論については先行研究の蓄積がある。多くは欧米の文献であるが、日本語で書かれたもので参考になる文献としては、例えば平林幹郎 (1993) や宮岡伯人 (編) (1996) などがあり、最近では有馬道子 (2012) などの論考がある。なお、三省堂の『言語学大辞典』(第6巻、術語編) には、「サピアの言語学」というきわめて優れた概説 (実際には「概説」を超える内容) がある。これは無署名の文章であるが、筆者らは、日本エドワード・サピア協会第27回大会において故長嶋善郎教授を追悼する発表を行なった際 (斉木・鷲尾 (2012e))、会場にいらした宮岡伯人教授に直接お聞きして、「サピアの言語学」が宮岡教授の文章であることを確認したので、本書の文献表ではこの論文を「宮岡伯人 (1996)」と記載した。言語と文化の関係については宮岡 (2002) も参照。

3. これは匿名の著作であるが、本書の文献表には Brightland (1711) として挙げた。斉木・鷲尾 (2012a: §1.8, §5.10) およびそこで引用されている諸文献を参照。

4. 若干の但し書きについては、斉木・鷲尾 (2012a: §3.8, 注10) を参照。

5. 以上は斉木・鷲尾 (2012a: 156-158) でも述べたところである。

6. 小林英夫訳『言語學原論』(p. 249)。

7. 松下文法における「指示態」の議論も参照。ちなみに、松下 (1924, 1928: 712-713) は「ハ」と「ガ」の違いに関わる別のレベルにおいて二種類の判断を区別するが、これは S.-Y. Kuroda (1972, 1995) の Categorical Judgment / Thetic Judgment の区別と類似している。いずれも、Subject–Predicate という西洋論理学的な論理構造を持たない直感的な判断の形式を考え、これを日本語の特徴と認めている (松下と Kuroda の類似性については『日本文法の系譜学』pp. 64-66 を参照)。

「喚体」(および「述体」) の概念については、山田文法研究の主要なテーマとして多くの研究がなされてきた。仁科明 (2008) には、川端善明や尾上圭介の研究 (後者は多く尾上 (2001) に再録) を含む充実した研究史がある。比較的最近の論考としては、斎藤・大木 (編) (2010) に収められた諸論文のほか、宮地朝子 (2011) や滝浦真人 (2009) がある (仁田 (2012) に再録された諸論文も参照)。朝鮮語を扱ったユニーク

な研究に生越直樹 (2002) がある。なお、斎藤・大木 (編) (2010) や滝浦 (2009) には山田孝雄をめぐる総合的な考察があり、筆者らの前著『日本文法の系譜学』や本書とも関係する内容を含む。

　日本語の様々な文法現象に対する山田の分析についても、その現代的意義、再評価あるいは再解釈の試みがなされてきた（例えば早津恵美子には、「山田孝雄 (1908) の再評価」という副題の付いた優れた論考「使役文の意味分類の観点について」(2007) がある）。筆者らも山田の品詞分類と 18 世紀普遍文法論との類似性やヴォイスの取り扱いなどについて新たな解釈を提示してきているが、その一部は以下でも紹介する。

8.　段落の先頭にある "□" 印は、『改撰標準日本文法』に頻出する独特の印であるが、これは松下が次のような気持ちで附したものである。

　　此の書には私の始めて考へ出した事柄が非常に澤山有る。そういふ處へはなるべく落ちない様にその項の始めへ□印を附けて置いた。一家言のしるしだと解すれば謙遜の意になるが、亦勿論著者の得意な所である。　　（松下 (1928/1930: 3)）

9.　鷲尾 (2008: 10) を参照。

10.　神保格『言語學概論』(1922) が参考書としてサピアの *Language* (1921) を挙げて以来、日本でもサピアに言及した文章が徐々に増えていった。おもに英語学者や言語学者が注目していたようであるが、国語学分野におけるサピアの知名度や影響については、筆者らの調査は未だ不充分である。日本におけるサピア研究の歴史については、林哲郎・伊勢紀美子 (1989) に書誌情報があり、参考になる。

11.　西洋における中国語研究の歴史は古く、スウィートの時代には、すでに「孤立型言語」を論じる際の定番となっていたが（斉木・鷲尾 (2012a: §5.6)）、その後一世紀以上を経た現在、中国語自体に対する理解は格段に深まっている。膨大な研究がなされているが、例えば Christine Lamarre の論文を含む *Space in Languages of China* (2008)、普遍文法論に基づく James Huang の *Between Syntax and Semantics* (2010)、木村英樹の『中国語文法の意味とかたち ――「虚」的意味の形態化と構造化に関する研究――』(2012) などは特に参考になる。

12.　あるいは「グローバルな言語学史」において（斉木・鷲尾 (2012a: §5.14) を参照）。ただし、Lowell (1888) や Chamberlain (1888) を起点として外山滋比古 (1973) などを経由するような系譜は、あくまでも個別言語を特徴づける性質として「比喩」などの概念に言及するという研究の流れであり、これは必ずしも比喩表現を考察対象に含む現代的な研究に繋がるものではないと思う。森雄一 (2004) は、「問題群としてのレトリック」という研究史上の画期を佐藤信夫の『レトリック感覚』(1978) に求めており、西村義樹 (2008) は、現代の認知言語学と佐藤のレトリック観との強力な平行性について論じているが、こうして再構成される研究の系譜に

LowellやChamberlainを含める理由はないように思われる。もちろん、この系譜も様々に拡張するので、「スル的言語・ナル的言語」のような発想が問題になる場合には、Chamberlainなどの系譜と交差することになる。

13. ちなみに、チェンバレンは *Things Japanese* の様々な版において、表現を変えながらLowell (1888) を紹介し、推奨もしている。

14. 外山 (1973) からの引用にある「想像力」については、すでに見たSweet (1900) も論じていたが、Chamberlainも *Handbook* の初版以来、¶440と¶441において強調している。これら二つのパラグラフは、本稿の観点からは特に重要な箇所であるが、*Handbook* 第3版の邦訳（丸山和雄・岩崎摂子訳、1992）を見ると、訳文が相当に混乱している。とりわけ¶441は、次に掲げた邦訳の太字部分から原文の意味を取るのは不可能であり、この箇所を参照する際には注意が必要である。

¶441. このように日本語ほど想像力と神話の創作に向かない言語は他にない。例えば、ヨーロッパ人が"the sttife [*sic*.] between Religion and Science," "宗教と科学との間の争い"という言い方をした時、**日本人はRを頭文字にもつどこかとSを頭文字にもつどこかとの争いと感違いするかもしれない。**

そしてこれらをある現実の問題、野望や目的・征服、また支持者の指導と鼓舞、侮辱の報復などに必要な特性についての問題にいつの間にか移ってしまう。
(丸山・岩崎訳、pp. 279-280、強調は引用者による)

¶441. Thus no language lends itself less to the imaginative and mythopoeic faculty than does Japanese. When, for instance, **a European** speaks of "the strife between Religion and Science," **he very likely spells these names with a capital R and a capital S,** and unconsciously slides into regarding them as being, in some sort, actual things, even individualities capable of aspirations, aims, and conquests, of teaching and sustaining their devotees, of revenging themselves on those who slight them, etc., etc. (pp. 279-280, emphasis added)

Chamberlainの *Handbook* には第2版に基づく大久保恵子訳 (1992) もある。丸山・岩崎訳が「本邦初全訳」をうたっているのに対し、大久保訳は前半のTheoretical Partのみを訳出したものであるが、上の箇所を大久保訳で見ると、次のようにほぼ原文を反映したものとなっている。

¶441. したがって日本語ほど想像と神話に向かない言葉はない。例えば西欧人が宗教Religionと科学Scienceの対立について話をするとき大文字RとSをつけて表記し、いつの間にかある種の現実物と見なすようになり、信ずるものを教え支え、軽んずるものには復讐することを熱望し、目指し、勝ち取ることなどの出来る個体とさえ見るようになる。　　　　　　　　(大久保訳、p. 237)

15. 例えば、(i) 性の区別を付ける言語 (i-A) と付けない言語 (i-B)、(ii) 使役文に

するヴォイスの概念を日本語に適用し、「幇助言」なる品詞の下位類に「勢相（voice）」の幇助言を置くという、かなり行き届いた近代的記述が見られる。前者の記述は上田萬年の有名な「P音考」(1898)における議論と密接に関わり、後者は大槻文彦の『語法指南』(1889)や『廣日本文典』(1897)における「相の助動詞」との関連が注目される。那珂の『國語學』に言及した比較的少数の先行研究を見ると、四種類の刊行年が挙げられている。それらは、① 1889年、② 1890年、③ 1891年、④ "1889年～1891年" という記述であるが、一つの著作について、なぜこれほど矛盾した記述があるのかを説明している文献はなく、そもそもこうした疑問が呈されたこともない。仮に①が正しいとすると、『國語學』と「語法指南」は同じ年の刊行物であることになり、現在「大槻文法」と呼ばれている日本文法の記述方式が、事実として大槻だけに遡るのか、という重大な学史上の問題さえ生じかねない。こうした問題意識を背景として、本稿では那珂通世『國語學』の来歴を探り、その刊行年をめぐる混乱を可能な限り整理しようと試みた。

第6章　大槻文彦と Chamberlain の系譜
～受動使役をめぐる記述の歴史～

〔初出情報〕『學習院大學 文学部 研究年報』第57輯、2010（pp. 101-149）。刊行年月は2011年3月。「大槻文彦とチェンバレンの系譜 ～助動詞連結の普遍性と個別性を論じ、受動使役をめぐる記述の歴史に及ぶ～」というタイトルで掲載された論文であるが、載録にあたって前半部に削除と加筆を施した。それに伴って副題も変更した。

〔内容紹介〕使役化と受動化を連続的に適用する「ヴォイスの複合」は、可能な組み合わせやその統語的効果が言語によって異なる。日本語の場合、使役受動（「～させられる」）は自由に許されるが、受動使役（「～られさせる」）は一般に不自然である。後者の受動使役については、「多くの言語で制限されている」(Dowty (1979))、「おそらくすべての言語で不可能である」(Vitale (1981))などの記述を目にするので、日本語はこうした記述を支持する言語であるように見える。しかし、「弟子を滝に打たれさせる」のように、さほ

ど不自然とは言えない例も存在するため、日本語が受動使役を一律に禁じているのかどうかは必ずしも明らかではない。そこで、この現象が従来どのように記述されてきたのかを調査したところ、明治時代から現代に至るまで、受動使役を可とする立場と不可とする立場が並存し続けていることが明らかとなった。本稿では、これら二つの記述的系譜が大槻文彦 (1889) と Chamberlain (1888) に遡ることを指摘し、この現象の取り扱いを研究史の中に位置づけると共に、ヴォイスの複合を「助動詞の相互承接」に含めて考える日本語学の伝統についても考察を加えた。

第7章 言語の "Genius" と「國語の本性」
〜個別言語の特性をめぐるいくつかの学史的問題〜

〔初出情報〕日本エドワード・サピア協会第26回大会 (2011年10月15日、北海道大学) における共同発表「サピアの Genius と『國語の天性』をめぐって」の原稿に基づく。この原稿の前半は、斉木・鷲尾 (2012c)「サピアの "Genius" とその歴史的背景」として『日本エドワード・サピア協会 研究年報』第26号 (pp. 45-57) に掲載されているが、今回の載録にあたっては、紙数制限のため割愛した元原稿の後半部に改訂を加えて復活させた。なお、上記発表を準備していた頃、筆者らは山田孝雄が「ハイゼの獨逸文典」(*Deutsche Grammatik*) を実際に所有していたこと、そして山田の蔵書が現在でも富山市立図書館に蔵されていることを突き止めていたので、斉木・鷲尾 (2012c) の冒頭部分でこの事実を報告すると共に、「**『日本文法論』とハイゼの獨逸文典 II**」(本書第3章) の原稿において、発見の経緯などをさらに詳しく記述していた。今回、斉木・鷲尾 (2012c) を本書第7章に組み込むにあたり、第3章との重複が目立ったので、「ハイゼの獨逸文典」に関わる箇所は第3章に譲ることにして、第7章からは削除した。なお、本書の元になった原稿は、部分的に斉木・鷲尾 (2012a)『日本文法の系譜学』にも組み込まれている。

〔内容紹介〕日本語の性格を根本で規定している特性について、山田孝雄は「國語の本性」という表現を用いて考察し、それを「國民性」という概念と結

初出情報と内容紹介

第1章　研究史の諸問題

〔**初出情報**〕未刊行論文の内容を部分的に組み込んで書き下ろした。第5章の初出情報（p. 278）を参照。

〔**内容紹介**〕本書の副題で用いた「研究史の空白」ということの意味を、いくつかの具体的な事例に基づいて解説し、併せて、研究史に取り組んできた共著者の視点や問題意識、本書所収論文の背景などについても概観している。日本語のハ行子音をめぐる、いわゆる「P音説」を取り上げた議論では、同じような趣旨の記述が概説書などで繰り返されることにより、特定の見解が分野の常識として定着してしまう可能性（**研究史における「累積効果」**）について論じたが、同様の効果は、研究史の様々なレベルで、様々な形で生じている。ある著作に注目すべき理由があり、それに対する評価を従来の研究史で確認してみると、例えば山田孝雄の国語学史から現代の『日本語学研究事典』に至るまで、その著作への言及が一切見られない、あるいは、別の著作について、その優れた洞察を従来の研究史がどのように評価してきたのかを確認してみると、特定の視点からの評価が大勢を占め、それが繰り返されるのみであり、その著作に見出しうる潜在的な意義が見過ごされたまま現在に至っている――こうした事態は、研究史に取り組んでいるとしばしば経験する。本書第1章および他の章では、このような事例のいくつかを具体的に論じているが、これは決して先行研究を批判することが目的ではなく、研究史という比較的地味な分野にあっても、新たな発見や新たな立論が常に可能であること、したがってこの分野にも、新たな世代による貢献の余地が充分に残されていることを、特に若い世代の方々に伝えたいという思いからであ

る。

　近代以降の日本語研究は、西洋諸語との対比における日本語の特質に目を向け、「対照的視点」（Contrastive Perspective）による興味深い観察を積み重ねてきた。筆者らは前著『日本文法の系譜学』以来、こうした研究に先鞭をつけた日本人学者として大槻文彦や山田孝雄を位置づけてきたが、日本語の特質を論じた従来の研究の中には、他の言語にも見られる一般的な現象を「日本語の特質」と見なしていたり、日本語と対比された西洋諸語の分析が不充分な一般化に基づいていたり、その議論の前提自体を見直す必要が生じる事例も少なくない。第1章では、日本語の動詞活用の起源に関する大野晋（1955）の議論を具体例として、こうした点にも考察を加えている。本書は基本的に研究史を扱うものであるが、必要に応じて言語現象の具体的な分析も提示している。

第2章　『日本文法論』とハイゼの獨逸文典

　〔**初出情報**〕『人文』8号、2009（pp. 43-98）。刊行年月は2010年3月。第2章所収論文の内容は、誤植の類を訂正した以外はほぼ初出のまま。

　〔**内容紹介**〕山田孝雄は『日本文法論』において、西洋文典の模倣による日本文典の不備を的確に指摘しつつ、自らは西洋文典の綿密な研究を踏まえ、「國語の本性に適合」した独自の文法体系を構築したと言われる。この文脈で必ず言及されるのがスウィートの英文典とハイゼの獨逸文典、そしてヴントの心理学である。スウィートやヴントについては、『日本文法論』に見られる引用文の出典を容易に特定できるため、引用の妥当性も含め、彼らの著作と『日本文法論』の関係を原典にあたって検証することができる。しかし、「ハイゼの獨逸文典」と呼ばれるものが正確に何を指し、計175行にも及ぶドイツ語の文章が、どの文典のどの箇所から引用されているのかは、これまでの研究でも正確には特定されていない。ハイゼの氏名についてさえ、文献には若干の混乱が見られる。

　こうした現状に鑑み、本稿は『日本文法論』が引くハイゼの原典を特定しようと試みたものである。ハイゼが残した3系統の文典は、それぞれに極

引用文献

愛知学芸大学附属図書館（編）(1961)『B. H. Chamberlain 文庫蔵書目録 ——附・略年譜——』愛知学芸大学附属図書館.
有馬道子 (2012)「サピアの『本物の文化』——言語・文化・パーソナリティの関係——」『日本エドワード・サピア協会研究年報』26: 21-30.
池上嘉彦 (1981)『「する」と「なる」の言語学』大修館書店.
池上嘉彦 (1997)「日本語は〈悪魔の言語〉？」『日本エドワード・サピア協会研究年報』11: 23-48.
石綿敏雄・高田誠 (1990)『対照言語学』おうふう.
井上和子 (1976)『変形文法と日本語　上』大修館書店.
井上優 (2001)「日本語研究と対照研究」『日本語文法』1.1: 53-69.
上田萬年 (1889)「日本言語研究法」上田萬年 (1903), pp. 166-180.［平凡社版, 2011, pp. 350-362］
上田萬年 (1890)「歐米人の日本言語學に對する事跡の一二」上田萬年 (1903), pp. 181-193.［平凡社版, 2011, pp. 363-373］
上田萬年 (1898)「P音考」上田萬年 (1903), pp. 32-39.［平凡社版, 2011, pp. 234-240］
上田萬年 (1903)『國語のため　第二』冨山房.［安田敏明（校注）『国語のため』平凡社, 2011］
上谷宏 (1898)『中等教育新體日本文典』八尾書店.
臼田寿恵吉 (1909)『日本口語法精義』松村三松堂.
内田智子 (2005)「上田万年「P音考」の学史上の評価について」『名古屋大学　国語国文学』97: 98-84 ［(1)-(15)］.
梅谷博之 (2008)『モンゴル語の使役接辞 -UUL と受身接辞 -GD の意味と構文』博士論文, 東京大学.
梅原恭則 (1979)「解説」『論集 日本語研究7　助動詞』有精堂, pp. 307-320.
大久保忠利 (1968)『日本文法陳述論』増補版 (1982), 明治書院.［引用は増補版による］
大﨑紀子 (2006)『チュルク語・モンゴル語の使役と受動の研究 ——キルギス語と中期モンゴル語を中心として——』博士論文, 京都大学.
大島正健 (1896)「ハヒフヘホ古音考」『六合雑誌』192: 1-5 (563-567). 大島正健 (1898)『音韻漫録』, pp. 81-89.［同書への載録にあたって「附記」(pp. 89-96) を加筆］

大島正健（1898）『音韻漫録』内外出版協會．

大槻文彦（1889）「語法指南」『日本辭書言海』所収．［単行本は小林新兵衞発行 1890; 北原保雄・古田東朔（編），勉誠社，1996］

大槻文彦（1889）『日本辭書言海』第一冊（1889）〜第四冊（1901）［飛田良文・松井栄一（編）『日本辞書 言海』大空社，1998；『言海』筑摩書房，2004］

大槻文彦（1897）『廣日本文典』『廣日本文典別記』三木佐助（大阪）他．［復刻版『廣日本文典・同別記』勉誠社，1980］

大槻文彦（1898）「和蘭字典文典の譯述起原（一）〜（三）」『史學雜誌』9.3: 189-201; 9.5: 384-398; 9.6: 465-475.

大槻文彦（1902）『復軒雑纂』慶文堂．［鈴木広光（校注）『復軒雑纂 1 〜国語学・国語国字問題編〜』平凡社，2002．三分冊で刊行予定］

大槻文彦（1909）「學界之偉人 大槻文彦氏（一）〜（八）」東京日々新聞に連載．［「大槻博士自傳」『國語と國文學』（1928）5.7: 38-52；「大槻文彦先生御自傳記」山田俊雄（編）（1980）『圖録日本辭書言海』大修館書店，pp. 48-54．本文での引用は後者による］

大槻文彦（訳）（1886）『言語篇』翻刻版，有隣堂．［青史社復刻，1985. Chambers and Chambers（1875）参照］

大野晋（1955）「万葉時代の音韻」『万葉集大成 6』平凡社，pp. 287-330.

大野晋（1968）「日本人の思考と述語様式」『文学』1968 年 2 月号，145-156.

大野晋（1976）「日本語研究の歴史（2）」『岩波講座 日本語 1 日本語と国語学』岩波書店，pp. 231-274.

岡三慶（1887/1891³）『新撰末着漢文典』出雲寺．

小笠原長道（1876）『日本小文典』川勝徳次郎．

岡田正美（1900）『新式日本文法』上巻，大日本圖書．

生越直樹（2002）「日本語・朝鮮語における連体修飾表現の使われ方」生越直樹（編），pp. 75-98.

生越直樹（編）（2002）『対照言語学』東京大学出版会．

生越直樹・木村英樹・鷲尾龍一（編）（2008）『ヴォイスの対照研究 —東アジア諸語からの視点—』くろしお出版．

小田条次郎・藤井三郎・桜井勇作（1872）『袖珍字書』学半社．

尾上圭介（2001）『文法と意味 I』くろしお出版．

筧五百里（1928a）「大槻文彦博士年譜」『國語と國文學』5.7: 23-38.

筧五百里（1928b）「大槻博士傳補遺」『國語と國文學』5.7: 78-82.

筧五百里（1955）「上田万年」国語学会（編）『国語学辞典』項目，p. 49.

影山太郎（1996）『動詞意味論 —言語と認知の接点—』くろしお出版．

加藤周一（2006）『『日本文学史序説』補講』かもがわ出版．［筑摩書房 2012，本書での引用は筑摩書房版より］

金井保三（1901）『日本俗語文典』宝永館．

金澤庄三郎（1903）『日本文法論』金港堂．

金澤庄三郎 (1910)『日韓兩國語同系論』三省堂.
亀田次郎 (1909)『國語學概論』博文館.
菅野裕臣 (1982)「ヴォイス:朝鮮語」, 森岡健二他 (編)『講座 日本語学』第 10 巻, 280-291. 明治書院.
北原保雄 (1981)『日本語助動詞の研究』大修館書店.
北原保雄 (1996)「解説」古田東朔・北原保雄 (編) (1996) 所収, pp. 3-38.
北原保雄・古田東朔 (編) (1996)『語法指南』復刻版, 勉誠社.
北原保雄・他 (編) (1981)『日本文法事典』有精堂.
木村英樹 (2012)『中国語文法の意味とかたち ——「虚」的意味の形態化と構造化に関する研究——』白帝社.
木村英樹・鷲尾龍一 (2008)「東アジア諸語にみるヴォイスの多様性と普遍性 ——序に代えて——」生越直樹ほか (編), pp. 1-20.
金田一京助 (1912) → Sweet (1900)
金田一京助 (1946)「チェインバレンと日本言語学」『あんとろぽす』1.2.『金田一京助全集』第一巻. 三省堂, pp. 303-307.
金田一春彦 (1955)「標準日本口語法」国語学会 (編)『国語学辞典』東京堂.
金田一春彦 (1981)『日本語の特色』日本放送出版協会.
金田一春彦 (1982)『日本語セミナー 一』筑摩書房.
釘貫亨 (2011)「専門知『国語学』の創業 ——橋本進吉の音韻史——」釘貫亨・宮地朝子 (編), pp. 173-192.
釘貫亨・宮地朝子 (編) (2011)『ことばに向かう日本の学知 名古屋大学グローバル COE プログラム』ひつじ書房.
國廣哲彌 (1967)『構造的意味論:日英両語対照研究』三省堂.
窪寺紘一 (2009)『東洋学事始 ——那珂通世とその時代——』平凡社.
栗野忠雄 (訳) (1886)『英文典直譯』柳河鋮次郎.
栗野忠雄 (訳) (1887)『スウヰントン氏英文典直譯』日新館.
栗野忠雄 (訳) (1887)『ピネヲ氏英文典直譯』日新館.
慶應義塾 (1869)『ピネヲ氏原版英文典』慶應義塾讀本, 尚古堂.
国語学会 (編) (1955)『国語学辞典』東京堂.
国語学会 (編) (1980)『国語学大辞典』東京堂.
國語調査委員會 (編) (1916)『口語法』国定教科書共同販売所.
國語調査委員會 (編) (1917)『口語法別記』国定教科書共同販売所.
小島好治 (1939)『國語學史』復刻版 (山田孝雄校閲, 1970) 刀江書院.
此島正年 (1976)『国語学史概説』桜楓社.
斉木美知世 (2007)『被動性をめぐる比較文法論的考察 ——構文の連続性と離散性に関する事例研究——』博士論文, 筑波大学.
斉木美知世 (2008a)「「君を咲き誇ろう」の意味解釈 ——複合動詞の他動性をめぐって——」『日本エドワード・サピア協会研究年報』22: 23-34.
斉木美知世 (2008b)「松下文法と被動表現の分類 ——「所有物」が意味するもの——」

『論叢 現代文化・公共政策』7: 103-131.
斉木美知世 (2010)「文学作品に見る複合動詞の語法 ──三島由紀夫の「笑い殺す」を中心に──」『日本エドワード・サピア協会研究年報』24: 15-26.
斉木美知世・鷲尾龍一 (2009)「ヴォイスの複合 ──受動使役をめぐる大槻文彦とChamberlainの系譜──」第19回『中日理論言語学研究会』(2009年9月25日, 同志社大学大阪サテライト).
斉木美知世・鷲尾龍一 (2010a)「『日本文法論』とハイゼの獨逸文典」『人文』8: 43-98.【本書第2章】
斉木美知世・鷲尾龍一 (2010b)「『日本文法論』とハイゼの獨逸文典 II」未刊行論文.【本書第3章】
斉木美知世・鷲尾龍一 (2010c)「松下大三郎と非対格仮説の論理」未刊行論文.
斉木美知世・鷲尾龍一 (2012a)『日本文法の系譜学 ──国語学史と言語学史の接点──』開拓社.
斉木美知世・鷲尾龍一 (2012b)「Lijdend/Passiveの訳述起原」『人文』10: 31-50.【本書第4章】
斉木美知世・鷲尾龍一 (2012c)「サピアの"Genius"とその歴史的背景」『日本エドワード・サピア協会 研究年報』26: 45-57.
斉木美知世・鷲尾龍一 (2012d)「ヴォイスの複合 ──記述の歴史と現在──」影山太郎・沈力 (編)『日中理論言語学の新展望3 語彙と品詞』くろしお出版, pp. 1-49.
斉木美知世・鷲尾龍一 (2012e)「『長嶋善郎:サピアと多言語比較研究 (2003)』について」第27回『日本エドワード・サピア協会研究発表会』(2012年10月27日, 上智大学).
斉木美知世・鷲尾龍一 (2013)「思考・文化・文学・言語」第10回『認知言語学の学び方』(2013年3月30日, 東京大学駒場キャンパス).
斎藤秀三郎 (1884)『スウヰントン氏英語學新式直譯』日進堂.
斎藤倫明・大木一夫 (編) (2010)『山田文法の現代的意義』ひつじ書房.
佐伯梅友・中田祝夫・林大 (編) (1961)『国語学』国語国文学研究史大成15, 三省堂.
佐伯哲夫 (1983)「受動使役態」『国語学』135: 96-99.
阪倉篤義 (1957)「助動詞はどのように研究されて来たか」『國文學 解釋と鑑賞』258: 2-7.
阪倉篤義 (1966)『語構成の研究』角川書店.
佐久間鼎 (1941)『日本語の特質』育英書院. 復刻版 (1995), くろしお出版.
佐藤喜代治 (編) (1977)『国語学研究事典』明治書院.
佐藤滋・堀江薫・中村渉 (編) (2004)『対照言語学の新展開』ひつじ書房.
佐藤信夫 (1978)『レトリック感覚』講談社.
山東功 (2002)『明治前期日本文典の研究』和泉書院.
重松信弘 (1939)『國語學史概説』東京武蔵野書院.
柴谷方良 (2002)「言語類型論と対照研究」生越直樹 (編) (2002), pp. 11-48.

四宮憲章（1899）『時文正誤新解日本文法』明法堂／中學書院.
四宮憲章（1906）『国語文法提要』博報堂.
司馬凌海・他（1872）『和譯獨逸辞典』春風社.
司馬凌海（1871）『獨逸文典字類』春風社.
柴田昌吉・子安峻（1873）『附音插図英和字彙』日就社.
清水康行（2000）「『国語学』という選択」『国語学』200: 12-14.
神保格（1922）『言語學概論』岩波書店.
新村出（1928）「波行輕唇音沿革考」『國語國文の研究』16: 1-13. 新村出（1942），pp. 292-308.
新村出（1929）「國語に於ける FH 兩音の過渡期」大塚史學會（編）『三宅博士古稀祝賀記念論文集』岡書院，pp. 181-190. 新村出（1942），pp. 309-321.
新村出（1933）『言語學概論』岩波講座日本文學 20，岩波書店.
新村出（1935）『言語學概論』日本文學社.
新村出（1942）『東亞語源志』荻原星文館. [初版は岡書院，1930]
新村出（1943）『言語學序説』星野書店.
杉本つとむ（1993）「『英文鑑』の研究」杉本つとむ（編）（1993）所収，pp. 583-673.
杉本つとむ（編）（1993）『英文鑑 —資料と研究—』ひつじ書房.
杉本つとむ・岩淵匡（編）（1994）『新版 日本語学辞典』おうふう.
關根正直（1891）『国語学』弦巻書店.
關根正直（1895）『普通國語學』六合館.
關根正直（1928）「大槻博士を憶ふ」『國語と國文學』5.7: 71-75.
ソ・ジョンス（서정수）（1996）『국어 문법』서울: 한양대학교 출판원.
大學南校助教（訳）（1870）『插圖訓譯英文典直譯』大學南校開版.
多賀貫一郎（訳）（1880）『獨逸セーフェル文法書』競英堂.
高橋新吉・他（1869）『改正増補和譯英辭書』Shanghai: American Presbyterian Mission Press.
滝浦真人（2009）『山田孝雄 —共同体の国学の夢—』講談社.
田中義廉（1874）『小學日本文典』田中義廉.
谷千生（1887）『ビーンチェンツェチャンブレン氏日本小文典批評』山岸彌平.
土屋元作（1912）『新學の先驅』博文館.
寺村秀夫（1975）「『表現の比較』ということについて」『日本語と日本語教育 —発音・表現篇—』文化庁・国立国語研究所. 『寺村秀夫論文集 II』くろしお出版，1992.
寺村秀夫（1976）「『ナル』表現と『スル』表現」『日本語と日本語教育 —文字・表現篇—』国立国語研究所. 『寺村秀夫論文集 II』くろしお出版，1992.
東條操（1937）『國語學新講』刀江書院.
東條操（1948）『新修國語學史』星野書店.
東條操（1965）『国語学新講』（新改修版）筑摩書房.
時枝誠記（1940）『國語學史』岩波書店.

徳田浄（1936）『國語法査説』文學社.
戸田忠厚（訳）(1871/1883)『英文典獨學』戸田忠厚.
飛田良文・遠藤好英・加藤正信・佐藤武義・蜂谷清人・前田富祺（編）(2007)『日本語学研究事典』明治書院.
外山滋比古（1973）『日本語の論理』中央公論社.
外山滋比古（1976）「日本語の特質」伊東俊太郎・他（編）『日本人の価値観』研究社出版.
富山市立図書館（編）(1999)『山田孝雄文庫目録　洋装本の部』富山市立図書館.
富山市立図書館（編）(2007)『山田孝雄文庫目録　和装本の部』富山市立図書館.
豊田實（1939）『日本英學史の研究』岩波書店.
那珂通世『國語學』金港堂．［刊行年の推定については第5章を参照］
中島操（1879）『小學文法書』萬象堂.
永嶋貞次郎（訳）(1870)『ピネヲ氏原版英文典直譯』尚古堂.
中西範（1884）『ブラウン氏英文典直譯』開新堂.
中根淑（1876）『日本文典』大角豊治郎.
中山緑朗（1985）「明治期の文法論と助動詞」『研究資料日本文法』⑦助辞編（三）助詞・助動詞辞典，明治書院，p. 81.
ナロック，ハイコ（2010）「『日本文法論』における文成立関連の概念とヨーロッパ言語学」斎藤・大木（編）.
ナロック，ハイコ（2013）「書評：斉木美知世・鷲尾龍一著『日本文法の系譜学：国語学史と言語学史の接点』」『日本語の研究』9: 87-92.
西川政憲（編）(1902)『中學新式勉學要訣』大學館.
仁科明（2008）「人と物と流れる時と ——喚体的名詞一語文をめぐって——」森雄一ほか（編），pp. 313-331.
西村義樹（1998）「行為者と使役構文」中右実・西村義樹『構文と事象構造』第II部，研究社.
西村義樹（2008）「換喩の認知言語学」森雄一ほか（編），pp. 71-88.
仁田義雄（1981）「西洋人の書いた日本文法」『月刊言語』(1981) 10.1: 72-79.
仁田義雄（2005）『ある近代日本文法研究史』和泉書院.
仁田義雄（2012）『日本語文法研究の歩みに導かれ』くろしお出版.
日本国語大辞典第二版編集委員会・小学館国語辞典編集部（編）(2000-2002)『日本国語大辞典』第2版，小学館.
芳賀矢一（1905）『中等教科明治文典』訂正再版，冨山房.
芳賀矢一（1913）『口語文典大要』文昌閣.
朴用萬（2013）『日・韓両言語の授受表現における対照研究』学位請求論文，筑波大学.
橋本進吉（1928）「波行子音の變遷について」市河三喜（編）『岡倉先生記念論文集』岡倉先生還暦祝賀会，pp. 196-207.『国語音韻の研究』橋本進吉博士著作集第4冊，岩波書店，1959, pp. 29-46.

鷲尾龍一（2010b）「ヴォイスの意味」澤田治美（編）『ひつじ意味論講座』第 1 巻，113-131. ひつじ書房．

鷲尾龍一（2010c）「サピアと現代のヴォイス研究」連続セミナー《サピアの現代性》第 2 回公開講義，日本エドワード・サピア協会第 25 回研究発表会（2010 年 10 月 23 日，専修大学）．

鷲尾龍一・斉木美知世（2011）「大槻文彦とチェンバレンの系譜 ——助動詞連結の普遍性と個別性を論じ，受動使役をめぐる記述の歴史に及ぶ——」『學習院大學文學部研究年報』57: 101-149.【本書第 6 章参照】

渡部昇一（1991）「サピアの『言語』のジーニアスについて」『言語』20.5: 91-98.

渡邊實（1953）「叙述と陳述 ——述語文節の構造——」『國語學』13・14: 20-34.

渡邊實（1971）『国語構文論』塙書房．

渡邊實（1977）『日本語史要説』岩波書店．

Aissen, Judith (1974) Verb Raising. *Linguistic Inquiry* 5, 325-366.

Alfonso, Anthony (1974) *Japanese Language Patterns: A Structural Approach*. Vol. 2. Tokyo: Sophia University.

Baker, Mark (1988) *Incorporation: A Theory of Grammatical Function Changing*. Chicago: University of Chicago Press.

Beauzée, Nicolas (1767) *Grammaire générale*. 2 vols. Paris: J. Barbou.

Block, Bernard (1946) Studies in Colloquial Japanese III: Derivation of inflected words. *Journal of the American Oriental Society* 66, 304-315.

Brightland, John (1711) *A Grammar of the English Tongue: With Notes, Giving the Grounds and Reason of Grammar in General*. London: Printed for John Brightland. [A collection of facsimile reprints, no. 25. Menston: Scolar Press, 1967]

Brown, Goold (1823/1857) *The First Lines of English Grammar*. New York: Samuel S. & William Wood.

Bybee, Joan (1985) *Morphology: A Study of the Relation between Meaning and Form*. Amsterdam: John Benjamins.

Chamberlain, Basil Hall (1886) *A Simplified Grammar of the Japanese Language (Modern Written Style)*. London: Trübner & Co./Yokohama: Kelly & Walsh.

Chamberlain, Basil Hall (1888[1]; 1889[2]; 1898[3]; 1907[4]) *A Handbook of Colloquial Japanese*. London: K. Paul, Trench, Trübner & Co./Tokyo: The Hakubunsha. ［丸山和雄・岩崎摂子訳『チャンブレン著「日本口語文典」全訳』おうふう，1999／大久保恵子訳『チェンバレン「日本語口語入門」第 2 版翻訳』笠間書院，1999］

Chamberlain, Basil Hall (1890[1]; 1891[2]; 1898[3]; 1902[4]; 1927[5]; 1939[6]) *Things Japanese: Being Notes on Various Subjects Connected with Japan, for the Use of Travellers and Others*. London: K. Paul, Trench, Trübner & Co./Tokyo: The Hakubunsha. ［高梨健吉訳『日本事物誌』全 2 巻，平凡社，1969］

Chamberlain, Basil Hall (1879)『英語變格一覽』一貫堂.
Chamberlain, Basil Hall (1893)『チャムブレン英文典』白井練一（東京）他.
Chambers,William and Robert Chambers (1875) "Language," *Chambers's Information for the People*. Vol. II. Fifth edition. Edinburgh: W. & R. Chambers. Reprint: Eureka Press, 2005.
Chomsky, Noam (1957) *Syntactic Structures*. The Hague: Mouton.
Chomsky, Noam (1981) *Lectures on Government and Binding*. Dordrecht: Foris Publications.
Courant, Maurice (1899) *Grammaire de la langue japonaise parlée*. Paris: E. Leroux.
Dowty, David (1979) *Word Meaning and Montague Grammar*. Dordrecht: D. Reidel.
Ehrhard, Anne-Françoise (1998) *Die Grammatik von Johann Christian Heyse: Kontinuität und Wandel im Verhältnis von Allgemeiner Grammatik und Schulgrammatik (1814-1914)*. Berlin: Walter de Gruyter.
Élisséèv, Serge (1924) La langue japonaise. In Antoine Meillet and Marcel Cohen (eds.) *Les langues du monde*, 245-272. Paris: É. Champion.
Greenberg, Joseph H. (1966) Some Universals of Grammar with Particular Reference to the Order of Meaningful Elements. In Greenberg (ed.) *Universals of Language*. Cambridge, Mass.: M.I.T. Press.
Harris, James (1751) *Hermes: or, A Philosophical Inquiry Concerning Language and Universal Grammar*. London: Printed by H. Woodfall for J. Nourse and P. Vaillant. [A reprint series of books relating to the English language, vol. 12, with explanatory remarks by Fumio Nakajima. Nan'un-do, 1982]
Hepburn, James Curtis (1872)『和英語林集成』第2版. Shanghai: American Presbyterian Mission Press.
Hepburn, James Curtis (1886)『和英語林集成』第3版. Shanghai: American Presbyterian Mission Press.
Huang, C. T. James (2010) *Between Syntax and Semantics*. New York: Routledge.
Humboldt, Wilhelm, Freiherr von (1836) *Über die Verschiedenheit des menschlichen Sprachbaues und ihren Einfluß auf die geistige Entwicklung des Menschengeschlechts*. Berlin: Druckerei der Königlichen Akademie der Wissenschaften. [*Wilhelm von Humboldts Werke*. Herausgegeben von Albert Leitzmann. Siebenter Band. Erste Hälfte. Einleitung zum Kawiwerk, 1907. *Wilhelm von Humboldts gesammelte Schriften*. Herausgegeben von der Königlich Preussischen Akademie der Wissenschaften. Berlin: B. Behr.]
Johnson, Samuel (1755) *A Dictionary of the English Language*. London: J. and P. Knapton, etc.
Kuroda, S.-Y. (1972) The Categorical and the Thetic Judgments. *Foundations of*

Language 9, 153-185.

Kuroda, S.-Y. (1995) *Sentences, Judgments, and Propositions, ms.* San Diego, University of California.

Lamarre, Christine (2008) The Linguistic Categorization of Deictic Direction in Chinese: with Reference to Japanese. In Dan Xu (ed.) *Space in Languages of China: Cross-linguistic, Synchronic and Diachronic Perspectives.* Springer Netherlands, pp. 69-97.

Lancelot, Claude and Antoine Arnauld (1660; 1664[2]; 1676[3]) *Grammaire générale et raisonnée.* Menston: Scolar Press, 1969. / Édition critique par Herbert E. Brekle, *Grammaire générale et raisonnée, ou la Grammaire de Port-Royal.* Stuttgart-Bad Cannstatt: Friedrich Frommann Verlag, 1966.［ポール・リーチ（編序），南館英孝（訳）『一般・理性文法』大修館書店，1972］

Lowell, Percival (1888) *The Soul of the Far East.* Boston: Houghton, Mifflin and Company.［川西瑛子訳『極東の魂』公論社，1977］

Maranzt, Alec (1984) *On the Nature of Grammatical Relations.* Cambridge, MA: MIT Press.

Martin, Samuel E. (1975) *A Reference Grammar of Japanese.* New Haven: Yale University Press.

Meillet, Antoine and Marcel Cohen (eds.) (1924) *Les langues du monde.* Paris: É. Champion.［泉井久之助（編），石濱純太郎他（訳）『世界の言語』朝日新聞社，1954］

Meillet, Antoine and Marcel Cohen (eds.) (1952) *Les langues du monde.* Nouvelle édition. Vol. 1. Paris: Centre national de la Recherche scientifique.

Müller, Friedrich Max (1861; 1866[5]) *Lectures on the Science of Language.* London: Longmans, Green and Co.

Pinneo, Timothy Ston (1854) *Pinneo's Primary Grammar of the English Language, for Beginners.* Revised and enlarged. Cincinnati: Winthrop B. Smith & Co.

Plaut, Hermann (1905) *Japanese Conversation-Grammar.* London: David Nutt.

Poppe, Nicholas (1970) *Mongolian Language Handbook.* Washington, D.C.: Center for Applied Linguistics.

Quackenbos, G. P. (1864) *First Book in English Grammar.* New York: D. Appleton and Company.

Sanzheyev, Garma D. (1973) *The Modern Mongolian Language.* Moscow: Nauka.

Sapir, Edward (1921) *Language: An Introduction to the Study of Speech.* New York: Harcourt, Brace and Company.［木坂千秋（訳）『言語――ことばの研究序説』刀江書院，1943．泉井久之助（訳）『言語――ことばの研究』紀伊國屋書店，1957．安藤貞雄（訳）『言語――ことばの研究序説』岩波書店，1998］

Sapir, Edward (1949) *Selected Writings of Edward Sapir in Language, Culture, and Personality.* David Goodman Mandelbaum (ed.). Berkeley and Los Angeles:

University of California Press. [平林幹郎（訳）『言語・文化・パーソナリティ──サピア言語文化論集──』北星堂書店, 1983]

Saussure, Ferdinand de (1916; 1922²; 1931³; 1949⁴; 1955⁵) *Cours de linguistique générale*, publié par Charles Bally et Albert Sechehaye. Paris: Payot. [小林英夫（訳）『言語學原論』岡書院, 1928；『言語學原論』改譯新版, 岩波書店, 1940；『一般言語学講義』岩波書店, 1972]

Saussure, Ferdinand de (2002) *Écrits de linguistique générale*. S. Bouquet et R. Engler (eds.). Paris: Gallimard.

Sayce, A. H. (1880) *Introduction to the Science of Language*. 2 volumes. London: C. Kegan Paul & Co.

Schäfer, Edmund (1850) *Leitfaden beim Unterrichte in der deutschen Sprache*. Köln: M. DuMont-Schauberg.

Shibatani, Masayoshi (1990) *The Languages of Japan*. Cambridge: Cambridge University Press.

Street, John Charles (1963) *Khalkha Structure*. Bloomington: Indiana University.

Sweet, Henry (1892-1898) *A New English Grammar: Logical and Historical*. Part I (1892), Part II (1898). Oxford: Clarendon Press.

Sweet, Henry (1900) *The History of Language*. London: J. M. Dent & Sons. [金田一京助（訳）『新言語學』子文社, 1912.『金田一京助全集 第一巻』三省堂, 1992.]

Swinton, William (1878) *New Language Lessons*. New York: Harper & Brothers.

Talmy, Leonard (1985) Lexicalization Patterns: Semantic Structure in Lexical Forms. In Timothy Shopen (ed.), *Language Typology and Syntactic Description: Vol. 3. Grammatical Caetgories and the Lexicon*. Cambridge: Cambridge University Press., pp. 36-149.

Vitale, Anthony J. (1981) *Swahili Syntax*. Dordrecht: Foris Publications.

Washio, Ryuichi (1989-1990) The Japanese Passive. *The Linguistic Review* 6, 227-263.

Washio, Ryuichi (2006) Kobayashi, Hideo (1903-1978). *Encyclopedia of Language & Linguistics, Second Edition*, volume 6, pp. 228-229. Oxford: Elsevier.

Washio, Ryuichi (2006) Tokieda, Motoki (1900-1967). *Encyclopedia of Language & Linguistics, Second Edition*, volume 12, pp. 740-741. Oxford: Elsevier.

Washio, Ryuichi (2006) Yamada, Yoshio (1873-1958). *Encyclopedia of Language & Linguistics, Second Edition*, volume 13, p. 722. Oxford: Elsevier.

Washio, Ryuichi (2013) Voice. Unpublished, Gakushuin University.

Watanabe, Shoichi (1991) Sapir's Idea 'genius'. *Newsletter of the Edward Sapir Society of Japan* 5: 81-82.

Weintz, Henry J. (1904) *Hossfeld's Japanese Grammar*. Vol. 1. London: Hirschfeld Brothers.

Wells, Charles (1880) *A Practical Grammar of the Turkish Language (as Spoken and Written)*. London: Bernard Quaritch.
Whitney, William Dwight (1888) *The Life and Growth of Language*. New York: D. Appleton and Company.
Wierzbicka, Anna (1979) Ethnosyntax and the Philosophy of Grammar. *Studies in Language* 3: 313-383.
Wundt, Wilhelm (1900) *Völkerpsychologie: Eine Untersuchung der Entwicklungsgesetze von Sprache, Mythus und Sitte. Erster Band: Die Sprache.* Leipzig: W. Engelmann.

あとがき

"And now, my dear Watson, I think we may dismiss the matter from our mind and go back with a clear conscience to the study of those Chaldean roots which are surely to be traced in the Cornish branch of the great Celtic speech."
——Sherlock Holmes

　本書に収めた既発表論文、あるいは『日本文法の系譜学』でそれらに触れた箇所に対しては、多くの方々が書面で、あるいは口頭で、好意的な感想やコメントを寄せてくださった。筆者らが見逃していた誤植などを指摘してくださった方々も少なくない。口頭発表の際にも、多くの方々から有益なコメントを頂戴した。また、これらの論文を準備している過程では、さらに多くの方々から有形無形のご支援を賜った。

　神田外語大学名誉教授の井上和子先生、学習院大学名誉教授でいらした長嶋善郎先生、山梨県立文学館館長の三枝昂之先生、立教大学の阿部珠理先生からは、機会のあるごとに励ましの言葉を掛けていただき、筆者らはそのたびに勇気づけられた。鹿児島大学の三輪伸春名誉教授は、山田孝雄関連の貴重な蔵書を惜しげもなく提供してくださるなど、筆者らの共同研究を応援してくださった。本書に収めた論文のいくつかに対して、あるいは関連する筆者らの研究に対しては、東京大学の上野善道名誉教授、尾上圭介名誉教授、木村英樹教授、生越直樹教授、西村義樹教授、上智大学の加藤泰彦名誉教授、福井直樹教授、東京外国語大学の早津恵美子教授、成蹊大学の森雄一教授、聖心女子大学の山田進教授、小柳智一教授、麗澤大学の井上優教授、慶

應義塾大学の霜崎實教授、武蔵野音楽大学の堺和男教授、東北大学の小野尚之教授、大東文化大学の里見繁美教授、学習院大学の佐々木隆教授、安部清哉教授、金田智子教授、前田直子教授、その他多くの方々が有益なご意見や好意的な感想を寄せてくださった。

同志社大学の沈力教授、そして東京大学の大堀壽夫教授と西村義樹教授は、それぞれが主催する研究会に筆者ら二人を呼んでくださり、貴重な共同発表の機会を与えてくださった。『中日理論言語学研究会』(第19回、同志社大学大阪サテライト・オフィス)、『認知言語学の学び方』(第10回、東京大学駒場キャンパス)に参加された方々からも有難いコメントを頂戴した。また、本書の一部に関わる内容について、共著者の一人(鷲尾)は単独でも何度か口頭発表する機会があった。特に東京外国語大学「国際日本研究センター」の研究会(『外国語と日本語との対照言語学的研究』第9回)では、早津恵美子教授をはじめとする同センターの研究者諸氏と有益な意見交換を行うことができた。

学習院大学ドイツ語圏文化学科の岡本順治教授、高田博行教授、渡辺学教授からは、本書第3章の草稿に対して貴重なコメントを頂戴した。学識深い三教授との遣り取りはハイゼのドイツ文典からフンボルトにまで及んだが、それは純粋にアカデミックな至福の時間となり、授業や業務の間隙を縫うようにして原稿を準備する辛さを、しばし忘れることができた。

本書第2章に載録した「『日本文法論』とハイゼの獨逸文典」以来、富山市立図書館の亀澤祐一さんからは格別のご支援を賜っている。山田孝雄文庫の蔵書を調査した際には様々な便宜を図ってくださり、筆者らは予想以上の成果を上げることができたが、とりわけハイゼの *Deutsche Grammatik* については、筆者らが希望するすべてのページを写真に撮ってくださっただけでなく、本書に原文を掲載できるように、精密なコピーまで用意してくださった。本書第3章に掲載した *Deutsche Grammatik* の原文は、今後の山田文法研究に資するところ大であると筆者らは思っているが、それもすべて

亀澤さんのご尽力と富山市立図書館のご協力あってのことである。

　亀澤さんは山田孝雄や松下大三郎についての造詣が深く、初めてお会いした時には、すでに筆者らの『日本文法の系譜学』も読んでくださっていたが、富山市立図書館を訪問した際には、亀澤さんのご友人である元富山県総合教育センター所長の神島達郎さんともお会いする機会があった。神島さんは山田孝雄の研究家でもあり、「山田孝雄先生を探る」などの論考も発表しておられるので、我々はお会いしてすぐに、玄人同士の山田孝雄談義を楽しむことができた。

　本書の刊行については、前著『日本文法の系譜学』と同様に開拓社の川田賢さんが全面的に面倒を見てくださった。企画の段階で原稿に目を通してくださった川田さんは、「これを開拓社から出版できるのは光栄だが、本書に相応しい読者を広く獲得するには、出版社を選んだ方がよい、日本語学に強い出版社を自分が紹介するので、そちらから出版したらどうか」という趣旨の提案をしてくださり、その場で複数の出版社名を挙げてくださった。いずれも有名どころであり、確かに出版社名だけで読者が増えるように思われた。有難いお話であったが、我々の考えは少し違っていたので、それを川田さんにお伝えしたところ納得してくださり、最終的に開拓社が出版を引き受けてくださることになった。「我々の考え」をここで述べる必要はないと思うので省略するが、いずれにしても、本書は『日本文法の系譜学』と密接に関わる——テーマによってはその基礎をなす——論考を含むものであり、同じ開拓社から出版できたことを我々は心から嬉しく思っている。

　このところ研究史の再構成に取り組んできた筆者らの活動は、本書によって一段落したと感じているが、学史研究の過程においては、言語分析自体についてもいくつかの着想が得られたので、今後しばらくはその方面の研究にも時間を使えればと思っている。この「あとがき」に附したエピグラフは、筆者らのこうした気持ちに符合するものであるが、参考までに、以下に邦訳

の一つを掲げておく。

　「さあ、ワトスン、事件のことは頭から追い出して、さっぱりした気分でカルディア語の語源の研究に戻ろうじゃないか。偉大なケルト語の一分派のコーンウォール語のなかに、その痕跡を発見することができるんじゃないかと思うんだ」
　　　　　（大久保康雄・訳『シャーロック・ホームズ最後の挨拶』ハヤカワ文庫）

これはホームズが言語学に関心をもっていたことを示す一節でもあるので、その点でも本書を締め括るに相応しいエピグラフになったのではないかと思う。

　前著に対する様々な論評を見聞きする機会が増えるにつれ、本書『国語学史の近代と現代』は斯界でどのような命運を辿るのだろうかと、本書の行く末に思いを巡らせる時間も増えてきた。ありふれた言葉しか浮かばないが、やはり期待と不安が入り混じった気持ちで、思い切って本書を世に送り出す。共著者それぞれの両親、そして本書に関わってくださったすべての方々に感謝しつつ。

　　2013 年 10 月 31 日

　　　　　　　　　　　　　　　　　　　　　　　　　　　斉木美知世
　　　　　　　　　　　　　　　　　　　　　　　　　　　鷲　尾　龍　一

索　引

1. 「事項」と「人名」に分け、人名は日本語表記（五十音順）とローマ字表記（アルファベット順）に分ける。
2. 山田孝雄、ハイゼ、那珂通世など、関連項目の多い人名は「事項」にも見出しを立てる。
3. 見出しの下に下位レベルの見出しを立てる場合がある。
4. 波ダッシュ（〜）は、すぐ上のレベルの見出し語を代替する。
5. 下位レベルの見出しの配列は内容によってまとめた場合があり、必ずしも五十音順ではない。最上位の見出しはすべて五十音順。
6. 数字はページ数を表わす。

[事　項]

あ

愛知学芸大学附属図書館　273
アイヌ語　5, 23, 33
アメリカ構造主義　203, 204, 205
脚結（富士谷成章）　231
依拠性（松下大三郎）　78, 79
一般理論文法学（松下大三郎）　29
伊呂波歌留多　256
岩手大学図書館　145, 165
上田萬年
　〜と日本文法論の系譜　211
　〜と反普遍文法　→反普遍文法主義
　「言語及び其教授法」　135, 136, 137, 168
　「P 音考」　vi, 3, 4, 5, 6, 7, 8, 10, 11, 12, 13, 31, 32, 33, 34, 132, 279
　→上田萬年［人名］

ヴォイス（Voice）　12, 36, 122, 125, 126, 135, 142, 158, 159, 162, 175, 176, 177, 178, 179, 181, 183, 185, 191, 192, 202, 207, 208, 271, 279, 280
　〜形式の偏り　202, 203
　〜の転換　76, 191, 202, 267
　〜の複合　181, 182, 183, 184, 185, 190, 191, 192, 207, 208, 279, 280
　　→受動使役、使役受動
　西洋的〜　12, 158
　脱西洋的〜　12, 158
　訳語の変遷　179
受身　75, 76, 77, 78, 95, 121, 125, 173, 174, 178, 179, 180, 181, 187, 193, 194, 195, 196, 200, 207, 208, 245, 253, 266, 267, 268, 269
　→受動
「受身」（用語）　2, 107, 108, 109, 121, 122, 123, 124, 125, 126, 127, 130, 277, 278
　従来の初出認定　123

301

新たな初出認定　→「ウケミ」「受ケ身」
「劍術、柔術、等の專門語より探れり」　122, 127
　　→「働掛」「助動詞」
「ウケミ」（用語）　123, 124, 126
「受ケ身」（用語）　125, 126, 127
有情　266, 267
　　→非情、無情、無生物
英学　119, 124, 127, 129
英語　18, 20, 61, 75, 79, 108, 112, 113, 114, 115, 118, 119, 120, 122, 127, 129, 193, 215, 216, 217, 218, 220, 221, 222, 227, 231, 232, 239, 245, 248, 249, 250, 251, 252, 253, 255, 257, 259, 260, 262, 269, 271
エネルゲイア　81, 221
大槻文彦
　〜と日本文法論の系譜　211
　〜自伝　114, 128
　〜の矛盾　15, 16
　大槻文法　15, 76, 135, 211, 212, 225, 230, 231, 279
　　対照研究の先駆けとしての〜　15
　「和蘭字典文典の譯述起原」　107, 122, 127, 128, 278
　『言語篇』　32, 113, 114, 115, 129
　　→『チェンバーズ百科全書』(Chambers's Information for the People)
　『口語法別記』　200
　『廣日本文典』　5, 12, 13, 33, 76, 107, 109, 122, 123, 124, 126, 127, 129, 132, 157, 158, 159, 160, 161, 162, 165, 166, 187, 188, 190, 191, 192, 194, 195, 197, 198, 199, 200, 208, 279
　『廣日本文典別記』　15, 16, 128, 129, 157, 158, 159, 161, 162
　「語法指南」　vi, 2, 12, 76, 108, 109, 110, 113, 114, 115, 116, 118, 122, 123, 124, 126, 127, 128, 129, 135, 157, 158, 160, 161, 162, 163, 164, 165, 166, 194, 197, 198, 231, 278, 279
　『日本辞書 言海』　109, 113, 115, 116, 118, 128, 135, 147, 157, 158, 160, 161, 162, 163, 164, 234
　『復軒雜纂』　128
　　→大槻文彦［人名］
「思い遣り」（松下大三郎）　235, 236
オランダ語　21, 108, 120, 122, 127, 278

か

概括力（山田孝雄）　228, 230, 234, 238
ガイスト　221
概念語（山田孝雄）　230, 231, 232, 237, 239
外来語　234
返り読み式翻訳　119, 125
挿頭（富士谷成章）　231
価値からの独立　15, 225
活用連language表　173
可能　142, 159, 189, 193, 194, 195, 196, 197, 208
亀田次郎
　〜と反普遍文法主義　28
　〜文庫　135
　〜本　→那珂通世［事項］
　『亀田次郎旧蔵書目録』　135, 136
　『國語學概論』　133
　　→亀田次郎［人名］
含意的普遍特性（implicational universals）　→グリーンバーグ［事項］、山田孝雄［事項］
関係語（山田孝雄）　228, 230, 231, 232, 237, 238, 239
関係代名詞　45, 49, 50, 61, 62
還元的説明　18, 214, 236, 260, 265, 266, 269, 281
　〜における因果関係の立証　229, 234, 236, 273
漢語　108, 112, 226, 227, 229, 234
韓国語　→朝鮮語
「寛大さ」（山田孝雄）　233, 234

観念語・観念部（山田孝雄）　230, 232, 233, 237, 238, 239
慣用句化　202
「起原」「起源」（表記）　128
気質（temperament）　214, 228, 229, 241, 243, 262, 264, 281
擬人化　26, 27, 244, 245, 246, 247, 248, 249, 250, 251, 252, 255, 256, 257, 258, 268, 269, 273, 281
　　〜と性の区別　→性の区別
　　〜と想像力　→想像力
　　〜と尊称　→尊称
　　〜と中国語　244, 245
　　〜と無生物主語　→チェンバレンの一般化
　　「日本語は擬人化しない」　26, 27, 248, 249, 250, 255, 257, 258, 269
擬人法　→擬人化
擬態語　227
規範
　　〜意識　204
　　〜文法　205
疑問代名詞　49
共進會
　　萬國言語の〜　16
局所的順序（local ordering）　177, 178, 180
　　→全体的順序
極東の精神　18, 213, 259, 260, 261, 262, 265, 266, 281
『極東の魂』　→ローウェル［事項］
ギリシャ語　243
キルギス語　184
金港堂　136, 139, 143, 145, 147, 151, 152, 153
近代日本法政史料センター（東京大学）
　　→明治新聞雑誌文庫
グリーンバーグ（Greenberg, J. H.）
　　〜の含意的普遍特性　237, 273
グリムの法則　32
句論　50, 53, 83, 212, 267
　　→文論（Satzlehre）
慶應義塾　119, 121

ゲーニウス　221
結合価（Valence）　175, 176
『言海』　→『日本辭書言海』
研究史　1, 2, 3, 6, 10, 12, 15, 26, 27, 28, 30, 33, 34, 36, 47, 63, 128, 132, 179, 186, 187, 240, 254, 255, 269, 270, 271, 275, 276, 280, 281
　　〜における累積効果　3, 6, 255, 275, 281
　　〜の空白　vii, 1, 2, 12, 13, 27, 157, 214, 255, 275, 281
　　〜分野の活性化　27, 28, 30
言語学
　　アメリカ〜　220, 222, 240
　　西洋〜　4, 6, 30, 31, 32, 115, 211, 213
　　対照〜　→対照研究
　　比較〜　10, 33, 211, 218
言語学史　29, 35, 132, 158, 213, 222, 240, 245, 248, 255, 266, 271
　　グローバルな〜　v, 35, 215, 266, 271
言語と国民性　→国民性
言語の drift　→ドリフト（drift）
言語の genius/génie/Genius　→ジーニアス
『言語篇』　→大槻文彦［事項］
喉音　5, 13, 37, 38
攻玉社　140
合成性（compositionality）　188
構造主義　→アメリカ構造主義
『廣日本文典』　→大槻文彦［事項］
『廣日本文典別記』　→大槻文彦［事項］
『古今和歌集』　256
国語
　　〜の天性（大槻文彦）　15, 17, 29, 213, 265, 280, 281
　　〜の本性（山田孝雄）　17, 18, 23, 27, 39, 211, 212, 213, 219, 224, 231, 232, 238, 239, 258, 259, 265, 276, 280, 281
　　〜優秀説　225, 226
　　→日本語、個別言語、ジーニアス
『國語學』　→那珂通世［事項］
国語学史　4, 10, 12, 13, 14, 17, 23, 26,

27, 29, 30, 31, 33, 34, 63, 117, 124, 131, 132, 133, 158, 164, 211, 214, 226, 240, 245, 248, 250, 255, 275, 278, 281
『国語学辞典』(国語学会)　10, 11, 13, 131
『国語学大辞典』(国語学会)　11, 134
國語調査委員會　196, 200
『國語と國民性』　→山田孝雄［事項］
国粋主義　29, 30, 225
国民気質　→気質 (temperament)
国民性　18, 35, 225, 226, 228, 229, 230, 233, 234, 235, 236, 237, 238, 239, 241, 242, 262, 264, 265, 266, 281
国立教育政策研究所教育研究情報センター　165
国立国語研究所　136, 137, 150
国立国会図書館　135, 136, 137, 138, 145
『国立国会図書館蔵書目録』　134, 155
語種の比率　234
語順　213, 231, 232, 233, 237, 239
語性　212, 213, 265
『國歌大觀』　30
『國光』(雑誌)　153, 155
個別言語　17, 18, 79, 180, 211, 212, 213, 214, 222, 226, 231, 238, 239, 265, 280, 281
　　～主義　17, 213, 231, 239
　　→国語の天性、国語の本性、ジーニアス
個別文法　29
　　→普遍文法
「語法指南」　→大槻文彦［事項］
固有語　234
語論　39, 50, 52, 63, 82, 212
　　→詞論 (Wortlehre)

さ

サピア (Sapir, E.)
　　～と"drift"の概念　→ジーニアスをめぐる「サピア的革新」
　　～と"genius"の概念　→ジーニアス
　　～と山田孝雄　18, 213, 214, 234, 240, 241, 242, 265, 281
　　～と Humboldt　213, 214, 215, 221
　　～と Lowell　261, 262, 263, 264, 281
　　～と Saussure　→ジーニアスに対する批判的見解
　　～と Whitney　→ジーニアスに対する批判的見解
　　言語文化論をめぐる「サピア的見解」　229, 241, 260, 264, 270
　　　～と Chamberlain の見解　260
　　→個別言語、国民気質、国民性、スウィート［事項］、山田孝雄［事項］、Sapir, E.［人名］
ジーニアス (genius/génie/Genius)
　　～とドリフト→ドリフト (drift)
　　～に対する批判的見解　219, 220, 222, 265, 266
　　～をめぐる「サピア的革新」　222, 224
　　genius (英語)　17, 18, 23, 27, 29, 80, 211, 213, 214, 215, 216, 217, 218, 219, 220, 221, 222, 223, 224, 243, 258, 262, 264, 265, 266, 273, 280, 281
　　génie (フランス語)　216, 217, 218, 221, 222, 224
　　Genius (ドイツ語)　221, 224
　　→国語の本性、個別言語
使役
　　～化　181, 183, 184, 204, 279
　　～相　188, 189, 190, 191, 195, 196, 199
　　～態　186, 188, 197
　　～の受動　→使役受動
　　～文　182, 185, 205, 257, 269
　　受動の～　→受動使役
　　無生物主語の～　→無生物主語
使役受動　182, 185, 186, 191, 195, 200, 201, 204, 279
思考の鋳型 (mold/mould of thought)　261, 262
思考の溝 (thought-groove)　261
指示代名詞　49

「思想問題小輯」(文部省)　225
実践女子大学図書館　136, 137
実名詞　124
自動詞　27, 76, 77, 78, 94, 159, 160, 194, 198, 249, 250, 268
詞と辞　174, 177, 178
支那語　212, 231, 233
自発　161, 162, 163, 208
「しむ」(助動詞)　179, 180, 187, 188, 189, 190, 191, 192, 197, 198, 199, 208
　　〜と「す・さす」の区別　190, 198, 199, 200
　　受動＋しむ　188, 189, 190, 192, 197, 198, 199, 200, 201
主語昇格排他性　209
受動
　　〜化　76, 77, 78, 181, 182, 184, 279
　　〜形　183, 193, 203
　　〜態　81, 121, 123, 124, 125, 188, 193, 197
　　〜の使役　→受動使役
　　〜表現　202, 203
　　〜文　76, 77, 121, 183, 185, 202, 204, 205, 209, 253, 266, 268, 269, 273, 281
　　使役の〜　→使役受動
　　自動詞〜　76, 77, 78, 268
　　非人称〜　78, 79
　　→受身、ヴォイス
受動使役　173, 174, 183, 184, 185, 186, 187, 190, 191, 192, 194, 195, 196, 197, 198, 199, 200, 201, 202, 203, 204, 205, 206, 208, 279
　　「多くの言語で制限されている」　184, 204, 279
　　「おそらくすべての言語で不可能」　183, 184, 204, 279
　　「普通には用いぬ」　196, 205
　　「実例はめったに見られない」　202
　　大槻文彦の系譜　173, 187, 195, 196, 197, 279
　　チェンバレンの系譜　173, 192, 279
　　第三の系譜　195, 196, 201, 204

受令動　198
春風社　121
自用語(山田孝雄)　230, 232, 237, 239
上代日本語　11, 179, 180
所活言　122
所相　122, 123, 126, 188, 189, 190, 195, 196, 199
助動詞
　　〜の相互承接　173, 174, 175, 176, 177, 178, 179, 180, 181, 184, 186, 191, 192, 208, 209, 236, 280
「助動詞」(用語)　107, 108, 109, 110, 111, 112, 113, 114, 115, 116, 117, 118, 120, 121, 123, 124, 129, 277, 278
　　従来の初出認定　108, 109, 116, 117, 118
　　新たな初出認定　109, 120, 121
　　三つの意味　116
　　新語としての〜　112
「助働詞」(表記)　111, 112, 115, 121, 128, 129
　　→ヘボン[事項]
所用詞　122
詞論(Wortlehre)　50, 54, 84, 105
唇音　5, 8, 9, 10, 12, 13, 32, 37, 38
『新言語學』(金田一京助)→スウィート[事項]
「進行」の意味と形式
　　大野晋の分析　18, 19, 20, 21
　　英語における〜　20
　　西洋諸語における〜　20, 21, 22
　　朝鮮語における〜　21, 22
新ブルームフィールド学派　203
「す・さす」と「しむ」　→「しむ」(助動詞)
スウィート(Sweet, H.)
　　〜と山田孝雄　213, 218, 219, 239, 242, 276, 281
　　〜と"genius"の概念　213, 218, 219
　　「言語と国民性」　242, 243, 245, 273, 281
　　The History of Language　230, 242, 243, 244, 245, 272, 273

『新言語學』(金田一京助) 212, 242, 243, 244, 269
　→性の区別と擬人化、Sweet, H.［人名］
スル型言語とナル型言語 27, 240, 250, 251, 259
スワヒリ語 183, 206
清音 4, 5, 7, 8, 9, 13, 37, 38
正書法 43, 62, 81, 108, 122
　～会議(ドイツ) 43, 62
生成文法 205, 225
勢相
　大槻文彦における～ 159, 188, 189, 190
　那珂通世における～ 135, 142, 159, 279
　吉岡郷甫における～ 195
性の区別 257, 261
　～と擬人化 257
　→擬人化、スウィート［事項］、ローウェル［事項］
生物と無生物 →無生物
西洋言語学 →言語学
西洋諸語 18, 21, 39, 108, 116, 213, 228, 239, 248, 254, 256, 259, 261, 262, 266, 268, 269, 276
西洋式日本文典 27, 107, 112, 124, 140
西洋文典 24, 32, 39, 40, 52, 82, 104, 212, 219, 239, 276
線状性(ソシュール) 232
全体的順序(global ordering) 177, 178, 180
　→局所的順序
創造性 246
想像力 35, 244, 246, 256, 260, 262, 266, 272, 273
　→擬人化、スウィート［事項］、チェンバレン［事項］、ローウェル［事項］
俗字 →「動詞」「働詞」(表記)
ソシュール(Saussure, F.)
　～と"génie"の概念 →サピア［事項］、ジーニアス

尊称(松下大三郎) 235, 273
　擬人化と～ 273

た

対格(4格) 79, 106
体言 232, 237
　代名～ 140, 153, 166
「体言」「體言」(表記) 140, 166
対照研究 15, 18, 22, 23, 36, 78, 276
代名詞 25, 52, 82, 124, 230, 238
濁音 4, 5, 7, 8, 9, 13, 34, 37, 38
他動詞 27, 75, 76, 77, 93, 94, 95, 123, 159, 160, 194, 198, 247, 248, 250, 253, 260, 266, 267, 268
玉川大学図書館 165
『チェンバーズ百科全書』(*Chambers's Information for the People*) 31, 113, 114
　→『言語篇』(大槻文彦)
チェンバレン(Chamberlain, B. H.)
　～に対する従来の評価法 23, 24, 25, 26, 27, 255
　～の一般化 255, 256, 258, 269, 281
　～の系譜 →受動使役
　「日本語は擬人化しない」 →擬人化
　A Handbook of Colloquial Japanese vi, 18, 23, 25, 26, 27, 194, 245, 247, 248, 249, 250, 252, 253, 254, 255, 256, 258, 259, 260, 271, 273, 280
　　諸版の異同 259, 260
　　第2版 259, 272
　　第3版の邦訳 249, 272
　　第4版における修正 256
　A Simplified Grammar of the Japanese Language 23, 258, 273
『英語變格一覽』 114, 115
『チャムブレン英文典』 114
『B. H. Chamberlain 文庫蔵書目録』 273
『日本小文典』 23, 24, 26, 130, 250
　→極東の精神、Chamberlain, B. H.

［人名］
チチェワ語　183
千葉師範學校　14, 164
中京大学豊田図書館　165
中国語　185, 229, 230, 231, 232, 243, 244, 245, 251, 271
中古日本語　7, 190, 191, 192, 236
抽象名詞　246
中性名詞　247
朝鮮語　8, 9, 19, 21, 22, 36, 176, 180, 181, 182, 185, 207, 270
　　南北〜の違い　207
陳述　40, 174, 232, 233
陳述語・陳述部（山田孝雄）　230, 231, 232, 233, 237, 239
ドイツ語　2, 16, 20, 21, 43, 46, 47, 49, 62, 65, 71, 77, 78, 79, 81, 113, 118, 220, 221, 231, 239, 252, 267, 269, 273, 276, 281
　　→ハイゼの獨逸文典
ドイツ文字　43, 68, 76, 81
『東京學士會院雑誌』　153, 155
東京女子師範學校　140
東京大学文学部図書室　136, 137
『東京日々新聞』　128
「動詞」「働詞」（表記）　129
俗字としての「働」　128
動詞構文　246, 248, 256　→名詞構文
『獨逸文典字類』　118
富山市立図書館　63, 66, 80, 280
ドリフト（drift）　221, 222, 223
　　→サピア［事項］
トルコ語　180, 181, 182, 183, 184, 206, 208

な
名（富士谷成章）　231
長崎県立長崎図書館　80
那珂通世
　　〜と文法會　162, 163
　　〜とP音説　12, 13, 14, 132, 164, 278
　　〜と大槻文彦の相互引用　158, 159, 160, 161, 162
　　〜と三宅米吉　143, 144
　　〜と脱西洋的ヴォイス　12, 158
　　〜の回想　163
　　→那珂通世［人名］
『國語學』　vi, vii, 12, 13, 14, 32, 37, 38, 131, 132, 133, 134, 135, 136, 137, 138, 139, 140, 141, 142, 143, 144, 145, 146, 147, 148, 149, 150, 151, 152, 153, 154, 155, 156, 157, 158, 159, 160, 161, 162, 163, 164, 165, 278, 279
　　研究史の空白としての〜　12, 13, 157, 278
　　〜における「普通教育」への言及　142
　　〜に見られる誤植の意味　153, 154, 165
　　刊行年の問題　132, 135
　　従来の刊行年記述　133, 134
　　連載記事であった証拠　153, 154, 165, 166
　　連載が可能であった期間　157
　　目次　140, 141
　　表題紙　142
　　P音説の引用　37, 38
　　諸本と所蔵図書館　137
　　国研本　137, 148, 150, 151, 152, 153, 155, 156, 158
　　亀田本　135, 136, 137, 138, 139, 141, 144, 148, 149, 156
　　→『普通教育』
名古屋市鶴舞中央図書館　136, 137
ナル型言語　→スル型言語とナル型言語
日本エドワード・サピア協会　35, 223, 270, 280
日本語
　　〜の語順　→語順
　　〜の特質　18, 21, 22, 35, 176, 177, 225, 226, 234, 237, 246, 249, 252, 256, 258, 261, 265, 266, 276
　　〜の文法　23, 24, 30, 47, 111, 112,

116, 117, 127, 175, 196, 203, 204
→国語
『日本国語大辞典』 108, 109, 110, 115, 123, 278
日本語論 18, 22, 27, 245, 255, 262, 266, 281
『日本辞書言海』 →大槻文彦［事項］
『日本小文典』（小笠原長道） 112, 115, 123, 124, 126, 127, 130
日本文学の特徴 35
『日本文法の系譜学』 v, viii, ix, 6, 12, 15, 16, 17, 28, 29, 30, 31, 32, 36, 77, 129, 130, 132, 142, 158, 162, 163, 166, 183, 207, 211, 224, 225, 237, 238, 270, 271
『日本文法論』 →山田孝雄［事項］
『日本文法論』（金澤庄三郎） vi, 8, 10
『日本文法論 上巻』 →山田孝雄［事項］
「『日本文法論』とハイゼの獨逸文典」 2, 65, 72, 276, 277 →本書第2章
「『日本文法論』とハイゼの獨逸文典 II」 2, 277, 280 →本書第3章
人称代名詞 234, 261
認知言語学 256, 271
能相 122, 123, 126, 188
能動 109, 123, 124, 126
　　～形 77, 194, 202, 203
　　～表現 203

は

ハイゼ（Heyse, J. C. A.）
　　～の氏名 40, 41
　　～の著作 41
　　～の "Schulgrammatik"（「学校文法」） vii, 42, 45, 46, 47, 48, 62, 65, 67, 71
　　　第6版 42
　　　第9版 42
　　　第24版 42, 67
　　　第25版 46, 48, 49, 50, 61, 62
　　　第26版 vii, 46, 47, 48, 49, 50, 51, 52, 53, 54, 56, 57, 58, 59, 60, 61, 62, 64, 65, 68, 69, 70, 71, 82
　　　第27版 46, 50, 60, 61, 62, 64
　　　第28版 42, 277
　　　第29版 62
　　　書名の変更 42
　　　→「ハイゼの獨逸文典」
「ハイゼの獨逸文典」 vii, 1, 2, 40, 41, 45, 46, 62, 65, 66, 67, 68, 71, 218, 276, 277, 280
　　～の来歴 41, 42
　　～の編者（Otto Lyon） 42, 46, 64, 67
　　～原典の特定 46, 47, 48, 62, 65, 66
　　～原文と『日本文法論』の対応表 52, 53, 54, 55, 82, 83
　　～原文の誤植 64, 70, 71, 80, 87, 89
　　～をめぐる残された謎 58, 59, 60, 62, 65, 66
　　大久保忠利による間接引用 40, 41
　　山田孝雄による誤植の訂正 70, 71, 87, 89
　　『日本文法論』における誤植あるいは引用ミス 40, 41, 43, 44, 57, 64, 71, 72, 73, 74, 75, 81, 267, 281
　　　"Fähigkeit" と "Thätigkeit" 75, 76, 81, 87
　　『山田孝雄文庫蔵書目録』で見つけられなかった理由 66, 67, 68
　　山田孝雄が引用しなかった箇所 77, 78, 79
ハ行子音 3, 4, 5, 8, 9, 10, 11, 13, 14, 23, 31, 33, 34, 37, 38, 132, 164, 275, 278
波行子音 →ハ行子音
「働掛」（用語） 107, 109, 122, 123, 124, 126, 127, 277, 278
　　従来の初出認定 123
　　新たな初出認定 →「ハタラキカケ」「働キカケ」
　　「剣術、柔術、等の専門語より採れり」 122, 127
「ハタラキカケ」（用語） 123, 124, 126
「働キカケ」（用語） 125, 126, 127
ハリス（Harris, J.）

索　引　309

〜の品詞分類　238, 239
→ 普遍文法、山田孝雄［事項］
半濁音　5, 7, 13, 38
反普遍文法主義　28, 29
　　上田萬年門下における〜　28, 29
　　松下文法批判の背景としての〜　28, 29, 30
　　八杉貞利に見る〜　28
範列関係（rapport paradigmatique）　181
「P 音考」　→ 上田萬年［事項］
P 音説　3, 5, 6, 8, 11, 12, 13, 23, 27, 31, 33, 34, 37, 132, 164, 275, 278
　　〜をめぐる新たな論点　27, 31, 32
　　那珂通世の〜　→ 那珂通世［事項］
比較言語学　→ 言語学
被業詞　122
被使役態　186
非情　267, 268, 269
　→ 有情、非情、無生物
否定代名詞　262
被動　268
　　人格的〜　268
被動活用　122
被動詞　122, 127, 278
非人称受動　→ 受動
非人称表現　252
ピネオ（Pinneo, T. S.）
　　『ピネオ氏原版英文典』（慶應義塾）　119
　　『ピネオ氏原版英文典直譯』（永嶋貞次郎）　117, 119, 120, 121, 124, 126, 127
『百科全書』（文部省）　→『チェンバーズ百科全書』（Chambers's Information for the People）、『言語篇』（大槻文彦）
比喩　246, 256, 266, 271
被令態　187
品詞　24, 25, 26, 108, 111, 116, 117, 124, 129, 130, 135, 212, 213, 250, 271, 279
　　〜の組織と分類　24, 27, 39, 213, 230, 231, 238, 239
　　→ ハリスの品詞分類
複合動詞　202, 209

複語尾（山田孝雄）　53, 83, 179, 180, 191, 192, 231
副用語（山田孝雄）　230, 231, 232, 237, 239
『普通教育』（雑誌）　133, 139, 140, 141, 142, 143, 144, 145, 146, 147, 148, 149, 150, 151, 153, 154, 155, 156, 157, 158, 164, 165, 167
　　「第一集」と「第二集」　143
　　「第一集」（第 1 冊〜第 13 冊）の目次　167, 168, 169, 170, 171
　　〜の表示（写真）　149
　　『國語學』が連載された可能性のある期間　146, 157
　　「發行の趣旨」（三宅米吉）　143, 144
　　第 14 冊以降が存在した証拠　148, 149
　　稀覯本としての〜　143
　　従来の書誌情報　145
　　発行回数の変更　150
「普通國語學」　14, 133, 134, 164
普遍文法　17, 28, 29, 30, 35, 213, 224, 238, 239, 271
　　→ 反普遍文法主義
フランス語　16, 20, 21, 22, 216, 217, 218, 221, 263
文論（Satzlehre）　50, 55, 63, 105, 106
別清音　38
ヘボン（Hepburn, J. C.）
　　〜と P 音説　4
　　『和英語林集成』　108, 109, 110, 115, 116, 120, 278
　　　序文　111, 112, 129
　　　第 2 版　111, 113, 115, 118, 120
　　　第 3 版　108, 109, 110, 111, 115, 116, 121, 129, 278
　　→「助動詞」（用語）
　　→ Hepburn, J. C.［人名］
ボアズ学派　240
ホイットニー（Whitney, W. D.）
　　〜と"genius"の概念　→ サピア［事項］、ジーニアス
幇助言（那珂通世）　14, 135, 141, 142,

165, 279
ポール・ロワイヤル文法 vi, 217, 224
補助動詞 117, 185
沒我的態度（山田孝雄） 233, 234, 235, 239, 240, 261
「没個性」(impersonality) →ローウェル [事項]
梵語 16

ま

松下大三郎
　〜と S.-Y. Kuroda 270
　〜とヴォイスの複合 197, 201, 206, 209
　〜と普遍文法論 28, 29, 213
　〜の「国民性」論議 235, 236
　「松下文法は学界に受け入れられなかった」 28, 29
　松下文法批判の背景としての「反普遍文法主義」 →反普遍文法主義
　『國歌大觀』に対する評価とその学史的意義 30
　→依拠性、一般理論文法学、「思い遣り」、尊称、利益態、松下大三郎 [人名]
マラヤーラム語 183
民族統語論 226
無情 266
　→有情、非情、無生物
無生物 27, 246, 249, 257, 263, 266, 268, 281
　生物と〜 263, 266
　〜主語 27, 248, 249, 250, 251, 252, 255, 257, 258, 266, 268, 269, 273, 281
　　擬人化と〜 →チェンバレンの一般化
名詞 25, 52, 227, 228, 230, 231, 232, 235, 238, 246, 262, 263
　〜と性 →性の区別
　〜の複数形 262
名詞構文 246, 247

明治新聞雑誌文庫（東京大学） 143, 145, 146, 165
モンゴル語 180, 181, 183, 184, 208

や

山田孝雄
　〜と18世紀の普遍文法 238, 239
　　→ハリスの品詞分類
　〜と還元主義 18, 213, 214, 265, 269, 281
　〜と個別言語主義 →個別言語主義
　〜と富士谷成章 39, 230, 231
　「國語の本性」と含意的普遍特性 →グリーンバーグ [事項]
山田孝雄文庫（富山市立図書館） vii, 63, 66, 68, 70, 74
『山田孝雄文庫目録』 58, 66, 67, 68
『國語と國民性』 vi, 225, 226, 233, 234, 239, 240, 242, 258, 260
『日本文法論』 vi, vii, viii, ix, 39, 40, 41, 42, 43, 44, 46, 47, 48, 49, 50, 52, 53, 56, 57, 58, 59, 60, 61, 62, 63, 64, 65, 66, 71, 72, 74, 75, 76, 77, 79, 80, 81, 82, 84, 99, 179, 192, 195, 199, 212, 218, 224, 225, 226, 230, 231, 240, 266, 276, 277, 281
　諸版の書誌情報 73
　「1909年版」 80
　初版と復刻版の関係 72, 73
　初版と復刻版の違い 73, 74
　初版の正誤表 72, 73, 74
　『上巻』との違い 46, 59, 60, 62, 64, 65
　〜におけるハイゼからの引用箇所 52, 53, 82, 83
　〜における誤植あるいは引用ミス →「ハイゼの獨逸文典」
　"Fähigkeit" と "Thätigkeit" →「ハイゼの獨逸文典」
『奈良朝文法史』 vi, 179, 225
『日本文法学概論』 225
『日本文法論上巻』 46, 47, 58, 59,

60, 62, 64, 65
『平安朝文法史』 191, 225
→概括力、概念語、関係語、「寛大さ」、観念語・観念部、国語の本性、自用語、陳述語・陳述部、複語尾、副用語、没我的態度、礼譲の精神、サピア［事項］、スウィート［事項］、ハイゼ［事項］、山田孝雄［人名］
洋学 107, 127
用言 24, 153, 173, 231, 232, 237
「ヨーロッパ語」 19, 20, 21, 22
与格（3格） 49, 78, 79
装（富士谷成章） 231
四大文法 211

ら

ラテン語 16, 43, 129, 221
蘭学 107, 127, 278
利益態（松下大三郎） 236
令受動 198, 199
礼譲の精神（山田孝雄） 234, 235, 236, 261
令動 198, 199
連辞関係 (rapport syntagmatique) 181
ローウェル (Lowell, P.)
　〜と還元主義 213, 214
　〜と佐久間鼎 254
　従来の取り扱い 255
　The Soul of the Far East vi, 18, 27, 229, 230, 245, 254, 255, 258, 261, 262, 271, 272
　『極東の魂』（邦訳） 261, 264
　「思考の鋳型」としての母語 262
　「出来事は《起る》ものと見なされる」 254
　「没個性」(impersonality) 261, 262
　「礼儀正しさ」 261
　→性の区別と擬人化、Lowell, P.［人名］

わ

『和英語林集成』 →ヘボン［事項］

［人 名］

有馬道子 270
安藤貞雄 241, 263
安藤正次 28, 33, 34
飯島魁 168, 169, 170, 171
池上嘉彦 27, 221, 248, 251, 254, 256, 257
石川成章 128
石綿敏雄 36
出雲朝子 4, 13, 24, 31
伊勢紀美子 271
井上和子 205
井上哲次郎（巽軒） 129, 163
井上陳政 136, 137, 167, 168, 169, 170, 171
井上優 36
岩崎摂子 272
岩淵匡 13, 131
上田萬年 vi, 3, 4, 5, 6, 7, 8, 10, 11, 28, 29, 30, 31, 32, 33, 34, 132, 135, 136, 137, 168, 211, 279
　→上田萬年［事項］
上谷宏 194
上野清 167, 168, 170, 171
臼田寿恵吉 187
内田智子 3, 4, 5, 6, 10, 11, 12, 13, 28, 30, 31, 32, 33, 132, 164
内田嘉一 129, 169, 170, 171
梅谷博之 208
梅原恭則 116
大木一夫 67, 270, 271
大久保恵子 272
大久保忠利 40, 41
大﨑紀子 184
大島正健 5, 31, 33, 34
大瀬甚太郎 167, 168, 169, 170, 171

大槻玄幹　107
大槻文彦　vi, 2, 5, 12, 13, 14, 15, 16, 17, 31, 32, 33, 34, 60, 76, 107, 108, 109, 110, 113, 114, 115, 116, 117, 118, 121, 122, 123, 124, 126, 127, 128, 129, 132, 135, 140, 147, 157, 158, 159, 160, 161, 162, 163, 164, 165, 166, 173, 187, 188, 189, 190, 192, 195, 196, 197, 198, 200, 206, 211, 212, 213, 225, 230, 231, 265, 276, 278, 279, 280
　　→大槻文彦［事項］
大野晋　18, 19, 20, 21, 176, 177, 236, 245, 276
岡三慶　121
小笠原長道　112, 115, 123, 124, 126, 127, 130
岡田正美　209
岡本順治　63, 81, 273
生越直樹　36, 271
小田条次郎　118
尾上圭介　270
筧五百里　10, 11, 113, 162, 166
影山太郎　36, 251, 254
加藤周一　35
金井保三　186
金澤庄三郎　vi, 8, 10, 33, 34, 240
亀田次郎　28, 133, 135, 136, 137, 138, 139, 141, 144, 148, 149, 156
　　→亀田次郎［事項］
川西瑛子　261
菅野裕臣　207
菊池熊太郎　146, 147, 167, 168, 169, 170, 171
北原保雄　13, 109, 123, 131, 174, 177, 178, 186
木村英樹　36, 271
金田一京助　23, 24, 212, 242, 243, 265, 269
金田一春彦　28, 209, 251
釘貫亨　32, 33
グリーンバーグ　→Greenberg, J. H. ［人名］、グリーンバーグ［事項］
國廣哲彌　248

窪寺紘一　147
倉田伇作　147, 167, 169, 170, 171
栗野忠雄　120, 121
見坊豪紀　150
小島好治　13, 24, 131
此島正年　3, 11, 13, 24, 34, 131
小林英夫　vi, 63, 270
子安峻　113
近藤真琴　140
斉木美知世　12, 16, 17, 32, 35, 63, 65, 66, 67, 72, 77, 78, 79, 80, 81, 82, 129, 130, 132, 166, 181, 183, 185, 201, 202, 203, 207, 208, 209, 211, 224, 270, 271, 280
齋藤祥三郎　151, 152, 156, 167, 168, 170
斎藤秀三郎　112
斎藤倫明　67, 270, 271
佐伯梅友　24, 133, 134
佐伯哲夫　202, 209
阪倉篤義　109, 113, 117, 118, 174
佐久間文太郎　167, 168, 170, 171
佐久間鼎　vi, 27, 240, 251, 252, 253, 254, 255, 264
桜井勇作　118
佐藤喜代治　13, 131
佐藤滋　36
佐藤信夫　271
サピア　→Sapir, E.［人名］、サピア［事項］
山東功　129, 130, 134
重松信弘　13, 131
四宮憲章　198, 199
司馬凌海　118, 121
柴田昌吉　113
柴谷方良　36, 206
清水康行　134, 155
沈力　36
神保格　271
新保磐次　136, 150, 167, 168, 169, 170, 171
新村出　vi, 3, 28, 32, 33, 34
杉本つとむ　13, 130, 131
關根正直　133, 163, 164

ソ・ジョンス（서정수） 36
ソシュール →Saussure, F.［人名］、ソシュール［事項］
多賀貫一郎 113
高田博行 63, 81
高田誠 36
高津鍬三郎 152, 155, 167, 168, 169
高梨健吉 247
滝浦真人 270, 271
田口虎之助 169, 171
田中義廉 108, 110, 111, 112, 115, 116, 117, 120
谷千生 36
チェンバレン（チャンブレン、チエムバレン）→ Chamberlain, B. H.［人名］、チェンバレン［事項］
築島裕 5, 13, 23, 131, 132
土屋元作 118
鶴峯戊申 107
寺村秀夫 251
東條操 5, 117, 132, 133, 134, 211
時枝誠記 13, 23, 63, 131
德田淨 208
戸田忠厚 120
飛田良文 13, 25, 131
外山滋比古 245, 246, 247, 248, 251, 256, 271, 272
豊田實 119, 129
那珂通世 vi, vii, 12, 13, 14, 32, 37, 129, 131, 132, 133, 134, 135, 136, 137, 138, 139, 140, 141, 142, 143, 144, 145, 146, 147, 148, 149, 150, 153, 156, 158, 159, 160, 161, 162, 163, 164, 165, 166, 278, 279
　→ 那珂通世［事項］
永江正直 170, 171
中川謙二郎 167, 168, 169, 171
中川小十郎 167, 168
永嶋貞次郎 119, 121, 124, 125, 127
中島操 112, 115
中田祝夫 24
中西範 112
中根明 167, 168, 169

中根淑 vi, 111, 112, 115, 116, 124, 129, 162
中村渉 36
中山緑朗 116
ナロック、ハイコ viii, 29, 30, 66, 67, 80
南部義籌 129
西周 130
西川政憲 128
仁科明 270
西村義樹 36, 257, 271
仁田義雄 25, 124, 129, 270
能勢栄 167, 168, 169, 170, 171
ハイゼ →Heyse, J. C. A.［人名］、ハイゼ［事項］
芳賀矢一 173, 174, 176, 177, 179, 195, 196, 206, 209
朴用萬 36
羽栗洋斎 107
橋本進吉 33, 34, 173, 174, 187, 196, 201
馬場佐十郎 107
濱田敦 4, 6, 11, 132
林大 24
林吾一 153, 155
林哲郎 129, 271
早津恵美子 271
ハリス→Harris, J.［人名］、ハリス［事項］
春山弟彦 112, 115
ピネオ（ピ子ヲ）→ Pinneo, T. S.［人名］、ピネオ［事項］
平林幹郎 270
福井久藏 13, 14, 117, 133, 134, 135, 139, 140, 141, 144, 164, 165
福井直樹 17, 34, 35
福永静哉 13, 131
藤井惟勉 112, 115
藤井三郎 118
藤澤倉之助 199
藤澤親之 112, 115
富士谷成章 vi, 39, 230, 231
藤林普山（泰介） 107
古田東朔 5, 13, 15, 23, 47, 48, 63, 129, 131, 132

ホイットニー　→Whitney, W. D.［人名］、ホイットニー［事項］
保科孝一　187, 196
ホフマン　→Hoffmann, J.［人名］
堀江薫　36
前川一郎　153, 155
松下大三郎　vi, 17, 27, 28, 29, 30, 78, 79, 197, 201, 206, 209, 213, 235, 236, 266, 268, 269, 270, 271, 273
　→松下大三郎［事項］
馬渕和男　4, 13, 24, 31
丸山和雄　272
三上参次　152, 155
三木幸信　13, 131
三矢重松　192, 195, 197, 199, 200, 202, 206, 208, 209
峰是三郎　146, 147, 170, 171
宮岡伯人　270
三宅米吉　5, 12, 31, 32, 33, 34, 143, 144, 164, 167
宮地朝子　33, 270
三輪伸春　129
松村任三　167, 168, 169, 171
本居宣長　vi, 6, 7
本居春庭　255
元良勇次郎　151, 156, 167, 168, 169, 170, 171
森孫一郎　165, 167, 168, 169
森雄一　271
森岡健二　129
八杉貞利　28
安田敏朗　4, 32, 132
山崎忠興　153, 155
山田忠雄　63
山田廣之　201, 202, 206
山田孝雄　vi, vii, viii, ix, 1, 2, 13, 17, 18, 24, 33, 35, 39, 40, 41, 43, 44, 45, 46, 47, 48, 50, 58, 60, 61, 62, 63, 64, 65, 66, 67, 68, 70, 71, 72, 74, 76, 77, 78, 79, 80, 81, 82, 89, 131, 179, 180, 191, 192, 195, 197, 199, 200, 202, 206, 208, 209, 212, 213, 214, 219, 224, 225, 226, 227, 228, 229, 230, 231, 232, 233, 234, 235, 236, 237, 238, 239, 240, 241, 242, 258, 259, 260, 261, 265, 266, 268, 269, 271, 275, 276, 277, 280, 281
　→山田孝雄［事項］
山本正秀　245
横山由清　129, 162
吉岡郷甫　195, 196, 205
吉澤義則　13, 34, 131
ローウェル　→Lowell, P.［人名］、ローウェル［事項］
鷲尾龍一　12, 16, 17, 32, 35, 36, 63, 65, 66, 67, 72, 77, 80, 81, 82, 129, 130, 132, 166, 177, 181, 183, 185, 201, 202, 207, 208, 209, 211, 224, 270, 271, 280
渡部昇一　213, 214, 215, 216, 221, 222, 223, 263, 264
渡辺学　81
渡邊實　11, 174
渡邊議　146, 147, 167, 168, 169, 170, 171

Aissen, J.　205, 206, 208
Alfonso, A.　203
Bailey, N.　216
Baker, M.　183, 205
Batchelor, J.　4
Beauzée, N.　vi, 217
Benfey, T.　vi
Block, B.　203, 204, 205, 206
Bloomfield, L.　vi, 203
Boas, F.　vi, 240
Brightland, J.　217, 270
Brown, G.　112, 115, 119
Bybee, J.　175, 177, 180, 207
Chamberlain, B. H.　vi, 4, 5, 11, 23, 24, 25, 26, 27, 32, 33, 35, 114, 115, 130, 192, 194, 195, 203, 204, 213, 214, 240, 245, 247, 248, 249, 250, 251, 252, 253, 254, 255, 256, 257, 258, 259, 260, 261, 266, 269, 271, 272, 273, 279, 281
　→チェンバレン［事項］
Chambers, W. and R.　31, 113, 114
Chateaubriand　217
Chomsky, N.　vi, 205, 225

Cohen, M. 208
Condillac, É. 216, 217
Courant, M. 192, 193, 194
Dowty, D. 184, 204, 279
Edkins, J. 4, 5, 11, 33
Ehrhard, A.-F. 63
Élisséev, S. 196, 197, 206, 209
Greenberg, J. H. 237, 273
　→グリーンバーグ［事項］
Harris, J. vi, 238, 239
　→ハリス［事項］
Hepburn, J. C. 4, 108, 109, 110, 111, 112, 113, 115, 116, 118, 120, 121, 128, 129, 278
　→ヘボン［事項］
Heyse, J. C. A. vi, vii, viii, ix, 1, 2, 39, 40, 41, 42, 43, 44, 45, 46, 47, 49, 50, 51, 52, 53, 54, 56, 58, 60, 61, 62, 63, 64, 65, 66, 67, 68, 69, 70, 71, 74, 75, 76, 77, 78, 79, 82, 84, 88, 90, 93, 98, 218, 239, 276, 277, 280
　→ハイゼ［事項］
Heyse, K. W. L 42, 43
Heyse, P. J. L. 41
Hoffmann, J. vi, 4, 5, 8, 9, 33, 34
Huang, C. T. J. 271
Humboldt, W. vi, 81, 213, 214, 215, 218, 221
Johnson, S. 215, 216
Kersey, J. 216
Kuroda, S.-Y. 270
Lamarre, C. 271
Lancelot, C. and A. Arnauld →ポール・ロワイヤル文法［事項］
Lowell, P. vi, 18, 27, 35, 229, 230, 245, 248, 254, 255, 257, 258, 261, 262, 263, 264, 266, 271, 272, 273, 281
　→ローウェル［事項］
Lyon, O. 42, 46, 64, 67
Marantz, A. 205
Martin, S. E. 203, 204, 205, 206
Meillet, A. 208

Müller, F. M. 218
Murray, L. 119, 120
Paul, H. vi
Pinneo, T. S. 115, 119, 120, 121, 124, 126, 127, 139, 163
　→ピネオ［事項］
Plaut, H. 193, 194
Poppe, N. 184
Quackenbos, G. P. 119, 120, 121, 139, 163
Rodriguez, J. 190
Sanzheyev, G. D. 184
Sapir, E. vi, 18, 36, 80, 207, 213, 214, 215, 218, 220, 221, 222, 223, 224, 228, 234, 240, 241, 242, 260, 261, 262, 263, 264, 265, 266, 269, 270, 271, 280, 281
　→サピア［事項］
Satow, E. M. 4, 5, 11, 33
Saussure, F. de. vi, 222, 232, 240, 265, 266
　→ソシュール［事項］
Sayce, A. H. 218
Schäfer 113
Schleicher, A. vi
Spengler, O. 213, 214
Street, J. C. 184
Sweet, H. vi, 40, 98, 212, 213, 218, 219, 229, 230, 239, 242, 243, 244, 245, 257, 271, 272, 273, 276, 281
　→スウィート［事項］
Swinton, W. 112, 115, 119, 121
Talmy, L. 227
Vitale, A. J. 183, 184, 204, 279
Voltaire 217
Weintz, H. J. 193, 194
Wells, C. 183
Whitney, W. D. vi, 219, 220, 221, 222, 265, 266, 273
　→ホイットニー［事項］
Wierzbicka, A. 226
Wundt, W. 81, 276

著者紹介

斉木　美知世　（さいき　みちよ）

　日本学術振興会特別研究員などを経て、現在、国学院大学、大東文化大学、神奈川大学非常勤講師。博士（言語学）。日本エドワード・サピア協会編集委員。

　著書・論文：『被動性をめぐる比較文法論的考察 〜構文の連続性と離散性に関する事例研究〜』博士論文（筑波大学、2006）、「松下文法と被動表現の分類」『論叢 現代文化・公共政策』7（2008）、「言語の類型と結果表現の類型 〜いくつかの残された問題〜」『結果構文のタイポロジー』（共著、ひつじ書房、2009）、「文学作品に見る複合動詞の語法 〜三島由紀夫の「笑い殺す」を中心に〜」『日本エドワード・サピア協会研究年報』24（2010）、「二十年後のサピア 〜 Regna Darnell, *Edward Sapir* 2010 をめぐって〜」『日本エドワード・サピア協会研究年報』25（2011）、「ヴォイスの複合 〜記述の歴史と現在〜」『日中理論言語学の新展望 3　語彙と品詞』（共著、くろしお出版、2012）、"Review: *Degrammaticalization* by Muriel Norde, Oxford University Press, 2009"『英文学研究』89（2012）、『日本文法の系譜学 〜国語学史と言語学史の接点〜』（共著、開拓社、2012）など。

鷲尾　龍一　（わしお　りゅういち）

　学習院大学教授、筑波大学名誉教授。博士（言語学）。日本言語学会評議員、編集委員、日本英語学会評議員、日本エドワード・サピア協会会長。

　著書・論文："When Causatives Mean Passive: A Cross-Linguistic Perspective," *Journal of East Asian Linguistics* 2（1993）、"Does French Agree or Not?," *Lingvisticae Investigationes* 18（1994）、*Interpreting Voice: A Case Study in Lexical Semantics*（Kaitakusha, 1995）、「결과표현의 유형」『어학연구』33（1997）、"Resultatives, Compositionality and Language Variation," *Journal of East Asian Linguistics* 6（1997）、「上代日本語における助動詞選択の問題」『日本語文法』2（2002）、「일본어에서 본 조동사 선택 현상」『어학연구』38（2002）、「se faire と多言語比較研究」『フランス語学研究』37（2003）、"Auxiliary Selection in the East," *Journal of East Asian Linguistics* 13（2004）、"Unaccusativity and East Asian Languages,"『中国語学』253（2006）、『ヴォイスの対照研究 〜東アジア諸語からの視点〜』（共編著、くろしお出版、2008）、「Lijdend/Passive の訳述起原」『人文』11（共著、2012）、『日本文法の系譜学 〜国語学史と言語学史の接点〜』（共著、開拓社、2012）など。

国語学史の近代と現代
── 研究史の空白を埋める試み ──

著作者	斉木美知世・鷲尾龍一
発行者	武村哲司
印刷所	日之出印刷株式会社

2014年10月26日　第1版第1刷発行©

発行所　株式会社　開拓社	〒113-0023　東京都文京区向丘1-5-2 電話　(03) 5842-8900（代表） 振替　00160-8-39587 http://www.kaitakusha.co.jp

© 2014 M. Saiki & R. Washio　　　　　ISBN978-4-7589-2204-3　C3081

JCOPY ＜(社)出版者著作権管理機構　委託出版物＞

本書の無断複写は、著作権法上での例外を除き禁じられています。複写される場合は、そのつど事前に、(社)出版者著作権管理機構（電話 03-3513-6969、FAX 03-3513-6979、e-mail: info@jcopy.or.jp）の許諾を得てください。

橋本進吉 (1935)『新文典別記　上級用』冨山房.
橋本進吉 (1969)『助詞・助動詞の研究』岩波書店.
濱田敦 (1952)「明治以後に於ける國語音韻史研究」『國語學』10: 2-12.
濱田敦 (1955)「P音考」国語学会（編）『国語学辞典』項目，p. 760.
林哲郎 (1968)『英語辞書発達史』開文社出版.
林哲郎・伊勢紀美子 (1989)「日本におけるエドワード・サピア研究書誌（1922〜1955)」『ニューズ・レター』3: 33-37，日本エドワード・サピア協会.
早津恵美子 (2007)「使役文の意味分類の観点について ──山田孝雄 (1908) の再評価──」『東京外国語大学論集』75: 49-86.
春山弟彦『會補日本文典』(1877) 浅井吉兵衛.
ピネオ (1872)『ピネヲ通俗英文典』文泉堂.
平林幹郎 (1993)『サピアの言語論』勁草書房.
福井久藏 (1907)『日本文法史』大日本圖書.
福井久藏 (1934)『増訂日本文法史』成美堂書店.［風間書房，1953］
福井久藏 (1942)『國語學史』厚生閣.［国書刊行会，1981］
福井直樹 (2013)「生成文法と人間言語の『多様性』」『日本エドワード・サピア協会研究年報』27: 1-23.
藤井惟勉 (1877)『日本文法書』正栄堂.
藤澤倉之助 (1908)『文語法と口語法との対照』光風館書店.
藤澤親之 (1874)『日本消息文典』不由書院.
古田東朔 (1969-1971)「大槻文彦伝 (1)-(17)」『月刊文法』1.7-3.5.
古田東朔 (1976)「文法研究の歴史 (2)」『岩波講座　日本語6　文法I』岩波書店，pp. 299-356.
古田東朔 (2010)『日本語 近代への歩み ──国語学史2』くろしお出版.
古田東朔・築島裕 (1972)『国語学史』東京大学出版会.
保科孝一 (1911)『日本口語法』同文館.
保科孝一 (1917)『実用口語法』育英書院.
堀達之助・他 (1862/1869)『英和對譯袖珍辭書』蔵田屋清右衞門.
松下大三郎 (1923)「動詞の自他被使動の研究」『國學院雑誌』29.12: 27-45.
松下大三郎 (1924)『標準日本文法』紀元社.
松下大三郎 (1928)『改撰標準日本文法』紀元社. 昭和5年訂正版，中文館書店，1930.［復刻版，徳田政信（編），勉誠社，1974］
松下大三郎 (1930)『標準日本口語法』中文館書店.
馬渕和男・出雲朝子 (1999)『国語学史：日本人の言語研究の歴史』笠間書院.
三木幸信・福永静哉 (1966)『国語学史』風間書房.
三矢重松 (1908)『高等日本文法』明治書院.［増訂改版 1926］
宮岡伯人 (1996)「サピアの言語学」『言語学大辞典』第6巻，術語編．三省堂，pp. 613-614.
宮岡伯人（編）(1996)『言語人類学を学ぶ人のために』世界思想社.

三宅米吉（1884）「蝦夷語ト日本語トノ關係如何」『東洋學藝雜誌』35: 129-135; 36: 163-166.
三宅米吉（1889）「發行の趣旨」『普通教育』第一册，pp. 1-4.
宮地朝子（2011）「山田孝雄『喚体句』着想の淵源」釘貫亨・宮地朝子（編），pp. 49-77.
三輪伸春（2011）『英語の辞書史と語彙史 ―方法論的考察―』松柏社.
森雄一（2004）「問題群としてのレトリック」成蹊大学文学部学会（編）『レトリック連環』風間書房，pp. 61-83.
森雄一・西村義樹・山田進・米山三明（編）（2008）『ことばのダイナミズム』くろしお出版.
森岡健二（1988）『文法の記述』明治書院.
八杉貞利（1901）『國語學』哲学館.
安田敏朗（2011）「解説」上田万年著，安田敏朗校注『国語のため』東洋文庫 808，平凡社，pp. 424-489.
山田忠雄・編（1968）『山田孝雄の立志時代』吉川弘文館（製作）.
山田廣之（1944）『國語法新論』明治書院.
山田孝雄（1902）『日本文法論　上巻』寳文館.
山田孝雄（1908）『日本文法論』寳文館. 復刻版（1970），宝文館出版．［本文中の引用は復刻版による］
山田孝雄（1910）『大日本國體概論』寳文館.
山田孝雄（1913a）『奈良朝文法史』寳文館.
山田孝雄（1913b）『平安朝文法史』寳文館.
山田孝雄（1922a）『日本文法講義』寳文館.
山田孝雄（1922b）『日本口語法講義』寳文館.
山田孝雄（1935a）『漢文の訓讀によりて傳へられたる語法』寳文館.
山田孝雄（1935b）『國語學史要』岩波書店.
山田孝雄（1938）『国語と国民性』日本文化協會出版部．［南博（監修）『叢書日本人論 35』大空社（1997）所収．本文中の引用は復刻版による］
山田孝雄（1943）『國語學史』寳文館.
山本正秀（1977）「言文一致体」『岩波講座　日本語 10　文体』岩波書店，pp. 309-348.
吉岡郷甫（1906）『日本口語法』大日本圖書.
吉澤義則（1931）『國語史概説』立命館大学出版部.
吉澤義則（1939）『國語學史』東京修文館.
ロドリゲス，ジョアン（1604）『日本大文典』（土井忠生訳註，1955 年，三省堂）.
鷲尾龍一（2008）「ソシュールにおける絶対的多様性の概念 ―サピアとの比較を視野に―」『日本エドワード・サピア協会研究年報』22: 1-22.
鷲尾龍一（2010a）「日本語と日本人の思考をめぐる言説 ―言語研究における説明と還元の行方―」『学習院大学人文科学研究所所報』2009 年度版，51-56.

無生物主語を用いる言語 (ii-A) と用いない言語 (ii-B) という言語類型を立て、それらを交差させた場合、(i-A) と (ii-A) にはどの程度の重なりが見られるのか、(i-B) と (ii-B) には何らかの含意関係が成立しているのか、この領域に Greenberg (1966) 式の普遍的言語特性を見出す余地があるのか、などの問題は、当然ながら経験的な考察の対象となりうる。もちろん、この種の考察には様々なレベルの抽象化や分析、さらには適切な概念規定が要求されるが、それはどのような言語分析においても同様である。一方でローウェルやスウィートは、擬人法の問題をさらに根本的な「想像力」と結びつけているが、観察可能な現象に先立つ「想像力」という概念を規定するのは不可能であろうから、両者の因果関係については、そもそも経験的な問題を立てることができないと筆者らは考えている。

16. チェンバレンの *Simplified Grammar* や *Handbook* にも "言語の genius" という表現は出てこない。*Things Japanese* には "the genius of Japanese art" のような表現はあるが、言語について用いられた genius の用法はない。ちなみに、チェンバレンはホイットニーの *The Life and Growth of Language* の第5版 (1885) を所有していたので、*Handbook* (1888) の頃にはすでに読んでいた可能性が高い。*The Life and Growth ...* は「B. H. Chamberlain 文庫」の蔵書目録で確認できる (本書引用文献の愛知学芸大学附属図書館 (編) を参照)。この蔵書目録にはスウィートの *The History of Language* (1900) も載っている。

17. 原文の "meinem Freunde" は現代語の meinem Freund に相当する。山田の原文をどのように修正すべきかについては、学習院大学の岡本順治教授から有益なご意見を頂戴した。上の "erwordet" について、筆者らは当初、本文で述べたのとは異なる可能性を考えていたが、岡本教授のご指摘により "ermordet" を復元するのが妥当と判断した。また、本文では受動の助動詞 werden を補足したが、werden を伴わない形も「殺されてしまった」のような意味を担いうるとのご指摘もあったので、山田の議論にとっては必ずしも werden を補足する必要はないかも知れない。ただ、本文でも述べたように、二つの受動文を提示して日独語の違いを指摘する際に、敢えて異なる構文を挙げる理由は見当たらない。山田は日本語の受動文を「状態性」の表現と見るのであるから、それとの対比においてドイツ語の受動文を挙げる際に、敢えて「状態受動」を挙げなければならない理由はなおさら見当たらない。

18. 松下大三郎は「尊称」を四種に分け、その一つとして「太郎君」「太郎殿」「太郎様」などを「自体尊称」と呼ぶが、これには「擬人的用法」があるとして次のように述べている。

> 自體尊稱には擬人的用法が有る。「御子様がお二かたいらっしゃる」「御客様がお三かた見えられました」の「御二かた」「御三かた」などは數の擬人である。又「御世話様に預かる」「御蔭様を蒙る」「御迷惑様を懸ける」「御序様が御座いますか」などいふのも動作や状態の擬人である。　　　　　（松下 (1928/1930: 330–331)）

びつけて説明している。山田の言う「國語の本性」は、エドワード・サピアの言語論における"Genius"の概念に通じるものがあるが、個別言語の特質を国民性のような概念によって説明する可能性を認めないのがサピアの立場であった。山田とサピアは同時代人であり、両者とも個別言語の諸特性を根本で決めている「本性」あるいは"Genius"と呼びうる何物かの存在を想定していたが、それを「国民性」あるいは「国民気質」のようなものと結びつける可能性については正反対の立場であったと言える。山田のような立場は古くからあり、19世紀から20世紀にかけての時期にも特に珍しいものではなかった。日本への影響が強かったヘンリー・スウィートにもそうした議論があり、19世紀の日本語論では、チェンバレンやローウェルが「極東の精神」に言及している。個別言語の特性を国民や民族の「精神」といったものに還元する試みは、サピアが強力に論じているように失敗する可能性が高いと思われるが、一方で、そのような議論の過程で指摘された様々な言語的事実の中には、現代言語学においてもなお考えるべき、きわめて重要な意味をもつものがある。本書第7章では、チェンバレンが日本語について述べた"Inanimate objects are rarely, if ever, personified."《**無生物はめったに擬人化されない**》という一般化に注目し、その現代的意義を確認すると共に、従来の国語学史に見られるチェンバレンの解説が、この一般化にほとんど触れてこなかったという事実を指摘した。これもまた、第1章で述べた「累積効果」の事例であり、研究史に「空白」を生じさせる結果となっている。本章ではその背景についても考察を加えている。

　無生物主語と擬人法をめぐるチェンバレンの一般化は、本章の中心的なテーマの一つであるが、本章を締め括るにあたり、受動文の日独比較に基づく山田孝雄の議論を取り上げ、これをチェンバレンの議論と結びつける可能性に触れている。その際、山田が『日本文法論』で挙げたドイツ語の例文が、誤植のために意味不明であることから、山田が意図したと思われる例文を復元して議論を進めた。この箇所は、第7章の全体的な論旨とは別に、『日本文法論』を厳密に理解するために不可欠な作業の一例となっている。

めて複雑な来歴があり、これが原典の特定を妨げてきた大きな要因であると思われるが、本稿ではこれらを1系統に絞り込んだ上で、この系統の第28版までの中から山田が参照した版を特定し、すべての引用文の出処を原典にあたって確認することができた。これにより、「ハイゼの獨逸文典」と『日本文法論』の関係を具体的に検証するための基礎が確立されたことになる。

第3章　『日本文法論』とハイゼの獨逸文典 II

〔初出情報〕前稿「『日本文法論』とハイゼの獨逸文典」（本書第2章）の続編として書かれた未刊行論文。前稿と同時進行で執筆していた原稿（2009年）に基づくが、その後の調査を踏まえて2010年以降にも加筆している。

〔内容紹介〕山田孝雄がハイゼから引用しているすべての箇所を、前稿で明らかにした「原典」の中で特定し、論文末尾の附録において、原典の当該箇所と『日本文法論』での引用箇所を対照できるようにした。

論文本体では、まず3.1節において、ハイゼの原典に関する前稿（本書第2章）の結論が正しかったことを、新たな事実に基づいて筆者らが確認した事情について述べた。この確認作業の過程において、筆者らは山田孝雄が実際に所有し、参照していた「ハイゼの獨逸文典」を直接見ることができたので、3.2節でその調査の様子を簡単に報告した。続く3.3節では、ハイゼの原典と『日本文法論』を比較することにより、どのような研究が可能になるのか、若干の具体例を挙げて論じた。原典を参照することで、山田孝雄が何を引用しなかったのかがわかるようになったが、これも原典を特定できたことの重要な意義であると思われる。

第4章　Lijdend/Passive の訳述起原
　　　　〜「受身」「働掛」および「助動詞」の初出文献をめぐって〜

〔初出情報〕『人文』10号、2011（pp. 31-50）。刊行年月は2012年3月。第4章は、タイトルに副題を付け、若干の加筆を施した以外は、ほぼ初出のままの内容。

〔内容紹介〕大槻文彦は「和蘭字典文典の譯述起原」において、「受身」という用語をオランダ語の"Lydende Werk Woorden"に相当する「今譯」と位置づけ、『訂正蘭語九品集』の「被動詞」から続く、蘭学の系譜に連なる訳語として提示している。

文法用語としての「受身」は、大槻が考案したものであると大槻自身が述べていることもあり、一般にそう認定されている。専門的な文献だけではなく、『日本国語大辞典』などの信頼できる辞書も、「受身」の初出例として「語法指南」の一節を挙げている。同様に、「受身」と対をなす「働掛」も「語法指南」に始まる用語とされている。しかし、大槻が用いた意味での「受身」および「働掛」は、実際には大槻以前の文献にも見出せるため、これらの初出に関する従来の記述には修正が必要となる。

大槻の「語法指南」はまた、現代的な意味での「助動詞」を日本文法の用語として用いた嚆矢とされるが、「助動詞」という表現自体は大槻以前に使用例があり、これまでに指摘されているところでは『附音插圖英和字彙』が最も古い。しかし、これについても、さらに古い使用例を指摘することができる。『日本国語大辞典』は「助動詞」の初出例をヘボンの『和英語林集成』第3版に求めているが、この選択には考えるべき問題があると思われるので、上の「受身」「働掛」と併せて検討し、代案を提示した。

第5章　那珂通世『國語學』の来歴

〔初出情報〕共著者の未刊行論文「近代国語学史における那珂通世の位置」(2012年) から、『國語學』の来歴に関わる部分を中心に載録した。未刊行論文でP音説の背景に触れた箇所は本書第1章 (pp. 3-14) に組み込み、『國語學』に見られるP音説を引用した箇所は、本書第1章の末尾に「附録」として掲載した (pp. 37-38)。

〔内容紹介〕東洋史学の那珂通世による『國語學』という著作は、その正確な刊行年が未だに特定されていない。従来の国語学史ではほとんど取り上げられて来なかったため、現在ではほぼ忘れられた著作となっているが、そこには日本語のハ行子音が古くはP音であったとの記述や、西洋文法に由来